普通高等教育"十三五"规划教材

统计理论与实务

第二版

李国莉　主　编

化学工业出版社

·北京·

本书内容主要包括四部分：统计调查、统计整理、统计分析，以及常用的统计软件。统计调查和整理主要介绍如何搜集、整理数据信息的理论与方法，包含统计调查和整理方案制定、调查问卷设计、常用的调查方法，以及统计分组、次数分配、统计图表设计等；统计分析重点介绍综合指标、抽样推断、因素分析、相关与回归分析等各种分析方法的原理、特点及应用，以及统计预测与决策的定性、定量预测决策方法。常用的统计分析软件是应大数据要求新增内容，主要介绍如何利用SPSS软件和R软件进行统计数据的搜集、整理、分析。

本书融入大数据对统计技术的新要求，选取典型案例和最新国民经济行业分类（GB/T 4754—2017）等相关资料，并结合常用统计软件对大数据进行分析处理。各章设计有学习目标、本章小结、思考与练习、综合实训等内容，方便教与学。

本书有配套的电子教案，可在化学工业出版社的官方网站上下载。

本书适合于高等院校经贸专业、金融专业、财会专业的学生作教材使用，也可作为从事统计工作人员的参考读物。

图书在版编目（CIP）数据

统计理论与实务/李国莉主编. —2版. —北京：化学工业出版社，2019.3（2022.9重印）
普通高等教育"十三五"规划教材
ISBN 978-7-122-33851-8

Ⅰ.①统⋯ Ⅱ.①李⋯ Ⅲ.①统计学-高等学校-教材
Ⅳ.①C8

中国版本图书馆CIP数据核字（2019）第024648号

责任编辑：高　钰　　　　　　　　　　　文字编辑：陈　喆
责任校对：宋　玮　　　　　　　　　　　装帧设计：刘丽华

出版发行：化学工业出版社（北京市东城区青年湖南街13号　邮政编码100011）
印　　装：北京捷迅佳彩印刷有限公司
787mm×1092mm　1/16　印张14½　字数353千字　2022年9月北京第2版第3次印刷

购书咨询：010-64518888　　售后服务：010-64518899
网　　址：http://www.cip.com.cn
凡购买本书，如有缺损质量问题，本社销售中心负责调换。

定　　价：39.00元　　　　　　　　　　　　　　　　　　　版权所有　违者必究

前言

随着互联网、大数据、云计算等信息技术的突飞猛进，推动着统计技术和方法的不断更新、丰富和改进。本书参阅大量文献，融入编者多年教学科研积淀和一线顶岗体验，汲取统计的前沿研究成果，在第一版的基础上进一步丰富、更新、完善了统计方法和实务。

本书内容包括统计调查、统计整理、统计分析和常用的统计软件。统计调查和整理主要包括搜集、整理数据信息的理论与方法，如统计调查和整理方案制定、调查问卷设计、常用的调查方法，以及统计分组、次数分配、统计图表设计等。统计分析主要包括综合指标、抽样推断、因素分析、相关与回归分析等各种分析方法的原理、特点和应用，以及统计预测与决策的定性、定量预测决策方法。常用的统计分析软件是应大数据要求新增内容，主要包括利用SPSS软件和R软件进行统计数据的搜集、整理、分析，如利用SPSS软件进行相关回归分析、编制指数等。

与第一版相比，本书融入了大数据对统计技术的新要求，力求结构合理、内容新颖，强化实操，以技能为本。从统计工作实际需要，以统计基本理论为主线、围绕统计技能训练和统计能力培养构建知识体系。选取典型案例和最新国民经济行业分类（GB/T 4754—2017）等相关资料，丰富实训素材，并结合常用统计软件对大数据进行分析处理。各章设计有学习目标、本章小结、思考与练习、综合实训等内容，方便教与学。

本书既可作为高等院校经贸专业、金融专业、财会专业的教材，也可作为从事统计工作人员的参考读物。

本书的内容已制作成用于多媒体教学的PPT课件，并将免费提供给采用本书作为教材的院校使用。如有需要，请发电子邮件至 cipedu@163.com 获取，或登录 www.cipedu.com.cn 免费下载。

本书由李国莉主编，负责全书的框架设计和大纲编写，以及统纂定稿。各章分工如下：李国莉编写第二、三、八、九章；方贤军编写第四、五章；张俐编写第一、六、七章；杨卫涛编写第十章。

我们希望通过本书能为广大读者提供更多的、有益的帮助，但由于水平有限，难免有不足之处，敬请读者指正。

编者
2019年1月

目 录

第一章　统计概述　1

第一节　统计的对象和性质……………………………………………………1
一、统计的涵义 ………………………………………………………………1
二、统计的研究对象 …………………………………………………………2
三、统计学的性质 ……………………………………………………………2
四、统计学的分支 ……………………………………………………………3

第二节　统计方法和职能……………………………………………………4
一、统计工作过程 ……………………………………………………………4
二、统计研究的方法 …………………………………………………………4
三、统计的职能 ………………………………………………………………6

第三节　统计学的基本概念…………………………………………………6
一、统计总体和总体单位 ……………………………………………………6
二、标志和指标 ………………………………………………………………7
三、变异和变量 ………………………………………………………………9

本章小结 …………………………………………………………………………9
思考与练习 ………………………………………………………………………9

第二章　统计调查　11

第一节　统计调查的意义及种类……………………………………………11
一、统计调查的意义和要求 …………………………………………………11
二、统计调查的种类 …………………………………………………………12

第二节　统计调查方案及调查问卷…………………………………………13
一、统计调查方案设计 ………………………………………………………13
二、调查问卷设计 ……………………………………………………………15

第三节　统计调查方法与调查误差…………………………………………19
一、统计调查方法 ……………………………………………………………19
二、统计调查误差 ……………………………………………………………23

本章小结 …………………………………………………………………………23
思考与练习 ………………………………………………………………………23

第三章　统计整理　25

第一节　统计整理的意义及内容……………………………………………25

  一、统计整理的意义 ·· 25
  二、统计整理的内容 ·· 25
 第二节 统计分组及次数分配 ·· 26
  一、统计分组的意义和作用 ······································ 26
  二、统计分组的方法 ·· 27
  三、次数分配 ·· 33
 第三节 统计图表 ··· 36
  一、统计表 ·· 36
  二、统计图 ·· 39
 本章小结 ··· 41
 思考与练习 ·· 41

第四章 综合指标 43

 第一节 总量指标 ··· 43
  一、总量指标的意义及作用 ······································ 43
  二、总量指标的种类 ·· 44
  三、总量指标的计量单位 ·· 45
  四、总量指标的统计方法 ·· 46
 第二节 相对指标 ··· 46
  一、相对指标的意义及作用 ······································ 46
  二、相对指标的种类及计算 ······································ 47
  三、计算和应用相对指标的原则 ······························· 53
 第三节 平均指标 ··· 54
  一、平均指标的意义及作用 ······································ 54
  二、平均指标的种类及计算 ······································ 55
  三、计算和应用平均指标的原则 ······························· 64
 第四节 变异指标 ··· 65
  一、变异指标的意义及作用 ······································ 65
  二、变异指标的种类及计算 ······································ 65
 本章小结 ··· 69
 思考与练习 ·· 69

第五章 抽样推断 72

 第一节 抽样推断的意义及基本概念 ································ 72
  一、抽样推断的意义及作用 ······································ 72
  二、抽样推断的基本概念 ·· 72
  三、抽样推断的理论基础 ·· 75
 第二节 抽样推断误差 ·· 77
  一、抽样误差 ·· 77
  二、抽样平均误差 ·· 77

三、抽样极限误差 ………………………………………………………………… 80
　　四、概率度 ……………………………………………………………………… 80
第三节　总体参数的推断 ……………………………………………………………… 81
　　一、总体参数的点估计 …………………………………………………………… 81
　　二、总体参数的区间估计 ………………………………………………………… 81
第四节　抽样设计 ……………………………………………………………………… 84
　　一、样本容量的确定 ……………………………………………………………… 84
　　二、抽样的组织形式 ……………………………………………………………… 85
本章小结 ………………………………………………………………………………… 89
思考与练习 ……………………………………………………………………………… 89

第六章　统计指数与因素分析　92

第一节　统计指数的意义及分类 ……………………………………………………… 92
　　一、统计指数的意义和作用 ……………………………………………………… 92
　　二、统计指数的分类 ……………………………………………………………… 93
第二节　总指数的编制方法 …………………………………………………………… 94
　　一、综合指数法 …………………………………………………………………… 94
　　二、平均指数法 …………………………………………………………………… 96
第三节　指数体系与因素分析 ………………………………………………………… 101
　　一、指数体系的涵义 ……………………………………………………………… 101
　　二、因素分析的涵义 ……………………………………………………………… 101
　　三、总量指标的因素分析 ………………………………………………………… 102
　　四、平均指标的因素分析 ………………………………………………………… 104
本章小结 ………………………………………………………………………………… 107
思考与练习 ……………………………………………………………………………… 107

第七章　相关分析与回归分析　110

第一节　相关分析 ……………………………………………………………………… 110
　　一、相关关系与函数关系 ………………………………………………………… 110
　　二、相关分析的意义及内容 ……………………………………………………… 111
　　三、相关关系的种类 ……………………………………………………………… 111
　　四、相关表、相关图 ……………………………………………………………… 112
　　五、相关系数 ……………………………………………………………………… 114
第二节　回归分析 ……………………………………………………………………… 116
　　一、回归分析的意义及内容 ……………………………………………………… 116
　　二、回归分析的种类 ……………………………………………………………… 117
　　三、一元线性回归分析 …………………………………………………………… 117
　　四、多元线性回归分析 …………………………………………………………… 119
第三节　相关与回归分析的关系及应用 ……………………………………………… 121
　　一、总离差平方和的分解 ………………………………………………………… 122

二、相关与回归分析的关系 …………………………………………………………… 123
　　三、相关与回归分析的应用 …………………………………………………………… 124
本章小结 …………………………………………………………………………………… 125
思考与练习 ………………………………………………………………………………… 126

第八章　时间数列　127

第一节　时间数列的种类及编制 ………………………………………………………… 127
　　一、时间数列的意义 …………………………………………………………………… 127
　　二、时间数列的分类 …………………………………………………………………… 128
　　三、时间数列的编制原则 ……………………………………………………………… 130
第二节　时间数列的水平分析 …………………………………………………………… 131
　　一、发展水平 …………………………………………………………………………… 131
　　二、平均发展水平 ……………………………………………………………………… 131
　　三、增长量 ……………………………………………………………………………… 135
　　四、平均增长量 ………………………………………………………………………… 135
第三节　时间数列的速度分析 …………………………………………………………… 136
　　一、发展速度 …………………………………………………………………………… 136
　　二、增长速度 …………………………………………………………………………… 136
　　三、平均发展速度和平均增长速度 …………………………………………………… 137
第四节　时间数列的趋势分析 …………………………………………………………… 139
　　一、时间数列影响因素的分解 ………………………………………………………… 139
　　二、时间数列长期趋势分析 …………………………………………………………… 140
　　三、时间数列季节变动分析 …………………………………………………………… 143
本章小结 …………………………………………………………………………………… 145
思考与练习 ………………………………………………………………………………… 146

第九章　统计预测与决策　149

第一节　统计预测 ………………………………………………………………………… 149
　　一、统计预测的意义及分类 …………………………………………………………… 149
　　二、统计预测的原则 …………………………………………………………………… 150
　　三、统计预测的步骤 …………………………………………………………………… 151
　　四、定性预测方法 ……………………………………………………………………… 152
　　五、定量预测方法 ……………………………………………………………………… 154
第二节　统计决策 ………………………………………………………………………… 159
　　一、统计决策的意义 …………………………………………………………………… 159
　　二、统计决策的步骤 …………………………………………………………………… 160
　　三、统计决策的分类 …………………………………………………………………… 161
　　四、不确定型决策 ……………………………………………………………………… 162
　　五、风险型决策 ………………………………………………………………………… 165
本章小结 …………………………………………………………………………………… 169

思考与练习 ·· 170

第十章 常用统计学软件应用 172

第一节 EXCEL 软件 172
一、产生随机数 ·· 172
二、制作频数分布表和频数分布图 ··· 174
三、数据分布特征测定的几种函数应用 ··· 178

第二节 SPSS 软件 182
一、SPSS 软件的基本操作 ··· 183
二、SPSS 软件的绘图功能 ··· 185
三、综合指数编制应用 ·· 189
四、数据处理的综合应用 ··· 191
五、相关关系分析应用 ·· 194
六、回归分析应用 ·· 197

第三节 R 软件 206
一、R 简介与使用 ··· 207
二、R 包的下载安装和加载调用 ··· 211
三、数据结构 ·· 212
四、R 的几种应用 ·· 213

本章小结 ·· 215
思考与练习 ·· 216

附 录 219

参考文献 221

第一章

统计概述

学习目标

统计是从数量方面了解和认识事物的工具,具有反馈信息、提供咨询、实施监督等重要职能,统计工作成为科学管理与决策的基础性工作。通过本章学习要求了解统计的涵义、统计学的研究对象和性质,掌握统计学的基本概念,逐步培养运用统计方法分析解决问题的意识。

第一节 统计的对象和性质

一、统计的涵义

"统计"最早是指中世纪拉丁语 status 一词,意思是指各种现象的状态或状况。后来,由拉丁语的这一词根又出现了意大利语的 stato 一词,用以表示国家的概念、结构和国情等方面的知识。作为学名使用"统计"一词,最早是由 18 世纪德国哥丁根大学阿亨华尔(Gottfried Achenwall, 1719~1772)教授提出的,他把国家定名为 Statistika,即现在的统计学,认为它是关于国家应注意事项的学问。到 18 世纪末,统计一词才从德国传入英国,译为 Statistics,并给"统计"赋予了新的内容,明确它是运用数字来表述事实的学问。从此以后,各国相继沿用。在我国古代,早已有原始形态的统计工作的许多记载,但就现代涵义的统计来说,大约在 20 世纪初才从日本传到中国。统计一词的涵义几经变化,至今人们对什么是统计仍有不同理解,主要包括三种含义,即统计学、统计工作和统计资料。

统计学是阐述统计理论和方法的科学,从统计工作实践中总结提炼而来。从事统计理论研究的人们往往把统计理解为统计学。

统计工作即统计实践的过程,是运用科学的统计理论方法从事统计资料的搜集、整理和分析的全过程。从事统计业务实践的人们常常把统计理解为统计工作。

统计资料是统计工作取得的反映客观事物实际情况和变化过程的数据资料,包括表现统计数据的统计图表和统计报告等。运用统计成果研究社会经济问题的人们认为统计即是统计资料。

可见,统计的三种含义从不同角度描述了统计,它们之间存在密切联系。统计学、统计工作和统计资料是理论、实践与成果的关系。统计学来源于统计实践,又用于指导统计实践,使统计工作开展得更科学,得到的统计资料更全面、及时、准确。

二、统计的研究对象

统计的研究对象是客观现象的数量特征与规律。随着统计理论和方法的不断完善，其研究的领域越来越广泛，涉及社会、经济、自然、科技等众多领域。通过对现象数量特征的研究，认识事物的发展趋势和规律，以便更好地进行预测和决策。本书在运用统计理论和方法时，较多的采用了社会经济领域里的实例。

统计的研究对象具有以下特点。

（一）数量性

客观现象有质的特征和量的特征，要全面、正确地认识客观事物，不仅需要研究事物的质的特征，而且需要研究其量的特征。统计学侧重研究客观现象的数量特征，即现象的规模、水平、数量关系和数量界限等。但是，客观现象的数量不是孤立存在，而是与其质的规定性紧密联系在一起，如果缺少对事物质的规定性的把握，就无法研究它的数量表现。例如，要研究国内生产总值（GDP）的规模、发展速度、增长速度，如果不知道什么是国内生产总值，就不可能统计出它的数量。只有了解了国内生产总值的本质属性，才能确定它的计算口径、计算范围和计算方法（生产法、收入法、支出法）。因此，在研究客观现象的数量特征时，必须在质与量的辩证统一中研究，即遵循"定性→定量→定性"的科学认识规律，这是统计研究的一个突出特征。

（二）总体性

总体性即统计研究的最终目的在于认识由众多个体构成的总体的数量特征和规律。这种规律性通常是在一系列复杂因素的影响下形成的，其中有些是主要因素，起着决定的、普遍的作用，有些是次要因素，起着不确定的、局部的作用。次要因素的影响使个体单位的数量表现具有一定的随机性，主要因素的影响使总体的数量特征具有相对稳定的规律性。例如，在研究居民的消费水平时，每个居民的消费水平可能千差万别，但所有居民消费水平的变化却有规律。由此可见，统计研究尽管是从调查个体开始，可得到个体生动的、丰富的数量表现，但目的并不在于研究个体的具体情况，而是要对所有个体的资料加以汇总分析，排除偶然的、次要因素影响，揭示主要的、决定因素作用下的规律性。所以，统计是认识客观现象规律性的重要手段。

（三）具体性

具体性即统计所研究的总体的数量是现象在具体时间、地点条件下的数量，而不是抽象的量，这是统计和数学的重要区别。数学研究抽象的数量关系和空间几何形式，而统计虽然需要数学运算，但所研究的量是具有具体内容的量，总是和现象的质的规定性紧密结合在一起。例如，2011年我国现价GDP总量为458217.58亿元，同比增长15.1%；可比价GDP总量为154573.70亿元，同比增长9.5%；2011年9月消费者物价指数（CPI）比去年同月上涨6.1%，其中城市的物价上涨5.9%，农村上涨6.6%，食品价格上涨13.4%。可见，这些统计数据反映了我国2011年GDP的规模和增速，以及2011年9月物价的涨幅。如果只保留数据而抽掉具体内容，就不能说明任何问题，也就不是统计数据了。

三、统计学的性质

统计学是研究如何收集、整理、分析数据，探索事物内在的数量规律性，并以此做出科学推断的方法论科学。

统计学是为搜集、整理、分析数据的统计工作提供工作方法的方法论科学。统计的研究对象是客观现象的数量特征，但学科的任务并不在于具体探讨现象在一定时间、地点条件下的数量表现和数量对比关系，而在于研究怎样才能获得这些数量的理论、原则和方法。例如，统计工作需要向客体搜集第一手的数据资料，统计学为其提供了统计报表、普查、抽样调查等多种搜集资料的工作方法和组织方法；统计工作需要把调查得到的零星的、不规律的数据资料过渡到能反映总体特征的资料上来，统计学为其提供了统计分组、汇总、编制次数分配等整理资料的方法。统计方法和研究对象有着密切的联系，它是从现象的各种数量关系中总结出来的。脱离了统计对象，统计方法便无从产生，其正确性和有效性也无法加以验证。根据不同领域所反映的数量关系性质不同，可采用不同的统计研究方法，而这些方法是在统计一般方法的基础上结合本专业的特点逐步形成的。

统计学是为认识客观现象的规律提供认识方法的方法论科学。统计研究认识事物的规律，不同于各领域的实质性科学，如经济学、生物学、天文学属于实质性科学，这些科学直接揭示和阐明现象的实质规律，经济学在于阐明经济发展和经济生活的规律，生物学在于直接揭示生命现象和生命活动的规律，天文学在于阐述天体的构造、性质和运行规律等。而统计学如经济统计学、生物统计学、天文统计学等，不直接阐明现象的实质规律，而是为研究其实质规律提供认识方法，这种认识方法来自于质与量的辩证关系，一定的性质规定着一定的量，一定的量也能反映一定的质，统计学通过自己的方法对现象的大量数据资料进行分析、归纳，从而得到反映事物规律性的数据，通过数量最终达到对事物规律的认识。辩证唯物主义者把方法论和认识看作是一致的，本质性认识就是认识事物的规律性。因此，认识方法和客观规律也是密切联系的。只有方法对才能情况明，才能提高认识规律的能力。而正确的方法也是客观规律的反映，所谓按客观规律办事，即是说认识了客观规律，又能形成正确处理问题的方法。

现代统计学是一门融数学、概率论、信息科学、计算科学为一体的方法论科学，其显著特征就是它与整个自然科学、社会科学和技术的相互作用。在传统统计方法的基础上越来越多地吸收了数理统计方法，为研究随机现象的数量特征奠定了基础，使统计方法日趋完善。

四、统计学的分支

统计学为一级学科，下设二级和三级学科，分为理论统计学、应用统计学、统计史、其他统计学等。

（一）理论统计学

理论统计学为应用统计学提供最一般的理论和方法，包括统计基本理论和数理统计理论。理论统计学按其研究内容的则重点不同、研究方法的独特性以及学科发展现状等具体因素，可以进一步细分为统计调查、统计分组、统计整理、综合指标、抽样推断、参数估计、假设检验、统计指数、相关与回归分析、时间数列分析、多元分析、贝叶斯分析、预测决策分析等。

（二）应用统计学

应用统计学作为理论统计学在具体领域内的应用，有不断扩大的趋势。目前比较成熟的分支有政府统计、企业统计、经济计量学、金融统计、保险精算、人口统计、社会统计、科学技术统计、地质统计、生态与环境统计、气象统计、天文统计、生物统计、医学与卫生统计、教育统计与心理计量学、统计质量控制、可靠性分析、生存分析，统计应用软件等。无论什么领域的专业统计，都要以理论统计学为指导，结合本专业特点建立符合本专业要求的统计指标体系和方法，通过对本领域的总体现象数量特征的研究，探寻事物的规律性。

（三）统计史

统计史包括统计活动史、统计思想史、统计文化史、统计人物史等。

（四）其他统计学

统计学其他学科主要包括统计活动组织与管理、统计法、比较统计研究、统计教育与培训等内容。

第二节 统计方法和职能

一、统计工作过程

一个完整的统计工作过程可以分为四个阶段：统计设计、统计调查、统计整理、统计分析。统计设计即统计工作计划，是对统计工作的各个阶段和各个方面所做的全面考虑和安排，主要包括制定调查方案、整理方案，以及确定分析内容、设计统计表等，这些内容可以穿插在后三个阶段进行论述。统计分析是对已加工整理的统计资料运用各种统计方法进行分析，揭示事物内在规律的工作阶段，其主要内容为多种分析方法的介绍和运用。鉴于以上考虑，本书的知识体系采用以下安排：统计调查、统计整理安排专章论述，统计分析重点介绍各种分析方法，统计设计的主要内容分散在统计调查、统计整理和统计分析的相应章节中。

二、统计研究的方法

统计学作为一门方法论科学，为统计工作的各阶段提供了一系列方法，概括归纳如下。

（一）大量观察法

大量观察法是统计调查阶段使用的基本方法，是对所研究事物的全部或足够数量的个体进行调查研究，占有实践资料的一种方法。通过对大量个体的数据资料的登记和计算，得出反映事物特征的数据资料，从而表明现象总体的性质或规律。

任何客观事物都可能受到各种社会因素或自然因素不同程度的影响。在现象总体中，各个单位往往在偶然因素的影响下显示其个体的特殊性，观察其结果不足以代表总体的一般特征，只有观察全部或足够多的个体并加以综合，影响个体单位的偶然因素才会相互抵消，现象的一般特征才能显示出来。大量观察法的意义在于使个体与个体之间数量上的偏误相互抵消。

大量观察法的数学依据是大数定律，即随机现象出现的基本规律。也就是说同质的大量现象是具有规律的，尽管个别现象受偶然因素的影响出现误差，但观察数量达到一定程度就呈现出规律来。

运用大量观察法应注意和典型调查结合起来。大量观察是对客观现象大量的、普遍存在的事实进行调查，以便从总体上考察事物变化的规模和趋势。但对于正处萌芽状态的个别新生事物或处于突出位置的极端事物就只能用典型调查方法去了解。在大量观察的基础上再选择若干具有代表性的单位作深入调查，做到胸中有全局，手中有典型，可以提高我们的认识能力。

（二）分组法

分组法是进行统计整理和统计分析的前提，贯穿于统计工作的全过程，发挥着重要作用。它是根据统计目的和事物特点，按照一定的标准把事物划分为不同性质类型的组的方法。由于客观现象内部构成往往是十分复杂的，现象之间的联系多种多样，为深入研究现象内部的差异或构成状况，探寻事物之间的联系或数量关系，可以选择个体事物的性质或数量方面的特征，将它们区分为不同性质的部分。例如，要研究我国工业发展对国民经济的影响，因工业不同部门间的发展存在较大的差距，就需要先把全部工业区分为冶金、电力、煤炭、石油、化工、机械、建材等若干部门，才能分别调查和分析各部门的具体情况，正确评价工业发展对国民经济的影响作用。

（三）综合分析法

综合分析法是运用各种综合指标对客观现象的数量进行对比分析的方法。统计所反映的不是个别事物的量，而是综合的量。综合分析法就是在大量观察的基础上，对调查资料经过分组汇总，计算出说明现象总体各方面特征的数据；然后按分析要求计算出各种总量指标、相对指标或平均指标等；再运用统计特有的动态分析、因素分析、相关分析、综合平衡分析、预测与决策等方法，对现象的数量进行分析，以反映和预测现象的规模、水平、速度、比例和效益。

运用综合分析法时，应注意把综合指标分析和具体情况分析结合起来。因为综合指标的特点在于把具体事实抽象化，抛弃现象变化的生动情况，只是提供总体的一般的认识。因此，在综合指标的数量分析基础上，针对具体事物进行深入分析，了解过程，摸清情况，研究事物变化的原因，总结工作经验，对事物的分析做到有数字，有情况，有结果，有原因，这样可以使认识更加全面和深入。

（四）归纳推断法

通过统计调查，观察总体中各单位的特征，由此得出关于总体的某种信息，这在逻辑上属于归纳方法。所谓归纳是指由个别到一般，由事实到概括的推理方法。例如综合指标概括反映总体一般的数量特征，它不同于总体各单位的标志值，但又必须从各单位的标志值中归纳而来。归纳法可以使我们从具体的事实中得出一般的知识，扩大知识领域，增长新的知识，所以是统计研究的常用方法。但是常常存在这种情况，我们所观察的只是部分或有限的单位，而所需要判断的总体对象范围却是大量的，甚至是无限的。这样就产生根据局部的样本资料对全部总体数量特征做出判断的置信度问题。例如，根据城市100家居民的生活支出数据来判断该城市居民的消费水平，根据若干次的种子催芽试验来判断该批种子的发芽率等。所作的结论都存在着有多大程度可以置信的问题。以一定的置信标准，根据样本数据来判断总体数量特征的归纳推理方法称为统计推断法。统计推断法可以用于总体数量特征的估计，也可以用于对总体某些假设的检验。从某种意义上说，我们所观察的资料都是一种部分资料，因而统计推断方法也就广泛地应用于统计研究的许多领域。例如建立经济模型存在模型的参数估计和检验问题,根据时间数列进行预测也存在数列的估计和检验问题。可以说统计推断是现代统计学基本的方法。

应该指出,认识方法是多种多样的,运用统计研究方法时还要注意多种方法的结合,以便达到更有效地认识事物的目的。

三、统计的职能

统计是人类认识社会和自然的重要工具。它采用科学的方法对客观现象进行大量观察,通过对观察数据进行整理、分析,得出反映事物特征的各项资料,以认识其本质和规律性。《统计法》规定,统计的基本任务是对国民经济和社会发展情况进行统计调查、统计分析,提供统计资料和统计咨询意见,实行统计监督。

(一)反馈信息

信息是一种资源,在国民经济各部门、科技等领域越来越显示出它的价值。统计资料是社会经济信息或其他领域信息的主体。通过统计工作得到的各项统计资料,反映着各行各业的现状及发展情况,反馈者方方面面的信息。

(二)提供咨询

统计部门利用已占有的统计信息资源,运用科学的分析方法和先进的计算技术,深入开展综合分析和专题研究,为科学管理和决策提供可供选择的咨询建议与对策方案。

(三)实施监督

运用统计手段对社会经济和科学技术的运行状况进行监测,及时发出预警。对政策、计划的执行情况进行监督,揭露违纪现象,反映实施效果,为国民经济的宏观控制和微观管理服务。

统计的三种职能构成一个有机整体。反馈信息是统计工作最基本的职能,它是使统计咨询和监督有效的前提;咨询和监督是信息职能的延续和深化。只有把三者结合起来,才能充分发挥统计的服务和监督作用。

第三节 统计学的基本概念

一、统计总体和总体单位

(一)统计总体

统计总体可简称总体,是统计研究认识的对象。它是由客观存在的、具有某种共同性质的许多个别事物构成的集合体。例如,在全国人口普查中,中华人民共和国全体公民是统计总体;研究某市工业生产情况,则该市全部工业企业也构成一个总体。

(二)总体单位

总体单位是构成总体的每一个别事物。上例中的每一个中华人民共和国公民和每一个工业企业就是总体单位。总体单位可以是人、物,可以是企业、机构、地域,也可以是行为、状况等。许多总体单位是以自然单位来计量,如人、台、件等,也可以用度量衡单位来计量,如时间用小时、长度用米、面积用平方米、容积用升等。

在统计研究中，确定统计总体和总体单位十分重要，它决定着统计研究目的和认识对象的性质。总体和总体单位不会一成不变，固定下来，随着研究目的和认识对象的变化，总体和总体单位可以转化，它们具有一定的相对性。

（三）统计总体的性质

联系总体单位和后面的标志、变异等概念，可以将总体的基本性质概括为三点，即大量性、同质性、变异性。

大量性是指总体由足够多个总体单位所构成，仅仅有个别或少量单位不能形成总体。这是因为统计研究的目的是要揭示总体的规律，这种规律只有在大量单位的普遍联系中才能充分表现出来。

同质性是指一个统计总体的所有单位必须具有一个不变标志，使各个总体单位在性质相同的基础上结合在一起构成总体。否则，对总体各个单位的标志表现进行综合就失去了意义。

变异性是指一个统计总体的各个单位必须具有至少一个可变标志，才有统计研究的必要。正是因为总体各个单位存在这样那样的差异，才需要进一步研究。所以，统计总体必须同时具备大量性、同质性和变异性，缺一不可。

二、标志和指标

（一）标志

标志是说明总体单位特征的名称。按性质不同标志可分为数量标志和品质标志。数量标志表明总体单位数量方面的特征，可用数值表示，如公民的年龄、身高、收入等。品质标志表明总体单位属性方面的特征，只能用文字说明而不能用数值表示，如公民的姓名、性别、籍贯等。

标志表现是标志在各个总体单位的具体表现。例如，"性别"的标志表现为男、女；"年龄"的标志表现为18岁、19岁、20岁等。数量标志的具体表现由于体现为一个个数值，又称为标志值。

（二）指标

指标是说明总体数量特征的概念和数值。它是对总体单位的标志值进行登记、核算、汇总的结果。例如，2010年，我国国内生产总值（GDP）为397983亿元，按可比价格计算，比上年增长10.3%；财政收入达到83080亿元，比上年增长21.3%；年末国家外汇储备达28470亿美元，较上年增长18.7%等都是统计指标。

指标是数量化的概念，具有可量性和综合性两个特点。可量性即统计指标反映的必须是能用数字表现的、可以实际进行测量或者计数的现象。综合性即统计指标反映的对象是总体，而不是个体。它是通过对许多个体单位数量汇总或者差异抽象，来体现总体的综合数量特征。例如，一个人的年龄、工资不是指标，而许多人的平均年龄、平均工资或者工资总额才是指标。

统计指标按其反映总体的数量特点不同，可分为数量指标和质量指标。数量指标也称总量指标，反映现象的总规模、总水平或者工作总量，如人口总数、工资总额、粮食总产量等。质量指标包括相对指标、平均指标，反映现象总体内部的数量关系、相对水平或者工作质量，如人口密度、出生率、合格率、平均工资等。数量指标是认识事物的基础指标，质量指标是数量指标的派生指标，通过数量指标的对比、平均而来。

（三）指标与标志的关系

指标与标志存在明显的区别。首先，它们说明的对象不同，指标是说明总体数量特征的，而标志则说明总体单位的特征。其次，它们的表示方式不同，指标都具有可量性，而标志有能用数值表示的数量标志，也有不能用数值表示的品质标志。一般指标都具有综合性，而标志不一定具有综合性。

同时，指标与标志也存在着密切联系。许多统计指标的数值是由总体单位的数量标志值直接汇总而来，品质标志通过对总体单位的计数形成指标。例如，研究某单位职工的工资总额及性别特征。工资水平是数量标志，将每一位职工工资收入的标志值汇总即得到工资总额，而性别作为品质标志，不能将标志表现"男""女"汇总，只有男职工人数、女职工人数或所占比重才是指标。指标和标志不是固定不变的，随着研究对象不同而变换。例如，某校所有教学班是总体，则每班学生人数是数量标志；若某个教学班学生是总体，则该班级学生人数就成了指标。

（四）指标体系

一个统计指标只能反映总体某一侧面的一个特征，而总体现象往往存在许多相互联系的数量特征，需要多个指标共同来描述。指标体系是若干个相互联系的指标构成的整体，用来说明所研究现象的各方面相互依存和相互制约的关系。

在社会经济领域里根据所研究问题范围的大小，可建立宏观指标体系，也可建立微观指标体系；可建立综合性指标体系，也可建立专题性指标体系。如下面的生态安全评价指标体系为宏观、综合性指标体系，由国土资源安全、水资源安全、大气资源安全、生物物种安全、其他安全五个方面的50个指标构成。

【案例1】

生态安全评价指标体系

国土资源安全指标：包括耕地总面积（万公顷）、人均耕地（公顷）、耕地质量指数（%）、农田旱涝保收率（%）、森林覆盖率（%）、森林覆盖率减少百分比（%）、生态林面积比率（%）、平原林网覆盖率（%）、土地污染率（%）、单位面积国土工业三废负荷（吨/平方公里）、单位面积耕地化肥农药农膜负荷（吨/平方公里）、水土流失百分比、人口承载率（%）、土地后备资源（%）、土壤潜育率（%）、土壤贫瘠化率（%）、水土协调度（%）、城市每万人拥有绿地（平方公里）。

水资源安全指标：包括水资源总量（亿立方米）、人均水资源（立方米）、人均淡水资源（立方米）、工业废水排放量（亿吨）、单位水资源工业废水负荷（吨/立方米）、地面水质指数（%）、城市获得安全饮用水比重（%）、农村获得安全饮用水比重（%）、年度淡水抽取占水资源总量（%）、水浇地占农田的比重（%）。

大气资源安全指标包括二氧化硫排放量（万吨）、人均二氧化碳排放量（吨）、工业废气排放量（万吨）、空气质量指数（%）、电力生产来自矿物燃料的比重（%）。

生物物种安全指标：包括哺乳类濒危物种的比重（%）、鸟类濒危物种的比重（%）、高等植物濒危物种的比重（%）、国家级自然保护区占国土面积（%）。

其他安全指标：包括人均GDP（元）、人口增长率（%）、人口密度（人/平方公里）、人均电力消费（千瓦时）、每千克能源使用产生的GDP（元）、工业"三废"综合处理率（%）、就业率（%）、城镇化水平（%）、国内投资增长率（%）、研发投入占GDP的比例（%）、环保投入占GDP的比例（%）、生态建设投入强度、污染治理投入强度、生态预警机制完善度（%）。

三、变异和变量

（一）变异

标志的具体表现或指标的具体数值经常发生变化的现象称为变异。

按照是否发生变异，标志可分为不变标志和可变标志。当一个标志在总体各个单位的具体表现都相同时，称为不变标志，表现有可能不同时，称为可变标志。例如，全体职工是总体，每个职工的年龄、性别都是可变标志。如果全体40岁的男性职工是总体，则每个职工的年龄、性别都成了不变标志。同理，指标也可作类似划分。

（二）变量

变量是指可变的数量标志和指标。变量的具体表现称为变量值。

变量按其值是否连续分为连续变量和离散变量。连续变量的数值连续不断，不能一一列举；离散变量的数值是间断的，为整数，可以一一列举。例如，职工的身高、月工资额是连续变量；而职工人数、产品品种数是离散变量。

与变量相对应的一个概念是常量，常量是指不变的数量标志和指标。在全体40岁的男性职工这一总体中，年龄即为常量。

★ 本章小结 ★

本章介绍了统计的对象和性质、统计的方法和职能，以及统计学的基本概念，使读者对统计有了初步认识，为更好地理解和应用统计方法奠定了基础。

统计包括统计学、统计工作、统计资料三层涵义，统计的研究对象是客观现象的数量特征与规律；统计学是一门方法论科学，所提供的研究方法有大量观察法、分组法、综合分析法及归纳推断法；统计学的基本概念包括统计总体、总体单位、标志、指标、指标体系、变异和变量等；统计发挥着反馈信息、提供咨询、实施监督的作用。

思考与练习

1. 如何理解统计的涵义？
2. 统计的研究对象是什么？具有哪些特点？
3. 如何理解统计学是一门方法论科学？
4. 统计工作包括几个阶段？
5. 统计的研究方法有哪些？
6. 何为大量观察法？为什么统计研究要使用该方法？
7. 举例说明统计的职能作用。
8. 举例说明统计总体和总体单位，如何理解二者的关系？
9. 怎样理解统计总体的性质？

10. 在一个例子中说明标志、数量标志、品质标志、标志表现、指标。
11. 举例说明标志与指标的转化关系，为什么二者可以转化？
12. 如何理解变异？按变异情况标志如何分类？
13. 举例说明什么是变量、常量？变量如何分类？

第二章

统计调查

学习目标

统计调查是统计工作的基础阶段，肩负着搜集数据信息的重任，决定着统计资料的真实性、科学性和统计工作的质量。通过本章学习要求了解统计调查的意义、种类、要求，掌握如何设计统计调查方案、调查问卷，运用各种调查方法开展统计调研活动。

第一节 统计调查的意义及种类

一、统计调查的意义和要求

（一）统计调查的意义

客观现象错综复杂，要认识其本质的规律性，首先要搜集资料，即进行统计调查。从统计工作的全过程来看，统计调查是搜集资料获得感性认识的阶段，它既是对现象总体认识的开始，也是进行资料整理和分析的基础环节。

统计调查是按照预定的统计任务，运用科学的统计调查方法，有计划、有组织地向客观实际搜集资料的过程。统计调查的基本任务是按照所确定的指标体系，通过具体的调查，获得反映现象总体全部或部分单位以数据为主体的信息。这些数据信息有的是关于总体各单位相关标志的标志表现，是尚待整理、进行系统化的原始资料，有的是经过初步整理，需要进一步进行系统化的历史资料。

（二）统计调查的要求

统计调查必须达到准确性和及时性两个基本要求。准确性是指调查所取得的资料必须符合《统计法》和国家规定，实事求是、不掺水分、杜绝瞒报和虚报现象，能客观地反映事物的本质；及时性是指各部门、各单位要按照规定的时间完成各项资料的调查和上报任务，从时间上满足各部门对统计资料的要求。统计调查的准确性和及时性是衡量统计调查工作质量的重要标志。

统计工作的各个环节是紧密衔接、相互依存的。统计调查为统计工作的基础环节，在调查过程中所得到的原始资料的质量直接影响最终成果的质量。如果搜集到的数据不准确或残缺不全，必定会影响整理、分析结论的正确性和可靠性。统计调查资料的准确性不仅仅是技术问题，而是涉及坚持统计制度和纪律、如实反映情况的原则问题。在我国，统计立法的核心就是保障统计资料的准确性、客观性和科学性。各部门、各单位都要依照《统计法》和国家规定提供统计资料，不允许虚报、瞒报、拒报、迟报，不允许伪造、篡改。

统计资料的及时性是一个全局性问题。一项统计工作任务的完成，都是由许多单位共同努力的结果，任何一个调查单位不按规定的时间提供资料，都会影响全面的综合工作，贻误整个统计工作的开展。也就是说，提高统计调查的及时性不是个别单位所能奏效的，必须是各个调查单位共同增强全局观念，采取有效措施，遵守统计制度和纪律，才能做好这项工作。

统计调查中的准确和及时是相互结合在一起的。及时离不开准确，而准确又是达到及时的重要途径。要把准确和及时结合起来，做到准为求快，快为求准，这样才能达到统计调查的基本要求。

二、统计调查的种类

按照不同标志，统计调查可以进行不同分类。

（一）按组织形式划分，统计调查分为统计报表和专门调查

统计报表是国家统计系统和各业务部门为了定期取得系统、全面的基本统计资料而采用的一种搜集资料的方式，目的在于掌握经常变动的、对社会经济有重大意义的指标的统计资料。统计报表在我国统计工作中占有重要地位。

专门调查是指为了了解和研究某种情况或问题而专门组织的统计调查，包括抽样调查、普查、重点调查和典型调查等几种调查方法。

（二）按调查范围划分，统计调查分为全面调查和非全面调查

全面调查是指被研究总体的所有单位都要调查。例如，为掌握我国人口总量、结构等而开展的人口普查；为掌握工业生产经营状况，要求所有工业企业按时上报的统计报表。

非全面调查是对总体的一部分单位进行的调查。例如，为了研究职工的生活水平，仅仅对其中一定数量的职工而进行的调查；为了掌握产品的质量，抽取一部分产品进行的检验。非全面调查主要包括抽样调查、重点调查和典型调查等几种调查方法。

（三）按调查登记时间是否连续划分，统计调查分为连续调查和不连续调查

连续调查是随着被研究现象的变化而连续不断地进行观察登记，记录下来现象的所有变化。例如，产品的生产、原材料的消耗、工人的出勤、人口的出生和死亡等，必须在观察期内连续登记。可见，连续调查的资料说明了现象的发展过程，体现了现象在一段时期的总量。

不连续调查是间隔相当长的时间所进行的登记。如人口数、固定资产原值、生产设备拥有量等现象，短期内几乎不发生变化，不必连续不断登记，只需要经过一段时间登记其某时刻或某一天的数量即可。

（四）按资料来源划分，统计调查分为直接调查、凭证调查和询问调查

直接调查是调查人员对调查单位进行察看、测量和计量。例如，在对农作物收获量进行调查时，调查人员到调查地块参加收割和计量；在研究工人劳动消耗量时，由调查者来测量完成作业所需的时间等。

凭证调查是以各种原始和核算凭证为调查资料的来源，向有关单位提供资料的方法。我国现行的统计报表就属于这种调查方法。

询问调查就是资料来自被询问者的回答，人口普查、各种社会调查、民意测验可采用这种方法。询问调查进行的方式有口头询问和被调查者自填。前者是选派人员对被调查者逐一采访，提出所要了解的问题，借以搜集资料。这种方式由于双方能直接接触，逐项询问研究，因而搜集的资料比较深入和准确。后者是调查人员把调查表交给被调查者，说明填表要求，由被调查者按实际情况一一填写，填好寄回调查机关或统计机关。这种调查就是问卷调查，比口头询问节省人力和时间，但被调查者必须具有相当的文化程度，乐于合作支持，才能保证资料的正确性。被调查者自填的方式，由于调查者与被调查者分离，往往收不回或不能及时收回调查表，不适宜于全面调查。

第二节 统计调查方案及调查问卷

一、统计调查方案设计

统计调查是一项繁重复杂、高度统一、严格科学的工作。为了在调查过程中统一认识、统一内容、统一方法、统一步骤，确保调查质量，在调查前需要制定一个周密的调查方案，其内容如下。

（一）确定调查目的

调查目的就是进行统计调查所要解决的问题。目的不同，调查内容和范围就不同。只有目的明确，才能进一步确定向谁调查，调查什么，以及用什么方法调查等。如果目的不明确，必然会出现调查得到的资料可能不需要，而需要了解的情况又没有调查到的现象，以致影响对事物的认识。调查目的和任务要根据经济发展的需要，结合调查对象本身特点来确定。

2010年我国开展的第六次人口普查明确指出此次调查的目的：2000年第五次全国人口普查以来，我国的人口状况发生了很大变化。组织开展第六次全国人口普查，将查清十年来我国人口在数量、结构、分布和居住环境等方面的变化情况，为科学制定国民经济和社会发展规划，统筹安排人民的物质和文化生活，实现可持续发展战略，构建社会主义和谐社会，提供科学准确的统计信息支持。

（二）确定调查对象和调查单位

调查对象是需要调查的那些单位构成的整体（统计总体），调查单位是调查对象所包含的具体单位（总体单位），是调查项目的承担者。确定了调查对象就界定了调查的范围，而调查单位的确定回答了向谁调查的问题。无论是调查对象还是调查单位都应根据调查目的来确定。例如，第六次全国人口普查的对象是：在中华人民共和国境内居住的自然人以及在中华人民共和国境外但未定居的中国公民，不包括在中华人民共和国境内短期停留的港澳台居民和外籍人员。调查单位是每一个在中华人民共和国境内居住的自然人以及在中华人民共和国境外但未定居的中国公民。

需要指出，不能把填报单位与调查单位混为一谈。调查单位是调查项目的承担者，而填报单位是负责上报调查资料的单位。填报单位与调查单位有时是一致的，如工业普查，每一个工业企业既是调查单位，又是填报单位。有时又不一致，如人口普查的调查单位是每一个人，而填报单位则是家庭户或集体户。明确填报单位，可以将调查工作落实到具体单位，从而使调查资料有了保证。

(三) 确定调查项目，设计调查表

调查项目就是所要调查的内容，即调查单位的特征，也就是前面所说的标志。调查单位有许多特征，要调查哪些项目应根据调查的目的和调查单位的特点而定，同时考虑将要汇总的统计指标的需要。

确定调查项目的原则是：

第一，把需要和可能结合起来。要充分论证每个项目设置的必要性，项目过多会增加调查的难度和调查成本。还要考虑所需的资料是否能够调查到，能否保证资料的真实性与时效性。

第二，对调查项目的表述应明确、统一、易懂，不能模棱两可，避免因误解而造成登记的差错。

第三，调查项目之间要尽可能彼此联系和衔接，以便于资料本身进行逻辑检查、核对。

第四，同类调查项目尽可能保持前后一致，以方便进行动态分析。

例如，第六次人口普查主要调查人口和住户的基本情况，调查项目主要包括：性别、年龄、民族、受教育程度、行业、职业、迁移流动、社会保障、婚姻生育、死亡、住房情况等。

调查表是把所有调查项目按一定顺序排列成的表格，是搜集资料的重要工具。利用调查表不仅能够条理清晰地填写需要搜集的资料，还便于调查后对资料的整理汇总。调查表一般包括表头、表体和表脚。表头由调查表的名称、填报单位的名称及性质、隶属关系等内容构成。表体由调查项目的名称、栏号、计量单位等构成。表脚由填报单位和填报人签名、调查日期等构成。

调查表分为单一表和一览表。单一表是每张调查表上只登记一个调查单位的资料，它适宜在调查项目较多时使用，便于进行分类整理，如个人履历表。一览表是在一张调查表上登记若干个调查单位的资料，它适宜调查项目不多时使用，便于比较各单位的资料，便于合计和核对差错，如全国第六次人口普查使用的普查表和某校对学生身体发育状况进行调查所使用的调查表，分别见表 2.1 和表 2.2。

表 2.1 第六次全国人口普查表

本户地址：_____县（市、区）_____乡（镇、街道）_____社区居（村）委会_____调查小区

H1. 户编号	H2. 户别	H3. 住本户、户口在本社区居(村)委会的人数	H4. 住本户、户口在外社区居(村)委会的人数
	1. 家庭户	___人	___人
	2. 集体户	男___人 女___人	男___人 女___人

H5. 户口在本户、不住本社区居(村)委会的人数	H6. 户口待定的人数	H7. 港澳台人数	H8. 外籍人数
___人 男___人 女___人	___人 男___人 女___人	___人 男___人 女___人	___人 男___人 女___人

申报人（签字）：_____ 调查员（签字）：_____ 填报日期：_____年_____月_____日

表 2.2　在校学生身体发育状况调查表

检查序号	姓名	性别	身高/厘米	体重/千克	胸围/厘米	坐高/厘米

调查人员：_____　填表时间：_____

调查表适用于统计调查阶段，借以登记标志表现，便于反映未加工综合的原始资料。它与统计整理和统计分析阶段所用的整理表、分析表在形式上相似，而内容上却不同。

（四）确定调查时间和调查期限

调查时间是调查资料所属的时间。如果所调查的现象是时期现象，调查时间就是资料的起止日期；若所调查的现象是时点现象，调查时间就是规定的标准时点。调查期限是调查工作进行的时间，包括搜集资料和报送资料的整个工作所需要的时间。例如，第二次全国经济普查规定 2008 年 12 月 31 日为普查的标准时点，调查年度为 2008 年，要求 2009 年 1~5 月为普查登记时间，2009 年 6 月为事后数据质量抽查时间，2009 年 3~7 月为普查数据审核、处理上报时间。在以上时间中，时期资料所属的时间——2008 年一年和时点资料所属的时间——2008 年 12 月 31 日为调查时间；登记时间、数据质量抽查时间、数据审核、处理上报时间总共 7 个月为调查期限。任何调查都应尽可能地缩短调查期限，以保证调查资料的准确性和及时性。

（五）调查的组织工作

调查的组织工作包括调查机构的建立；调查人员的配备和培训；调查方式方法的确定；调查前的宣传；调查经费筹措；调查资料报送办法；提供调查成果的时间等。例如，第六次全国人口普查的原则是"全国统一领导、部门分工协作、地方分级负责、各方共同参与"；国务院成立第六次全国人口普查领导小组，负责人口普查的组织和实施；普查领导小组办公室设在统计局，具体负责人口普查的日常组织和协调；要通过报刊、广播、电视和互联网等媒体做好人口普查的宣传报道工作，做到家喻户晓，人人皆知，为普查工作顺利实施创造良好舆论环境；普查所需经费由中央和地方各级人民政府共同负担，并列入相应年度的财政预算，按时拨付、确保到位；各地抽调专业人员，进行培训，确保普查人员正确开展调查，等等。

二、调查问卷设计

（一）调查问卷的概念

调查问卷属于调查表中的单一表，是专门为从被调查者那里获得有关某个主题的信息而设计的一组或一系列问题。在资料搜集过程中，许多信息是由被调查者自愿回答问题而获得的。所以，应事先准备好调查提纲和要提出的问题。这些问题应符合调查目的要求，并为调查分析提供有用的信息。问题的提法和措辞必须精心设计，问题的排列必须符合逻辑，使被调查者容易理解并能给出确切的回答。因此，在设计问题时既要考虑项目涉及的行业背景和专业知识，又要考虑被访对象的理解能力和心理承受能力，还要考虑数据处理的要求，是多种科学知识的综合应用。

调查问卷是一种标准化和统一化的信息收集程序，它使问题的用语和提问的程序标准化。每一个访问人员都按照同一程序进行相同的询问，每一个被访者都看到和听到相同的文字和问题。利用问卷调查，可以使被调查者和访问人员之间具有友好的界面，有利于收集到正确的信息。问卷的格式和其他调查形式相比更有利于数据录入和编码。并可以减少数据收集和处理的费用和时间。问卷在收集资料的全过程中发挥着核心作用，直接影响着信息的质量和统计调查机构在社会公众中的形象。

（二）调查问卷设计的程序

调查问卷设计主要包括向数据资料用户和对象进行咨询、草拟问题、审议和修改问卷、问卷定稿等步骤。

1. 开展咨询

在问卷设计前应先向数据用户进行咨询与商议，清楚了解数据的用途，以便设计出符合使用者要求的问卷。如有可能，还应向被调查者咨询他们所能提供的信息及其相关专业水平，以便对问卷内容、问题措辞、回答选项进行设置。

2. 草拟问题

在草拟问题时应首先考虑到数据的收集方法，并以此确定问题形式和问卷的长短。例如，电话访问的问题应比较简短；自填式问题应该含义单一，无需解释；面访式问题的措辞应该让被调查者和访问人员听起来都比较自然。其次，在设计问题时应该考虑被调查者的特点。如果是用于普通公众的调查，问题要很容易让所有的被调查者理解；如果是用于专业人员的调查，则可以使用他们所熟悉的技术或专业语言。为减轻被调查者在回答问卷时所需的时间和精力，问题的数量应限制在最少的必要程度。此外，在设计问题时还应该考虑到搜集数据的可靠性及调查结果与其他调查结果的可比性。在询问有关敏感话题时，有必要运用一些技巧措辞以提高被调查者回答这类问题的可能性。

3. 审议和修改问卷

在草拟问题的基础上，应邀请调查主题设计专家、问卷专家、访问人员、被调查总体中的代表等有关人员对问卷进行讨论。这些人通常能为问题修改和回答选项的设置提供有价值的意见和建议。

4. 问卷定稿

问卷设计是一个反复的逐渐完善的过程。实际上一项完整的设计还应包括对目标和要求的信息进行陈述、评估和确定，向数据用户和被调查者进行咨询讨论，对提议的问题进行草拟、测试、审议和修改，直至开发出最终的问卷。

（三）问题的类型

通常问卷中使用的问题有开放式和封闭式两类。

开放式问题是不向被调查者提供回答选项的问题。它的优点是被调查者有机会使用自己的语言或提供精确的数字来回答问题，这在审查较难理解或范围较广泛的问题时尤为重要。这种形式经常用在问题或问卷的结尾部分，以确保被调查者有机会将他们认为与问卷中所列问题有关的每件事物都包括在内，或提供一些补充信息来澄清对某个问题的答案。其缺点是对被调查者来说开放式问题的要求更高，必须在没有选项帮助的情况下确定问题的意图，故较费时费精力。对调查者来讲，记录回答的过程（即数据录入）更为困难，还要进行数字编码，并将相似的答案归并在一起使分析更为方便。而这会对最终结果产生编码误差，导致费用更高、更费时、更容易产生误差。

封闭式问题是在提出问题的同时，列出若干可能的答案供被调查者选择。每种答案称为一个选项，要求被调查者在这些选项中选出一个（或几个）作为回答。它的优点是被调查者只需简单地选择合适的选项，不需要用自己的语言来陈述答案，较为省时、省力。因为答案比较规范，使收集到的资料容易分组，分析更为容易。其缺点是在设计问题选项时，因为它们应该是互斥的、又必须穷尽所有，就需要花费很多精力。如果选项阐述得不清楚，被调查者遇到的困难可能比开放式更多。另外，对于被调查者来说，不管他们是否对需要回答的问题持有自己的观点或相应的知识，都必须从列出的选项中选择答案，这样有时会导致逆反心理或不认真态度而使资料产生误差。

（四）问题的措辞

在决定问题的形式后，对问题用词的设计更为重要。如果被调查者容易理解用词的含义和所问的内容，他们将更乐意提供正确的信息。问题的措辞的设计应注意以下几点。

（1）问题的措辞要简单。要尽量使用简单的日常用语，以确保所使用的术语适合于被调查的总体。

（2）问题的措辞要具体。要清楚地说明问题适用于哪些人、哪一段时间、哪个范围、哪种计量单位。如问"您的收入是多少"就不够具体，让人无法回答。若改为"您本月的工资是多少元"就很容易回答准确。

（3）避免引导性问题。如果问题的措辞具有一定暗示或影响，会使被调查者的回答出现偏差甚至逆反。如问"大家都喜欢这本书，你喜欢吗"这就有引导性，可改为"你喜欢这本书吗?"。

（4）减少敏感问题或隐私问题的影响。被调查者对这类问题回答倾向于选择更有益于他们的自尊或与社会理想准则更加一致的答案，而不愿意把真实情况暴露出来。若采用匿名回答、或用"有些人"术语、或"为回答辩护"技巧则可有效降低敏感性。对于询问"人的收入、年龄或有关不良行为频率"等敏感问题，可采用设立档次的方法。如问"您的年龄"，可设选项为：20～30岁，30～40岁。让被调查者选择一个档次而不是确切数字，可能更容易让人愿意回答。

（五）问题的顺序

问卷不能随意编排，要充分考虑问题顺序的逻辑性和自然性。这种顺序应能鼓励被调查者完成问卷，并维持他们对问卷的兴趣。尽量使问题自然地从一个转到另一个，并将同一相关的问题组织在一起，以利于突出调查主题。

问卷首先要设计引言，为整个问卷定下基调。引言要表明调查的名称或主题，明确是谁组织的调查，调查目的及提供信息的价值，请求被调查者给予配合。问卷的第一个问题应与调查目的直接相关并容易回答，要适用于所有被调查者。否则会令被调查者误认为调查与自己无关，或感觉费时费力而失去兴趣。对于敏感问题不易引入太早，太早可能会引起尴尬，太迟会因被调查者疲劳影响回答质量，最好是在被调查者感到轻松或与其他问题的联系最有意义的地方引入。另外，开放式问题一般放在问卷的最后较为适宜。

在问卷初稿设计出来后最好能够进行小范围的试调查，以确定所有的问题是否必要，问卷是否太长，每一个问题用语是否准确，问卷的编码和跳答逻辑关系是否清楚等。在问卷正式确定之前应得到各方面的认同。

【案例1】

某市会计人才需求调查问卷的设计

关于"某市会计人才需求调查"的说明

为了进一步提高办学质量,拓宽社会服务领域,更好地把握用人单位对会计专业学生的知识、能力、素质需求及产学研合作意向。经市财政局、劳动局、统计局批准,学校将组织学生于×年×月×日～×年×月×日对本市100家企业进行会计人才需求调查,以便及时调整专业培养目标及培养方案,调整有关服务内容及服务方式,更好地为企业培养合格的会计人才。为此,请贵单位给予协助,我们将对您的大力支持深表谢意!

会计人才需求调查表

1. 企业概况
   (1) 企业名称_____ 行业_____ 地址_____
   (2) 企业经济性质
       ①国有　　　　②集体　　　　③私营　　　　④联营
       ⑤股份　　　　⑥合营　　　　⑦合作　　　　⑧独资
   (3) 企业年营业额/万元
       ①200以下　　②200～500　　③500～1000　　④1000以上
   (4) 企业会计数据处理方式
       ①手工　　　　②电脑　　　　③两者并用

2. 企业需求的会计人员任职条件
   (1) 学历
       ①高中____人　②大专____人　③本科____人　④研究生____人
   (2) 职称
       ①会计员____人　②初级____人　③中级____人　④高级____人
   (3) 性别要求
       ①男性____人　②女性____人
   (4) 户口要求
       ①本市　　　　②外地　　　　③无限制
   (5) 需求渠道
       ①招聘　　　　②子弟　　　　③介绍　　　　④其他
   (6) 专业能力要求
       ①经济业务的日常会计处理　　②财务管理、筹资、投资
       ③成本核算与分析　　　　　　④会计软件开发与应用
       ⑤会计制度设计能力　　　　　⑥企业内控制度设计、运用、考核
       ⑦国际金融、贸易、结算等知识　⑧税务处理与税务筹划
       ⑨《公司法》、《证券法》等经济法律法规,能进行公司上市的策划与操作
   (7) 相关能力要求
       ①法律常识　　　　　　　　　②经济写作能力
       ③外语会话能力　　　　　　　④公关能力
       ⑤业务谈判能力　　　　　　　⑥预测与决策能力
       ⑦市场调查与分析能力

3. 校企产学研合作意向
(1) 学校愿为企业提供的服务
　　①建账　　　　　　　　②疑难业务分析
　　③合同谈判　　　　　　④内部审计
　　⑤纳税申报指导　　　　⑥生产经营策划
　　⑦产品宣传　　　　　　⑧市场调查
　　⑨法律咨询　　　　　　⑩会计人员培训
(2) 企业愿为学校提供的服务
　　①专业建设指导　　　　②举办业务讲座
　　③接受学生见习　　　　④接受学生毕业实习　　　⑤其他
(3) 企业对学校专业建设的意见和对毕业生质量的评价
_____

被采访者姓名_____　职务_____　联系电话_____
调查员姓名_____　班级_____　调查时间_____

第三节　统计调查方法与调查误差

一、统计调查方法

统计调查方法有统计报表、普查、重点调查、典型调查和抽样调查。其中统计报表、抽样调查和普查是我国目前基本统计调查方法。

(一) 统计报表

1. 统计报表的概念和特点

统计报表是按照国家统一规定的表格形式，统一的指标内容，统一的报送程序和报送时间，以原始记录为基础由填报单位自下而上地逐级提供统计资料的一种统计调查方法。

统计报表是我国统计调查中取得统计资料的一种重要调查方式。与其他统计调查相比较具有如下特点。

(1) 统一性。由于统计报表的指标内容、口径范围、计算方法和表格形式以及报送时间都是由国家主管部门统一规定的，这就保证了所搜集资料的统一性和时效性。

(2) 全面性。在报表的实施范围内所有单位都必须贯彻执行。从基层单位的填报，经过部门、地区及全国汇总，便得到国民经济的综合统计资料。

(3) 可靠性。基层填报单位必须依法根据报表的要求建立和健全各种原始记录，从而保证了资料来源建立在可靠的基础上。

(4) 经常性。统计报表主要用来搜集变动较大的时期现象的数量。为了完整地积累资料，系统分析研究现象发展变化的规律性，就要求统计报表具有定期的、经常性调查的特点。

2. 统计报表的种类

我国现行的统计报表种类繁多，按照不同的标志可作不同分类。

按实施范围划分，统计报表可分为国家、部门和地方报表。国家统计报表是根据有关的国家统计调查项目和统计调查计划制定的统计报表，也称国民经济基本统计报表，用来搜集工业、农业、交通运输、基本建设、商业、劳动、物资、财政、文教卫生、科学研究等方面最基本的统计资料，为各级党政领导部门制定政策和编制计划提供数字依据。部门统计报表是根据有关的部门统计调查项目和统计调查计划制定的统计报表，实施范围限于各业务主管部门系统内，一般用来搜集各级主管部门所需的专门统计资料。地方统计报表是根据有关地方统计调查项目和统计调查计划相应制定的统计报表，其实施范围是各省、市、自治区，主要用来满足地方专门需要。

按报送周期划分，统计报表可分为定期报表和年报。日报、旬报、月报、季报、半年报均属于定期报表。报送的周期越短，花费的人力、物力、财力就越多，因此，指标项目可以少一些，粗一些；报送周期长的，指标项目可以多一些，细一些。年报的周期最长，它的内容比较详尽；日报、旬报周期最短，其内容只限于填报少量最主要的指标。在报表中原则上凡一年半年报告一次能够满足需要的，就不用季报、月报；月报能够满足要求的，就不要用日报、旬报。

按填报单位划分，统计报表可分为基层报表和综合报表。基层报表主要由基层企事业单位填报，它提供的原始资料是统计的基础资料。由主管部门根据基层报表逐级汇总填报的统计报表称为综合统计报表，汇总后得到各级的基本统计指标。

统计报表的制定应从实际出发，力求精简，可要可不要的表式、指标、栏次坚决不要。统计表的指标体系应注意与会计核算、业务核算和计划指标体系相适应，相互为用、避免重复。基层报表应逐步做到统一、配套。国家、部门和地方的统计报表应该统一管理，适当分工、互相配合。统计报表必须经过法定审批程序。执行统计报表制度是各地方、各部门、各单位按照法律的规定，必须向国家履行的一种义务。

（二）普查

1. 普查的概念和特点

普查是根据统计任务要求而专门组织的一次性全面调查。一般用来调查属于一定时点上的客观现象的总量，也可用来反映时期现象。

有些全面的基本统计资料可以通过统计报表经常搜集，但诸如国情国力的重要数据资料如人口构成、物资库存、耕地面积、工业设备等不可能也不需要通过报表组织经常性的全面调查。政府为了掌握这些资料，以便制订方针政策，编制国民经济发展的长远规划常采用普查。新中国成立以来，我国在社会经济领域进行过多次普查，例如，1953年、1964年、1982年、1990年、2000年、2010年的全国人口普查；1950年、1986年、1995年的全国工业普查；2004年、2008年、2013年、2018年的全国经济普查等。

普查的特点如下。

（1）普查一般用来调查属于一定时点上的客观现象的总量。由于时点现象的数量在短期内往往变动不大，只要间隔一段较长的时间做一次登记即可。为便于观察现象的发展变化过程和规律性，尽可能按一定的周期进行普查。例如，我国规定人口普查每十年进行一次。

（2）普查比其他调查更能掌握大量、全面的统计资料。例如，1982年的人口普查共拟订了19个调查项目，其中按人填报的13项，按户填报的6项。包括地理和迁移特征、户的特征、人口和社会特征、生育率和死亡率、教育特征、经济特征等方面的内容，从而获得了我国历史上有关人口的最完整、最准确、最丰富的资料。从普查的特征可以看到，普查和统计报表虽然都是全面调查，但两者不能互相替代。统计报表不可能像普查那样掌握如此详尽的全面资料，也正因为如此，普查要耗费较大的人力、物力和时间，从而不可能也不需要经常进行。

2. 普查的组织

普查的组织方式基本上有两种。一是建立专门的普查机构，配备一定数量的普查人员对调查单位直接进行登记。如人口普查、工业普查都是采用这种方式。二是利用调查单位的原始记录和核算资料，颁发一定的调查表格，由调查单位填报。如历次物资库存普查就属于这种形式。即便是后一种方式，也仍须配备一定的专门人员对整个普查进行组织指导。

普查的涉及面广、工作量大，动用的人力财力较多，必须集中领导统一行动。组织普查必须统一规定调查资料所属的标准时点，避免由于现象数量变动而产生搜集资料的重复和遗漏。各调查点尽可能同时进行调查并在最短期限内完成，以便在步调上取得一致，保证普查资料的真实性。调查项目一经统一规定，就不能任意改变或增减，以免影响汇总综合。普查工作尽可能按一定周期进行，以便历次普查资料的对比分析。

（三）重点调查

重点调查是对调查对象的重点单位进行调查，以反映总体基本情况的一种非全面调查。所谓重点单位是指在总体中具有举足轻重地位的单位。虽然它们的单位数量不多，但调查的标志值总和却占总体标志值总和的较大比重。因此，通过对重点单位的调查，可以反映总体的基本情况和基本趋势。例如，对全国几个大型钢铁公司产量的调查，即可了解我国钢铁生产的基本情况。

重点调查中的重点单位不是主观选择的，而是根据调查的标志值在总体中的分布状况而客观评定的。如果总体中各单位标志值的分布极不均衡（即存在重点单位），并且调查目的只要求掌握调查对象的基本情况时，进行重点调查比较适宜。重点调查投入少，见效快。它既可以用于一次性调查，也可用于经常性调查。在调查时重点单位应尽可能少些，而其标志值占总体的比重应尽可能大些。

（四）典型调查

1. 典型调查的概念和特点

典型调查是对调查对象中的典型单位进行调查，用以反映总体发展变化特点及趋势的一种非全面调查。人类认识事物时总是由认识个别和特殊事物开始，逐步扩大到认识一般事物。所以，从研究对象中选择有代表性的典型单位，进行深入细致的调查研究，了解事物的本质发展过程，就可以认识同类事物的本质和发展规律。典型调查是一种比较灵活的调查方法，具有以下特点。

（1）典型调查的调查单位是根据调查目的要求选择出来的典型单位。所谓典型单位是指最能代表同类事物本质属性或特征的单位。它是在对调查对象有所了解的基础上，经过调查者的主观判断而有意识地选择出来的。通过从典型入手，逐步扩大到认识事物的一般性和普遍性，调查方法机动灵活，省时、省力，提高了调查效果。

（2）典型调查是一种深入、细致的调查，通过深入细致的调查研究，既可以搜集有关数字资料，又可以掌握具体、生动的情况，研究事物发生、发展过程和结果，探索事物发展变化的规律性。

2. 典型调查的组织

典型调查的组织形式分为两种，一种是对个别典型单位进行调查，又称解剖麻雀式的调查，目的在于深入研究事物发展的结果、原因及各个方面的联系。例如，选择个别先进或后进单位进行深入细致的调查，总结经验或教训，以便进行推广，就属于解剖式的调查。另一种是"划类选典"，即先把总体划分为若干类型，再从每类中选出典型单位进行调查，目的在于推断总体。例如，对农作物产量的估计或对消费品价格的调查等。但须注意典型调查对总体数量的推断不可避免地会存在误差，是一种不严格的估计。

（五）抽样调查

1. 抽样调查的概念和特点

抽样调查是非全面调查的一种重要组织形式。它是按照随机原则从总体中抽取一部分单位进行观察，并依据所获得的数据对总体的数量特征作出具有一定可靠程度的估计和推算。

抽样调查和其他非全面调查相比较具有以下特点。

（1）随机原则。抽样调查在抽取调查单位时要非常客观、不受任何主观意图的影响。使总体中所有单位具有同等可能被抽中的机会，从而保证被抽中的单位在总体中的代表性。

（2）从数量上推算总体。抽样调查就是要通过对部分单位的调查研究，计算出综合指标，从数量上推算总体。

（3）误差可以事先计算并可以控制。误差是由抽样的随机性而产生的，其范围可以事先通过有关资料加以计算，并且能够采取各种组织措施来控制这个误差范围，保证抽样推算结果达到一定的可靠程度。

2. 抽样调查的优越性

抽样调查应用范围很广，在社会经济统计中发挥着重要的作用，比其他调查方法表现出更多的优越性。

（1）抽样调查可以补充和订正全面调查的结果。许多现象虽然可以进行全面调查，但由于范围广、牵涉面大，所调查的项目只能限定少数基本项目。抽样调查涉及面小、省时省力，调查项目可以多一些，就某些问题可以进行深入研究，以补充全面调查的不足。例如，许多国家的人口普查，每隔十年进行一次项目比较简单的"短表"普查，同时每隔两三年进行一次项目详细的"长表"抽样调查，这样不论在内容上和时间上都能得到相互补充。抽样调查还应用于订正全面调查的统计数字。例如我国人口普查中，在填报和复查完毕后，按照规定用抽样调查抽出一定比例人数，重新进行调查，并以此为标准，计算普查的重复和遗漏的差错率，来订正普查数字。

（2）抽样调查能够解决全面调查无法或难以解决的问题。对于带有破坏性的各种检验不可能进行全面调查。例如，炮弹的射程检验、轮胎的里程实验、灯泡的寿命检查、棉纱的强力和青砖的抗压程度检验等，都只能采用抽样的方法进行实验观察。对于范围过大、单位分散的总体，如水库的鱼苗数估计、森林的木材蓄积量调查、城乡居民的家计调查、民意测验等，也只能通过抽样调查达到目的。

（3）抽样调查可应用于生产过程中产品的质量检验和控制。例如，利用抽样检查，来观察生产工艺过程是否正常，是否存在某些系统性的偏差，及时提供有关信息，分析可能的原因，以便于采取措施，防止损失。

（4）抽样调查可用于对总体的某种假设进行检验。例如，某种新工艺或新配方推广后是否有显著性的效果,可以作出某种假设,并确定接受或拒绝的标准,然后应用抽样调查进行推断,加以检验,并在行动上做出选择,这就是抽样方法在决策上的应用。

二、统计调查误差

统计调查误差是调查结果所得的统计数据与调查现象的真实数据之间的离差。产生这种误差的原因很多,根据产生原因可分为登记性误差和代表性误差。

(一) 登记性误差

不管是全面或是非全面调查都会存在登记误差。登记性误差是由于错误判断事实或者错误登记事实而发生的误差,例如,调查人员工作态度不认真、职业道德水准低下造成的遗忘、笔误、错填和瞒报、虚报;调查项目不明确造成的被调查者回答不当;测量仪器精准度较低等都会导致登记误差。登记误差多是主观因素所产生,可以通过完善调查方案,加强调查过程的检查监督,提高调查人员政治素质和业务技能,采取现代化搜集信息的手段来提高调查资料的质量,把登记误差减小到最低的限度。

(二) 代表性误差

代表性误差是指依据总体部分单位的数据来估计总体数量时所产生的误差。它只存在于非全面调查中,全面调查不存在这类误差。非全面调查从总体中选出部分单位进行观察,用部分单位指标来估计总体指标,势必与总体实际指标存在一定误差。这种误差产生的原因在于所调查单位对总体的代表性。代表性好,误差就会小;代表性差,误差就会大。

根据部分单位的选取原则不同,代表性误差又分为系统误差和抽样误差。系统误差是由于违反随机原则,有意选取较好或较差的单位进行调查而造成的误差。这种误差理论上可以避免。如利用重点调查和典型调查的结果估计总体,调查前多方研究,广泛征求意见,使选出的调查单位具有较高的代表性,系统误差即可大大减少或避免。抽样误差是指遵循了随机原则,使抽中的单位不能完全代表总体而产生的误差。只要遵循随机原则,抽样误差就不可避免。

★ 本章小结 ★

本章介绍了统计调查的意义和分类、统计调查方案的设计,以及各种统计调查方法、调查误差,为读者学会搜集数据资料、开展调研活动提供了基本方法。

统计调查是运用科学的统计调查方法,有计划有组织地向客观实际搜集资料的过程,是定量研究的开始。开展调查活动需要事先制定调查方案,调查方案的制定需要从确定调查目的、调查对象、调查单位、调查项目、调查时间和调查期限,以及设计调查表等方面来考虑。调查问卷是搜集资料的常用形式。调查方法分为全面调查和非全面调查。全面调查包括普查和统计报表;非全面调查包括抽样调查、重点调查和典型调查。

思考与练习

1. 如何理解连续调查和不连续调查?举例说明。
2. 我国专门组织的调查有哪些?
3. 如何制定统计调查方案?
4. 何谓调查对象和调查单位?怎样确定?

5. 怎样正确理解调查单位和填报单位？
6. 何谓调查项目？怎样确定？
7. 调查表有几种？其优缺点如何？
8. 怎样理解调查时间与调查期限？举例说明。
9. 设计一份有关在校生学习情况的调查问卷。
10. 简述统计报表的特点。
11. 怎样理解普查的特点？并列举我国进行过哪些普查。
12. 如何理解重点调查中的重点单位？
13. 何谓典型单位？如何选择？
14. 抽样调查的特点有哪些？
15. 何谓随机原则？为什么要遵循随机原则？
16. 抽样调查的优越性有哪些？
17. 何谓登记误差？它是如何产生的？怎样避免？
18. 何谓代表性误差？它是怎样产生的？

第三章 统计整理

学习目标

统计整理处于统计工作的第三个阶段,是统计调查的继续,统计分析的前提,发挥着承前启后的作用。通过本章学习要求了解统计整理的意义、步骤,掌握统计整理方案制定、统计表的设计、统计分组的方法,能够熟练编制次数分配数列。

第一节 统计整理的意义及内容

一、统计整理的意义

统计整理是根据工作任务的要求,对统计调查所取得的原始资料进行科学的分组、汇总,或对已经加工过的历史资料进行再加工,为统计分析准备系统化、条理化的综合资料的工作过程。作为一个相对独立的统计工作阶段,统计整理主要是指对原始资料的整理。

统计调查所搜集的资料多数是反映总体单位特征的原始资料,这些资料分散且零星,更谈不上系统,由此很难直接认识总体的特征。统计整理是从对现象个体量的观察到总体数量认识的连接点,或者说它把对个体的认识过渡到对总体数量的认识上来,为统计分析奠定了基础。

一般来讲,统计整理有以下三种形式。

(1) 对统计调查资料的整理,得到各种统计指标。这些指标就是统计设计中所提到的基本统计指标,也是本章所要介绍的统计整理。

(2) 为积累统计资料而进行的整理。如各年的统计年鉴就属于这种整理,它主要是把第一种整理得到的基本指标分门别类地整理在一起,或进行初步加工,得到一系列派生指标。

(3) 为统计分析而进行的整理。这是在研究课题确定后,根据研究目的,从积累的统计资料中选取所需要的各种统计指标,把它们和初步加工的派生指标整理在一起,以供进一步观察、加工、计算之用。

二、统计整理的内容

(一) 设计整理方案

在进行统计整理之前,应根据统计目的确定整理方案。整理方案即整理工作计划,在制定或设计时应考虑以下内容。

(1) 根据统计任务和目的的要求，确定需要整理的指标。

(2) 根据分析的需要，确定分组标志、分组方法和所要划分的各个组。

(3) 确定整理结果的表现形式，设计统计表。如为了分析某地区不同经济类型企业的经济效益，设计如下统计表，见表3.1。

表 3.1 某地区不同经济类型企业经济指标

经济类型	企业数	职工人数/人	总产值/万元	净产值/万元	实现利税/万元
国有					
集体					
其他					
合计					

正确制定统计整理方案，是保证统计整理有计划、有组织进行的首要步骤，是统计设计在统计整理阶段的具体化。整理方案与调查方案应紧密衔接，其中的指标体系与调查项目应一致，或者是其中的一部分，绝不能矛盾、脱节或超越调查项目的范围。

（二）审核原始资料

在汇总前，要对原始资料进行审核。审核它们是否准确、及时、完整，发现问题及时加以纠正。资料准确性检查有两种方法：一是逻辑检查，即审查资料的内容是否合理、有无相互矛盾或不符合实际的地方；二是计算检查，即通过计算复核表中的各项数字有无差错；各项指标的计算方法是否恰当、计算单位是否正确、有关指标间的平衡关系是否得到保持等。资料及时性审核，是要检查资料是否符合调查规定的时间，资料的报送是否及时等。资料完整性审核，是要检查应该报送的单位有无不报、漏报现象，被调查的单位是否全部调查完毕等。

（三）资料的分组与汇总

按整理方案的规定，先对资料进行统计分组，然后汇总各组单位数和总体单位数，计算各组指标和总体指标的数值，编制次数分配数列。汇总的方法可分为：手工汇总和计算机汇总。手工汇总有划记法、折叠法。计算机汇总是统计汇总的主要手段，具体包括：数字加工、存储、合并、分类、逻辑检查、运算、打印出汇总结果。

（四）编制整理表

按整理方案中事先设计的统计表，将整理结果表现出来，即编制成整理表，必要时还可绘制统计图。

第二节 统计分组及次数分配

一、统计分组的意义和作用

统计分组是根据统计研究的需要，将总体按照某种标志划分为性质不同的若干组成部分的一种统计方法。统计分组具有两个方面的含义：对总体而言是"分"，即将总体中的全部单位按照它们标志表现的差异性划分为不同的部分；对于个体而言是"合"，即将性质相同的个体组合起来。统计分组的目的，是保证组内的同质性和组间的差异性，以便运用统计方法研究总体的数量表现和数量关系，把统计研究对象的本质特征反映出来。

统计分组的作用表现在以下方面。

（一）区分事物的类型

统计总体中的各个单位，一方面由于在某一或某些标志上具有彼此相同的性质，可以被集合在同一组中；另一方面由于在其他标志上具有彼此相异的性质，又可以被区分为不同的组。也就是说，统计分组是把总体划分为各种不同性质的类型。例如，我国某年规模以上工业增加值分类表，见表3.2。

表 3.2 某年规模以上工业增加值分类表

企业类型	增加值/亿元	比上年增长率/%
国有及国有控股企业	26063	10.7
集体企业	2581	12.4
股份制企业	32173	17.8
外商及港澳台投资企业	18977	16.6
私营企业	11807	25.3

（二）揭示现象的结构

在统计分组的基础上，通过计算各组指标在总体中占的比重，可以反映现象内部的结构，分析各组数量对总体数量的影响。如从表3.2可以算出不同经济类型的企业增加值的构成情况。

（三）揭示现象之间的依存关系

一切现象总是处在相互联系相互依存中，通过分组可以将现象之间在数量上相互影响的作用、程度和规律反映出来。例如，要揭示耕地深度与亩产量是否存在依存关系，可以利用对耕地深度分组的方法，观察不同耕地深度的亩产量，形成如下对应关系，见表3.3。

表 3.3 耕地深度与亩产量统计表

耕地深度/厘米	8	10	12	14
亩产量/(担/亩)	8	9.5	10.7	12.4

可见，在灌溉条件与施肥量基本相同的情况下，耕地深度与产量之间的依存关系。

二、统计分组的方法

（一）统计分组的关键

统计分组的关键在于选择分组标志和划分各组的界限。

选择分组标志，就是确定将总体区分为各个不同性质组的标准或依据。分组标志一经选定，就要突出总体在此标志下的性质差异，而将总体在其他标志下的性质差异掩盖起来。任何事物都有许多标志，如果分组标志选择不当，分组结果必然不能正确反映总体的数量特征和性质特征。

划分各组界限，就是要在分组标志的变异范围内，确定组与组之间的性质界限或数量界限。分组界限一经选定，就要突出总体各组间的性质差异，而将各组内单位的性质差异掩盖起来。如果分组界限划分不当，就会混淆各组的性质差别。这就要求我们在分组时应根据统计研究目的，在众多的标志中认真挑选能够反映总体性质特征的标志；在分组标志较大的变异范围内，仔细划定能够区分各组性质差别的界限。

（二）统计分组的方法

1. 品质标志分组和数量标志分组

统计分组按照所选择的分组标志的性质不同分为品质标志分组和数量标志分组。

品质标志分组就是选择反映事物属性特征的品质标志作为分组标志，并在品质标志的变异范围内确定各组界限，将总体划分为若干性质不同的组成部分。有些品质标志分组比较复杂，往往存在着两种性质变异间的过渡形态，边缘不清，使组限不易划分。例如，工业部门分类、工业产品分类等。为统一分组口径，对重要的品质标志分组，要按编定的标准分类目录进行分组。

【案例1】

中华人民共和国国民经济行业分类标准（GB/T 4754—2017）

本标准采用经济活动的同质性原则划分国民经济行业。即每一个行业类别按照同一种经济活动的性质划分（品质标志分组）。将国民经济行业划分为门类、大类、中类和小类四级，共有20个门类、97个大类、473个中类和1381个小类。20个门类、97个大类如下。

代码		类别名称	说明
门类	大类		
A		农、林、牧、渔业	本门类包括01~05大类
	01	农业	
	02	林业	
	03	畜牧业	
	04	渔业	
	05	农、林、牧、渔专业及辅助性活动	
B		采矿业	本门类包括06~12大类
	06	煤炭开采和洗选业	
	07	石油和天然气开采业	
	08	黑色金属矿采选业	
	09	有色金属矿采选业	
	10	非金属矿采选业	
	11	开采专业及辅助性活动	
	12	其他采矿业	
C		制造业	本门类包括13~43大类
	13	农副食品加工业	
	14	食品制造业	
	15	酒、饮料和精制茶制造业	
	16	烟草制品业	
	17	纺织业	
	18	纺织服装、服饰业	

续表

代码		类别名称	说明
门类	大类		
	19	皮革、毛皮、羽毛及其制品和制鞋业	
	20	木材加工和木、竹、藤、棕、草制品业	
	21	家具制造业	
	22	造纸和纸制品业	
	23	印刷和记录媒介复制业	
	24	文教、工美、体育和娱乐用品制造业	
	25	石油加工、炼焦和核燃料加工业	
	26	化学原料和化学制品制造业	
	27	医药制造业	
	28	化学纤维制造业	
	29	橡胶和塑料制品业	
	30	非金属矿物制品业	
C	31	黑色金属冶炼和压延加工业	
	32	有色金属冶炼和压延加工业	
	33	金属制品业	
	34	通用设备制造业	
	35	专用设备制造业	
	36	汽车制造业	
	37	铁路、船舶、航空航天和其他运输设备制造业	
	38	电气机械和器材制造业	
	39	计算机、通信和其他电子设备制造业	
	40	仪器仪表制造业	
	41	其他制造业	
	42	废弃资源综合利用业	
	43	金属制品、机械和设备修理业	
		电力、热力、燃气及水生产和供应业	本门类包括44~46大类
D	44	电力、热力生产和供应业	
	45	燃气生产和供应业	
	46	水的生产和供应业	
		建筑业	本门类包括47~50大类
E	47	房屋建筑业	
	48	土木工程建筑业	
	49	建筑安装业	
	50	建筑装饰和其他建筑业	
		批发和零售业	本门类包括51和52大类
F	51	批发业	
	52	零售业	

续表

代码		类别名称	说明
门类	大类		
G		交通运输、仓储和邮政业	本门类包括53~60大类
	53	铁路运输业	
	54	道路运输业	
	55	水上运输业	
	56	航空运输业	
	57	管道运输业	
	58	多式联运和运输代理业	
	59	装卸搬运和仓储业	
	60	邮政业	
H		住宿和餐饮业	本门类包括61和62大类
	61	住宿业	
	62	餐饮业	
I		信息传输、软件和信息技术服务业	本门类包括63~65大类
	63	电信、广播电视和卫星传输服务	
	64	互联网和相关服务	
	65	软件和信息技术服务业	
J		金融业	本门类包括66~69大类
	66	货币金融服务	
	67	资本市场服务	
	68	保险业	
	69	其他金融业	
K		房地产业	本门类包括70大类
	70	房地产业	
L		租赁和商务服务业	本门类包括71和72大类
	71	租赁业	
	72	商务服务业	
M		科学研究和技术服务业	本门类包括73~75大类
	73	研究和试验发展	
	74	专业技术服务业	
	75	科技推广和应用服务业	
N		水利、环境和公共设施管理业	本门类包括76~79大类
	76	水利管理业	
	77	生态保护和环境治理业	
	78	公共设施管理业	
	79	土地管理业	

续表

代码		类别名称	说明
门类	大类		
O		居民服务、修理和其他服务业	本门类包括80～82大类
	80	居民服务业	
	81	机动车、电子产品和日用产品修理业	
	82	其他服务业	
P		教育	本门类包括83大类
	83	教育	
Q		卫生和社会工作	本门类包括84和85大类
	84	卫生	
	85	社会工作	
R		文化、体育和娱乐业	本门类包括86～90大类
	86	新闻和出版业	
	87	广播、电视、电影和影视录音制作业	
	88	文化艺术业	
	89	体育	
	90	娱乐业	
S		公共管理、社会保障和社会组织	本门类包括91～96大类
	91	中国共产党机关	
	92	国家机构	
	93	人民政协、民主党派	
	94	社会保障	
	95	群众团体、社会团体和其他成员组织	
	96	基层群众自治组织及其他组织	
T		国际组织	本门类包括97大类
	97	国际组织	

数量标志分组就是选择反映事物数量特征的数量标志作为分组标志，并在数量标志的变异范围内确定各组界限，将总体划分为性质不同的若干组成部分。数量标志的具体表现为许多不等的变量值，它们虽能准确地反映现象数量上的差异，却不能明确地反映现象性质上的差异。按数量标志分组的目的并不是单纯确定各组的数量差异，而是要通过数量变化来区分各组的不同性质类型。因此，在分组时应先确定总体在分组标志上有多少种性质不同的组成部分，然后再研究确定各组成部分之间的数量界限。例如，学生的学习程度可分为较差、一般、较好三个层次。若按学习成绩分组，可分为60分以下，60～80分，80分以上三个组。有些复杂的数量标志分组也需要按编定的标准分类目录进行分组，如大中小企业的划分。

【案例2】

统计上大中小微型企业划分标准（2017）

行业名称	指标名称	计量单位	大型	中型	小型	微型
农、林、牧、渔业	营业收入(Y)	万元	Y≥20000	500≤Y<20000	50≤Y<500	Y<50
工业	从业人员(X)	人	X≥1000	300≤X<1000	20≤X<300	X<20
	营业收入(Y)	万元	Y≥40000	2000≤Y<40000	300≤Y<2000	Y<300
建筑业	营业收入(Y)	万元	Y≥80000	6000≤Y<80000	300≤Y<6000	Y<300
	资产总额(Z)	万元	Z≥80000	5000≤Z<80000	300≤Z<5000	Z<300
批发业	从业人员(X)	人	X≥200	20≤X<200	5≤X<20	X<5
	营业收入(Y)	万元	Y≥40000	5000≤Y<40000	1000≤Y<5000	Y<1000
零售业	从业人员(X)	人	X≥300	50≤X<300	10≤X<50	X<10
	营业收入(Y)	万元	Y≥20000	500≤Y<20000	100≤Y<500	Y<100
交通运输业	从业人员(X)	人	X≥1000	300≤X<1000	20≤X<300	X<20
	营业收入(Y)	万元	Y≥30000	3000≤Y<30000	200≤Y<3000	Y<200
仓储业	从业人员(X)	人	X≥200	100≤X<200	20≤X<100	X<20
	营业收入(Y)	万元	Y≥30000	1000≤Y<30000	100≤Y<1000	Y<100
邮政业	从业人员(X)	人	X≥1000	300≤X<1000	20≤X<300	X<20
	营业收入(Y)	万元	Y≥30000	2000≤Y<30000	100≤Y<2000	Y<100
住宿业	从业人员(X)	人	X≥300	100≤X<300	10≤X<100	X<10
	营业收入(Y)	万元	Y≥10000	2000≤Y<10000	100≤Y<2000	Y<100
餐饮业	从业人员(X)	人	X≥300	100≤X<300	10≤X<100	X<10
	营业收入(Y)	万元	Y≥10000	2000≤Y<10000	100≤Y<2000	Y<100
信息传输业	从业人员(X)	人	X≥2000	100≤X<2000	10≤X<100	X<10
	营业收入(Y)	万元	Y≥100000	1000≤Y<100000	100≤Y<1000	Y<100
软件和信息技术服务业	从业人员(X)	人	X≥300	100≤X<300	10≤X<100	X<10
	营业收入(Y)	万元	Y≥10000	1000≤Y<10000	50≤Y<1000	Y<50
房地产开发经营	营业收入(Y)	万元	Y≥200000	1000≤Y<200000	100≤Y<1000	Y<100
	资产总额(Z)	万元	Z≥10000	5000≤Z<10000	2000≤Z<5000	Z<2000
物业管理	从业人员(X)	人	X≥1000	300≤X<1000	100≤X<300	X<100
	营业收入(Y)	万元	Y≥5000	1000≤Y<5000	500≤Y<1000	Y<500
租赁和商务服务业	从业人员(X)	人	X≥300	100≤X<300	10≤X<100	X<10
	资产总额(Z)	万元	Z≥120000	8000≤Z<120000	100≤Z<8000	Z<100
其他未列明行业	从业人员(X)	人	X≥300	100≤X<300	10≤X<100	X<10

2. 简单分组和复合分组

统计分组按照分组标志的多少不同分为简单分组和复合分组。

简单分组是将统计总体按某一个标志进行的分组。例如，对某企业全体职工按年龄和文化程度进行的分组都属于简单分组。

按年龄分组	按文化程度分组
20岁以下	大学本科
21～30岁	大学专科
31～40岁	中等专科
41～50岁	高中
51～60岁	初中

对同一个总体选择两个或两个以上的标志分别进行简单分组，就形成平行分组体系。它的每一次分组，同组内的单位只能固定一个标志的影响。

复合分组是按两个或两个以上标志层叠起来进行的分组。例如，对全体学生按性别和学习成绩进行的复合分组，见表 3.4。

表 3.4　按性别和学习成绩进行的复合分组

按性别分组	男生组	女生组
按学习成绩分组	60 分以下	60 分以下
	60～80 分	60～80 分
	80 分以上	80 分以上

复合分组形成复合分组体系。它的特点是：第一次分组同组内的单位只能固定一个标志的影响；第二次分组则同时固定两个标志的影响；最后一次分组时，则所有分组标志的影响全部被固定。也就是说，分到一个组的单位在所有分组标志上的表现都是相同的。

三、次数分配

在统计分组的基础上将总体的所有单位按组归类，并按一定顺序排列，形成总体中各个单位在各组间的分布，称为次数分配或分配数列。分配数列由两个要素构成，一是总体的各个组；二是总体单位在各组相应的分配次数。各组的分配次数是指分布在各组的总体单位数，又叫频数。各组次数与总次数之比称为频率。

分配数列按照分组标志的不同，可分为品质数列和变量数列。变量数列又分为单项变量数列和组距变量数列。

（一）品质数列

又称属性分配数列，是按品质标志分组形成的分配数列。品质数列的两个构成要素是用文字表述的各个组和各组的频数或频率。例如，全国第二次经济普查中建筑业按企业法人的性质划分形成的数列为品质数列，见表 3.5。

表 3.5　建筑行业企业法人单位和从业人员的构成

按企业法人性质分组	企业数量/个	从业人员/万人
内资企业	225141	3878.7
国有企业	7925	438.1
集体企业	10252	261.8
股份合作企业	1778	29.9
联营企业	490	11.9
国有联营企业	69	1.7
集体联营企业	191	3.4
国有与集体联营企业	68	1.6
其他联营企业	162	5.2
有限责任公司	41393	1404.2
国有独资公司	637	57.1
其他有限责任公司	40756	1347.1
股份有限公司	6339	269.8
私营企业	153319	1443.8
其他内资企业	3645	19.2
港、澳、台商投资企业	807	11.5
外商投资企业	847	10.9
合　计	226795	3901.1

(二) 单项变量数列

按数量标志分组形成的分配数列称为变量数列。变量数列的两个构成要素是用变量值表现的各个组和各组的频数或频率。

单项变量数列是将每一个变量值作为一个组形成的分配数列,它适应于变量值较少的离散型变量。例如,某专科学校所有学生按年级分组的数列,见表3.6。

表3.6 某高校各年级学生构成

按年级分组	人数/人	比重/%
1	6050	32.2
2	6300	33.5
3	6450	34.3
合 计	18800	100

(三) 组距变量数列

组距变量数列是将一个区间内的所有变量值归为一组形成的分配数列,它适用于变量值变动较大的离散型变量或连续型变量。例如,某企业的全体职工按年龄分组的数列,见表3.7。

表3.7 某企业职工年龄构成

按年龄(岁)分组	职工人数	
	绝对数/人	比重/%
20以下	240	8
20～30	390	13
30～40	840	28
40～50	1200	40
50以上	330	11
合 计	3000	100

组距变量数列的编制,一般分为四个步骤。

1. 计算全距

全距是总体中最大标志值和最小标志值之间的差距。它反映了总体中标志值的变动范围。即全距=最大标志值－最小标志值。

2. 确定组数和组距

组数的多少与组距的大小相互制约,组数增多,组距就会变小;组数减少,则组距就会扩大。在确定组数和组距时,应力求符合总体的实际情况,能够把总体单位分布的特点充分反映出来。

组数不宜过多也不宜过少,如果组数过多,分组过细,就容易将属于同类性质的单位划分到不同的组;如果组数过少,就会把不同性质的单位归并到一组,可能混淆不同类单位的性质界限。因此,组数的确定应考虑总体内部的定性分析。就所选择的分组标志而言,总体有几种不同的性质表现,一般就分为几组。

组距是各组内最大标志值和最小标志值的差距。组距数列中各组的组距都相等,称为等距数列，适用于标志值变化比较均匀的总体；若各组组距不相等，称为异距数列，适用于标志值变化不均匀、不规则的总体。异距分组时的组距需要针对每一组具体确定；等距分组时的组距可用全距除以组数来确定，一般取 10 或 5 的整倍数。

3. 确定组限

组距两端的数值称为组限。每组的起点值称为下限，终点值称为上限。组限的确定与最小、最大标志值以及变量的类别密切相关。

最小组的下限应小于等于最小的标志值，最大组的上限应大于等于最大的标志值，以便把所有单位都包含在分配数列中。

连续型变量应采用重叠组限，即邻组中较小组的上限与较大组的下限应当相等。例如，学生按身高分组为：1.6 米以下，1.6～1.7 米，1.7～1.8 米，1.8 米以上。因为连续型变量的数值不能一一列举，在两个数值之间可能有无限多个数值，为避免遗漏，必须采用重叠组限。若遇到某个单位的标志值刚好等于组限时，一般把此单位归并到作为下限的那一组，即"上限不在内"原则。如把身高 1.7 米的学生归到第三组。

离散型变量的数值可以一一列举，故邻组中较小组的上限与较大组的下限可以不重叠，即各组的上下限都可以用不等的整数数值表示。例如，某市工业企业按职工人数分组为：500～999 人，1000～1999 人，2000～2999 人等。当然，离散型变量的组限也可采用重叠组限。

4. 汇总并计算各组次数

编制变量数列不仅要按变量值的大小顺序列出总体划分的各个组，同时还要列出相应各组的单位数。各组的单位数表示该标志值在各组出现的次数。在变量数列中，标志值构成的数列表示标志值的变动幅度，而次数构成的数列则表示相应标志值的作用强度。

另外，在变量数列中常常需要计算组中值。组中值是上限和下限的中点数值，组中值＝（上限＋下限）÷2。如果组距数列的最小组和最大组采用开放式组限，即用"多少以下"或"多少以上"表示，那么，这两个组的组中值可参照邻组的组距来确定。

$$最小组的组中值 = 上限 - \frac{1}{2}邻组组距$$

$$最大组的组中值 = 下限 + \frac{1}{2}邻组组距$$

组距数列掩盖了分布在各组内所有单位的实际标志值。为了反映各组标志值的一般水平，统计工作中往往假定当各组标志值在本组范围内呈均匀分布或在组中值两侧对称分布时，组中值就是各组标志值的一般水平的代表值。显然这与实际资料是略有出入的。

【案例 3】

某班 40 名学生统计课程的考试成绩（分）为：89 88 76 99 74 60 82 60 89 86 93 99 94 82 77 79 97 78 95 92 87 84 79 65 98 67 59 72 84 85 56 81 77 73 65 66 83 63 79 70，要求编制组距变量数列，以反映考试成绩的分布情况。

第一步：计算全距

全距＝99－56＝43（分）

第二步：确定组数和组距

通常，学习成绩划分为优秀、良好、中等、及格、不及格五个性质不同的类型。为了准确反映 40 名学生考试成绩的不同性质分布特征,分为 5 组最为适宜。同时,每位学生的考试成绩比较均匀,可以编制等距数列。组距=全距÷组数=43÷5=8.6 分。为计算方便,组距取 5 或 10 的整倍数,故组距定为 10。

第三步:确定组限

最小组的下限应小于等于最小的标志值,即第一组的下限小于等于 56 分。考虑到组距为 10 分,第一组的下限确定为 50 分最为合适,能够保证把性质相同的单位归并到一组。最大组的上限应大于等于最大的标志值,即最后一组的上限大于等于 99 分。

因考试成绩未出现小数,为离散型变量,各组组限可采用不重叠组限,也可采用重叠组限。从数列整齐美观考虑,本题采用重叠组限,即 50~60,60~70,70~80,80~90,90~100。

第四步:汇总各组次数

把每个学生归入对应组内,两个 60 分的学生归入第二组,一个 70 分的学生归入第三组,所编制的分配数列见表 3.8。数列显示,该班学生统计课程的考试成绩比较集中的分布在 70~90 分之间,考分在此范围的学生占 57.5%。

表 3.8 某班学生统计学考试成绩表

考试分数	人数/人	频率/%	累计人数/人	累计频率/%
50~60	2	5.0	2	5.0
60~70	7	17.5	9	22.5
70~80	11	27.5	20	50.0
80~90	12	30.0	32	80.0
90~100	8	20.0	40	100.0
合计	40	100.0	—	—

第三节 统计图表

一、统计表

统计表是统计资料整理的工具及重要表现形式。经过统计汇总,得到反映总体单位总量和一系列标志总量的资料,把这些资料按一定顺序在表格上表现出来就形成统计表。

(一) 统计表的结构

从形式上看,统计表主要由总标题、横行标题、纵栏标题和指标数值四部分组成。总标题是统计表的名称,一般位于表的上端正中央,用来概括说明统计表所反映的统计资料的内容;横行标题是横行的名称,一般位于表的左方,用来说明总体各个单位或各个组的名称;纵栏标题是纵栏的名称,一般位于表的上方,用来说明总体特征的指标的名称;指标数值位于横行标题和纵栏标题的交叉处。

从内容上看,统计表主要由主词和宾词两部分构成。主词是统计表所要说明的总体及其组成部分;宾词是用来说明总体数量特征的各项统计指标。一般情况下,主词列在表的左方,即列于横行;宾词列在表的上方,即列于纵栏。有时为了编排合理和阅读方便,也可以互换位置。统计表的结构见表 3.9。

表3.9 全国第二次经济普查建筑业情况统计表

按企业法人性质分组	企业数量/个	从业人员/万人
内资企业	225141	3878.7
港、澳、台商投资企业	807	11.5
外商投资企业	847	10.9

（左侧：横行标题；底部左：主词；底部右：宾词；顶部：总标题；右侧：纵栏标题、指标数值）

（二）统计表的种类

1. 根据用途不同，统计表可分为调查表、整理表和分析表

调查表是调查阶段使用的表格，主要用于搜集原始资料、登记调查项目。整理表是整理阶段使用的、主要用于分组、汇总资料的表格，多是反映次数分配数列。分析表是统计分析阶段使用的、用于反映指标和指标之间的计算以及总体复杂数量关系的表格。

2. 根据主词分组不同，统计表可分为简单表、简单分组表和复合分组表

（1）简单表。简单表是主词不作任何分组的统计表。主词可以由总体各单位组成，可以由国家、地区、城市等组成，也可以由时间序号组成。例如，2006～2011年我国国内生产总值保持平稳发展，受全球金融危机影响，2008年以后涨幅有所下降，资料见表3.10。

表 3.10 我国 2006～2011 年的国内生产总值

时间 \ 指标	国内生产总值/亿元	比上年增长率/%
2006	216314	12.7
2007	265810	14.2
2008	314045	9.6
2009	340903	9.2
2010	401513	10.4
2011	471564	9.2

注：选自2011年中国统计公报。

（2）简单分组表。简单分组表是主词按一个标志分组的统计表。通过简单分组表，可以反映就所选择的分组标志而言总体的不同类型和结构特征，分析现象之间的依存关系等。例如，2011年我国各类教育招生、在校生、毕业生人数的构成，资料见表3.11。

表 3.11 我国 2011 年各类教育的构成情况

教育层次 \ 指标	招生人数/万人	在校生人数/万人	毕业生人数/万人
研究生	50.6	164.6	43.0
普通高等教育	681.5	2308.5	608.2
中等职业教育	808.9	2196.6	662.7
普通高中	850.8	2454.8	787.7

注：选自2011年中国统计公报。

(3) 复合分组表。复合分组表是主词按两个或两个以上标志层叠分组。通过复合分组表可以把多个标志分组的结果结合起来,更深入地分析总体的特征和规律。例如,我国 2011 年金融机构存贷款情况的资料见表 3.12。

表 3.12 2011 年全部金融机构本外币存贷款余额

业务类型 \ 指标	年末存、贷款余额/亿元	比上年末增长率/%
存款业务	826701	13.5
住户存款	351957	15.5
非金融企业存款	313981	9.5
贷款业务	581893	15.9
境内短期贷款	217480	21.8
境内中长期贷款	333747	11.8

注:选自 2011 年中国统计公报。

3. 根据宾词分组不同,统计表可分为简单表、简单分组表和复合分组表

(1) 简单表。是对宾词不作分组的统计表,即指标按照说明问题的主次或顺序排列起来,保持指标之间的逻辑关系。见表 3.10~表 3.12。

(2) 简单分组表。即对宾词栏中的某一个指标分组,或两个以上指标分别分组并做平行排列的统计表。这种统计表能够从多个侧面同时反映总体的某一特征,但缺乏多个侧面的有机结合。例如,某年某地区各类企业职工人数按性别和工龄分组后的指标资料,见表 3.13。

表 3.13 某年某地区各类法人企业职工人数

企业法人性质 \ 指标	职工人数/万人				
	男工人数	女工人数	1 年以下人数	1~5 年人数	5 年以上人数
内资企业					
港、澳、台商投资企业					
外商投资企业					

(3) 复合分组表。即对宾词栏中的两个或两个以上的指标进行分组,且使分组指标层叠排列。这种统计表能够把多种分组结果有机结合起来,更详尽地说明总体的数量特征,但由于分组过多,会影响统计表的明确性。例如,某年某地区各类企业职工人数先按工龄分组,之后再按性别分组的指标资料,见表 3.14。

表 3.14 某年某地区各类法人企业职工人数

企业法人性质 \ 指标	职工人数/万人					
	1 年以下人数		1~5 年人数		5 年以上人数	
	男	女	男	女	男	女
内资企业						
港、澳、台商投资企业						
外商投资企业						

统计表是表现统计资料最常用的形式,在设计统计表时要求科学地、系统地组织排列资料,使人们在阅读时一目了然,便于比较。

二、统计图

统计图是反映统计资料的另一种形式，是利用几何图形或事物的外部形象来表现研究现象数量特征的图形。它和统计表相比，具有直观、生动、鲜明、易懂的优点，具有较强的感召力和良好的宣传效果。

统计图按其图示形式不同，可分为几何图、象形图和统计地图。

几何图是利用几何点的分布，线的长短、高低、升降及图的面积大小来显示数据的图形。常用的有条形图、折线图、曲线图、圆形图等，见图 3.1、图 3.2。

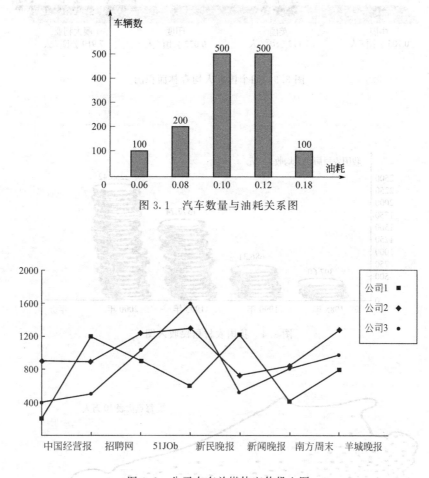

图 3.1　汽车数量与油耗关系图

图 3.2　公司在有关媒体宣传投入图

象形图是利用现象本身形象的简化，来描述数据的图形。它和几何图形的功能相同，只是更加生动、活泼。如用棵棵树苗的简化图表示森林面积，用钱币的简化图来表示居民收入多少等，见图 3.3、图 3.4。

统计地图是在地图上用点、线、面来反映统计数据的图形。它一般用来反映现象数量在地图上的分布状况。如用一个黑点表示单位数量，然后根据现象的数量大小，用不同数量的黑点标在相应的地图上，来反映总体的分布状况。见图 3.5。

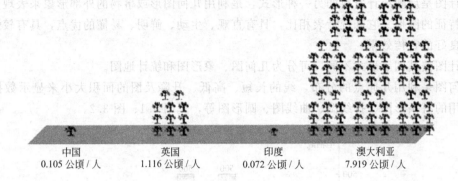

图 3.3　四个国家人均森林面积图

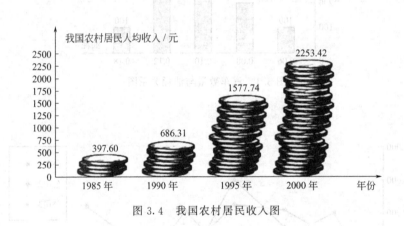

图 3.4　我国农村居民收入图

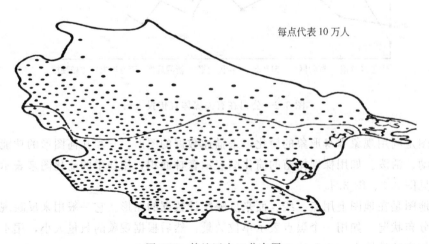

图 3.5　某地区人口分布图

本章小结

本章介绍了统计整理的意义和内容、统计分组的作用和分组方法、次数分配,以及统计图表的设计,为读者整理和表现数据资料提供了基本方法。

统计分组在区分事物类型、揭示现象结构、研究变量间的依存关系等方面发挥着独到作用。分组的关键在于选择分组标志、划分各组界限。分组的方法包括品质标志分组、数量标志分组、简单分组、复合分组。次数分配由总体分组和各组的分配次数构成,包括品质数列和变量数列;变量数列又分为单项变量数列和组距变量数列。组距变量数列的编制需要考虑组数、组距、组限,以及汇总各组频数等问题。组中值是上限和下限的中点数值,代表着各组标志值的一般水平。统计图表是表现统计资料的重要手段和形式。统计表形式上由总标题、横行标题、纵栏标题和指标数值四部分组成,内容上由主词和宾词两部分构成。统计表可设计为简单表、简单分组表和复合分组表。统计图有几何图、象形图和统计地图。

思考与练习

1. 简述统计整理在统计工作中所处的重要位置。
2. 统计整理的内容有哪些?
3. 如何制定统计整理方案?
4. 自拟题目,设计一份整理方案。
5. 何谓统计分组?有哪些作用?
6. 简述统计分组的关键。
7. 如何选择分组标志?
8. 如何划分各组界限?
9. 统计分组的方法有哪些?
10. 举例说明简单分组与复合分组。
11. 简述次数分配的构成要素。
12. 分配数列包括哪几种。
13. 何时编制单项变量数列?何时编制组距变量数列?
14. 简述编制组距变量数列的步骤。
15. 组数与组距的关系如何?怎样确定组数和组距?
16. 组限有几种表现形式?如何确定组限?
17. 何谓组中值,意义如何?怎样计算?
18. 统计表从形式和内容上是如何构成的?
19. 按主词分组情况,统计表有几种设计形式?分别如何应用?
20. 按宾词分组情况,统计表有几种设计形式?分别如何应用?
21. 利用网络搜集统计图。
22. 某企业检查60个加工外径为8mm的螺栓外圆尺寸如下,要求编制适当的变量数列,绘制条形图,以反映总体的分布情况。

7.939	7.930	7.930	7.928	7.916	7.924	7.930	7.925	7.920	7.930
7.930	7.925	7.918	7.920	7.930	7.926	7.926	7.928	7.925	7.925
7.917	7.924	7.925	7.930	7.928	7.927	7.928	7.922	7.932	7.927
7.932	7.920	7.928	7.922	7.927	7.923	7.922	7.925	7.925	7.922
7.926	7.929	7.933	7.928	7.927	7.935	7.935	7.923	7.922	7.928
7.923	7.923	7.925	7.923	7.928	7.918	7.924	7.931	7.911	7.918

第四章 综合指标

学习目标

通过本章的学习,理解总量指标、相对指标、平均指标和变异指标的含义、种类、作用,掌握各种指标的计算方法及运用原则,并能熟练地计算和应用。能够灵活运用统计指标对社会经济现象进行简单分析。

第一节 总量指标

一、总量指标的意义及作用

总量指标是用来反映社会经济现象在一定条件下的总规模、总水平或工作总量的统计指标。总量指标用绝对数表示,其数值一般随研究总体范围的扩大而增加,它是一种最基本的统计指标。

总量指标既可以反映社会经济现象的总量,也可用来反映社会经济现象总量之间的差额。例如 2011 年我国国内生产总值 47.2 万亿元,比上年增长 7.36 万亿元;全年粮食产量 5.7 亿吨,比上年增加 2473 万吨;年末国家外汇储备 3.18 万亿美元,比上年末增加 3338 亿美元;全年普通高等教育本专科招生 681.5 万人,在校生 2308.5 万人,毕业生 608.2 万人;研究生教育招生 56 万人,在学研究生 164.6 万人,毕业生 43 万人;农村居民人均纯收入 6977 元,城镇居民人均可支配收入 21810 元。这些都是总量指标,都是利用绝对数说明我国 2011 年国民经济发展的总体规模、总体水平和全国人民的生活水平。

总量指标是应用十分广泛的基本指标,在实际统计工作中发挥着重要作用。

(1) 总量指标可以反映一个国家、地区、部门或单位的基本状况和实力。例如,一个国家的国内生产总值、粮食产量、煤炭储藏量、页岩气储量、外汇储备等指标,反映了该国的经济实力;某企业的职工人数、固定资产、利税总额等指标,反映了该企业的生产要素和经营活动成果。

(2) 总量指标是制定政策,编制、检查和监督计划执行情况,进行科学管理的重要指标。任何一项方针政策、计划的制定和检查,都必须从客观实际出发,而总量指标是对客观实际绝对数量的反映。因此,常用总量指标作为制定政策、编制计划的依据。例如,我国《全面建设小康社会 2020 年主要指标的发展目标》提出:2020 年人口总量将控制在 14.8 亿人,就是根据我国人口的实际发展状况制定的总量计划指标。《我国国民经济和社会发展十二五规划纲要》指出,全国总人口控制在 13.9 亿人以内;新型农村社会养老保险实现制度全覆盖,城镇参加基本养老保险人数达到 3.57 亿人;城镇保障性安居工程建设 3600 万套,贫困人口显著减少。是根据现有经济发展水平和人民生活水平制定的未来人民生活持续改善的总量计划指标。

（3）总量指标是计算相对指标和平均指标的基础。相对指标和平均指标是总量指标的派生指标，是由两个有联系的总量指标对比得到的。例如，人口性别比例关系是男性人口数与女性人口数之比；粮食平均单位面积产量是粮食总产量除以粮食播种面积等。

二、总量指标的种类

（一）按其说明总体的内容不同分为总体单位总量和总体标志总量

1. 总体单位总量

总体单位总量是用来反映统计总体内包含总体单位个数多少的总量指标。它用来表明统计总体的容量大小。例如，研究我国的人口状况时，统计总体是全国所有公民，总体单位是每一位公民，那么我国的人口数表明总体单位的个数，是总体单位总量。再如，研究某市的工业发展状况，统计总体是全市的所有工业企业，若该市现有工业企业2350家，则2350家即为总体单位总量。

2. 总体标志总量

总体标志总量是统计总体各单位某一方面数量标志值的总和。上例中，该市的每个工业企业是总体单位，每一工业企业的职工人数、增加值、总产值、利税额等都是该企业的数量标志，则该市工业职工总人数、市工业增加总值、市工业总产值、市工业利税总额就是总体标志总量。

一个已经确定的统计总体，其总体单位总量是唯一确定的，而总体标志总量却不止一个。某一总量指标是总体单位总量还是标志总量不是完全确定的，而是随着统计总体的改变而改变的。如上例中的全市工业职工人数是总体标志总量，若研究目的改变为认识该市工业企业职工的生活水平时，统计总体是全市的所有工业职工，全市工业职工人数就变成总体单位总量了。

（二）按其反映总体的时间状况不同分为时期指标和时点指标

1. 时期指标

时期指标是反映社会经济现象在一段时间上发展变化结果的总量。例如我国2011年实现国内生产总值47.2万亿元，是指在2011年这一年的时间内，我国国民经济各行业每天所创增加值的总和。再如产品产量、社会零售商品销售额等都是时期指标。时期指标具有如下特点。

（1）具有可加性。时间上相邻的时期指标相加能够得到另一更长时期的总量指标。

（2）指标数值的大小与所属时期的长短直接相关。一般来讲，时期越长，指标数值就越大。

（3）必须连续登记而得。时期指标数值的大小取决于整个时期内所有时间上的发展状况，只有连续登记得到的时期指标才会准确。

2. 时点指标

时点指标是反映社会经济现象在某一时刻或某一时点上的状况的总量。如2011年末全国共有医疗卫生机构953432个，其中医院21638个，乡镇卫生院37374个，社区卫生服务中心（站）32812个，诊所（卫生所、医务室）177754个，村卫生室659596个，疾病预防控制中心 3499 个，卫生监督所（中心）3005 个。这仅能说明我国 2011 年 12 月 31 日这一天的卫生和社会服务基本单位的数量情况。再如人口数、商品库存额、外汇储备额等也都是时点指标。时点指标具有如下特点。

（1）不具有可加性。不同时点上的两个时点指标数值相加不具有实际意义。

（2）数值大小与登记时间的间隔长短无关。时点指标仅仅反映社会经济现象在一瞬间上的数量，每隔多长时间登记一次对它没有影响。

（3）指标数值是间断计数的。时点指标没有必要进行连续登记，有的也是不可能连续进行登记的，例如一国的总人口数。

三、总量指标的计量单位

总量指标的计量形式都是有名数，都有计量单位。根据总量指标所反映现象的性质不同，其计量单位一般有实物单位、价值单位和劳动单位三种。

（一）实物单位

实物单位是根据事物的外部特征或物理属性而采用的单位。包括自然单位、度量衡单位、复合单位、双重单位、标准实物单位。如鞋以"双"为单位；笔以"支"为单位；小轿车以"辆"为单位；拖拉机以"台"为单位等，这里的"双、支、辆、台"即为自然单位。度量衡单位是以已经确定出的标准来计量实物的重量、长度、面积、容积等的单位，如吨、公里、平方米、毫升等。复合单位是两个单位的乘积，如货物周转量用"吨公里"计量；电的度数用"千瓦时"计量等。双重单位是用两种或两种以上的单位结合起来进行计量。如起重机的计量单位是"台/吨"；货轮用"艘/马力/吨位"计量。标准实物单位是按照统一的折算标准来计量事物数量的一种实物单位。它主要用于计量存在差异的工业产品和农产品，为了准确地反映其总量，需要把各产品按照一定的标准折合成标准品再相加。如把含氮量不同的化肥都折合成含氮 100% 的标准化肥；把各种能源都折合成热量值为 7000 千卡/千克的标准煤等。以实物单位计量的总量指标，叫做实物指标。

（二）价值单位

价值单位也叫货币单位，它是以货币作为价值尺度来计量社会财产和劳动成果。例如国内生产总值、城乡居民储蓄额、外汇收入、财政收入都必须用货币单位来计量，常见的货币单位有美元、人民币、英镑、欧元等。用货币单位计量的总量指标叫做价值指标。价值指标具有十分广泛的综合能力，在国民经济管理中起着重要的作用。如工业增加值、商品销售额、国民收入等。它能够综合反映具有不同使用价值的产品总量，具有广泛的概括性。

（三）劳动单位

劳动单位主要用于企业内部计量工业产品的数量和内部业务核算，它是用生产工业产品所必需的劳动时间来计量生产工人的劳动成果。常用的计量单位有工时、工日等。1 工时是指一个工人工作 1 小时的劳动量，1 工日是指一个工人工作 1 日（8 小时）的劳动量。企业首先根据自身的生产状况制定出生产单位产品所需的工时定额，再乘以产品的实物即得以劳动单位计量的产量指标（劳动量指标），也叫做定额工时总产量。

在实际应用中，应注意正确选择总量指标的计量单位。对于一些重要的经济产品产量常用实物单位计量表示，为便于汇总资料有时还必须使用国家规定的实物单位。要综合反映社会经济现象总量，往往采用价值单位，这需要将价值单位与实物单位结合起来使用，以利于认识客观事物的全貌。

四、总量指标的统计方法

总量指标数值一般都是通过对总体单位进行全面调查登记，采用直接计数、点数或测量等方法，逐步计算汇总得出的。例如，统计报表中的总量资料；人口普查中的人口数、住房面积总量资料；经济普查中国民经济第二产业、第三产业的发展规模、结构、效益等信息；都是采用这种直接计量法取得的。

只有在不能直接计算或不必直接计算总体的总量指标的少数情况下，才采用推算与估算法和主观评定法取得有关的总量资料。如根据抽查的部分产品的质量，推算全部产品的质量；根据农作物的亩产量和播种面积，来估算总产量等。对于某些难以直接用数量来表示的客观现象，采取由专家评估确定其总量指标的方法。如对体育比赛的跳水、体操项目成绩的评分需要采取主观评定法。

总量指标数值在计算方法上比较简单，但在计算内容上却是相当复杂，这就涉及如何在质与量的统一中，反映一定历史条件下社会经济现象的规模和水平。因此，总量指标数值的计算并不是一个单纯技术性的加总问题，而必须正确规定总量指标所表示的各种社会经济现象的概念、构成内容和计算范围，确定计算方法，然后才能进行计算汇总，以取得正确反映社会经济现象的总量资料。例如，要正确计算工资总额，必须先明确工资的实质和构成；要计算国民经济各部门职工人数，不仅要明确职工的概念和范围，而且要从理论上先确定国民经济部门的分类，才能得出按部门分类的职工人数。

第二节 相对指标

一、相对指标的意义及作用

（一）相对指标的概念

要分析一种社会经济现象，仅仅利用总量指标是远远不够的。如果要对事物做深入的了解，就需要对总体的组成和其各部分之间的数量关系进行分析、比较，这就必须计算相对指标。

相对指标是用两个有联系的指标进行对比，以得到的比值来反映社会经济现象数量特征和数量关系的综合指标。它反映的不是现象数量之间的绝对差异，而是相对的差异程度，是一种抽象化的数量对比关系。

相对指标也称作相对数，其数值有两种表现形式：无名数和复名数。无名数是一种抽象化的数值，多以系数、倍数、成数、百分数或千分数表示。如2011年我国城镇人口占总人口的比重为51.3%；全年国内生产总值比上年增长9.2%；2011年我国高等教育规模达到2000年的4倍等。复名数主要用来表示强度的相对指标，以表明事物的密度、强度和普遍程度等。例如，人均粮食产量用"千克/人"表示，人口密度用"人/平方公里"表示等。

(二) 相对指标的作用

1. 相对指标可以反映现象之间的相互关系

相对指标通过数量之间的对比，可以表明事物相关程度、发展程度，它可以弥补总量指标的不足，使人们清楚了解现象的相对水平和普遍程度。例如，某企业去年实现利润 50 万元，今年实现 55 万元，则今年利润增长了 10%，这是总量指标不能说明的。再如，将我国的耕地面积和人口总数指标与世界对比可以得知，我国耕地面积仅占世界耕地面积的 7%，却养活了世界 20% 的人口。这两个相对指标可以更充分、有力地表明我国农业发展取得的伟大成就。

2. 相对指标便于比较和评价事物

不同的企业由于生产规模条件不同，直接用总产值、利润比较评价意义不大，但如果采用一些相对指标，如资金利润率、资金产值率等进行比较，便可对企业生产经营成果做出合理评价。例如，调查甲乙两个电机厂职工的素质状况，资料显示：甲企业职工总数 2500 人，其中技术人员 500 人；乙企业职工总数 1000 人，技术人员 350 人。怎样来判断哪个企业整体素质较高呢？如果观察两个企业的技术人员总量，甲企业比乙企业多 150 人，似乎可以得出甲企业整体素质高于乙企业的结论。但事实上，一个企业职工整体素质的高低不仅要看技术人员的总量，还要考虑职工队伍结构，也就是比较技术人员占职工总数的比重。计算可知甲企业技术人员占 20%，乙企业为 35%，说明乙企业职工的整体素质相对强于甲企业。显然，用相对指标比较的结论才是较为正确的。

3. 相对指标便于揭示总体的结构、比例协调关系

在社会经济活动的发展过程中，需要分析经济现象之间的比例协调关系。在企业经济活动中，需要通过对资金利税率、劳动生产率、成本净值率等一系列有关相对指标的分析，研究企业投入产出的比例关系和经济效益。例如计算一个国家或地区的第一、二、三产业的比例，可以说明该国家或地区社会经济现代化程度。2011 年度我国第一产业增加值占国内生产总值的比重为 10.1%，第二产业增加值比重为 46.8%，第三产业增加值比重为 43.1%；分别比上年增长 4.5%、10.6%、8.9%。

二、相对指标的种类及计算

随着统计分析目的的不同，两个相互联系的指标数值对比，可以采取不同的比较标准（即对比的基础），而对比所起的作用也有所不同，从而形成不同的相对指标。相对指标一般有六种形式，即计划完成程度相对指标、结构相对指标、比例相对指标、比较相对指标、强度相对指标和动态相对指标。

(一) 计划完成程度相对指标

计划完成程度相对指标是社会经济现象在某时期内实际完成数值与计划任务数值对比的结果，一般用百分数来表示，用来检查、监督计划的执行情况，是计划管理的重要指标。基本计算公式如下。

$$计划完成程度相对指标 = \frac{实际完成数}{计划任务数} \times 100\%$$

公式的分子是计划执行结果的实际完成数，分母是下达的计划任务数。计算时要求分子、分母在指标涵义、计算方法、计量单位、时间长度等方面相适应，一般用百分数表示。

由于计划任务是作为衡量计划完成情况的标准,因而计划完成程度相对指标的分子、分母不允许互换位置。

1. 中、短期计划的检查

一般称五年以下的计划为中短期计划。由于计划数可以表现为绝对数、相对数、平均数,则计划完成程度相对指标的计算方法也不尽相同。

(1) 计划数为绝对数和平均数时,可直接用上述计算公式。

【例1】 某笔记本电脑生产企业计划今年生产笔记本电脑200000台,平均每台成本为3000元。年底资料显示,今年实际生产笔记本电脑210000台,每台成本已下降到2700元。要求计算该企业今年各项计划指标完成程度。

解:产量计划完成程度 $=\dfrac{210000}{200000}\times 100\%=105\%$

成本计划完成程度 $=\dfrac{2700}{3000}\times 100\%=90\%$

计算结果表明,该企业产量计划不仅完成,而且超额完成5%(105%-1)。成本计划也完成得比较好,实际比计划多降低了10%(1-90%)。

(2) 计划数为相对数时,计划完成程度计算公式如下。

$$计划完成程度相对指标 = \dfrac{实际达到的百分数}{计划规定的百分数}\times 100\%$$

【例2】 某企业某产品产量计划要求增长10%,同时该种产品单位成本计划要求下降5%,而实际产量增长了12%,实际产品单位成本下降了8%,要求计算各项计划指标完成程度。

解:产量计划完成程度相对指标 $=\dfrac{100\%+12\%}{100\%+10\%}\times 100\%=101.82\%$

单位成本降低计划完成程度相对指标 $=\dfrac{100\%-8\%}{100\%-5\%}\times 100\%=96.84\%$

计算结果表明,产量计划超额完成1.82%,单位成本降低计划超额完成3.16%。

2. 长期计划的检查

在检查中长期计划的完成情况时,根据计划指标的性质不同,计算可分为水平法和累计法。

(1) 水平法。若计划任务是按"计划期末应达到的水平"形式下达,则将根据计划末期(最后一年)实际达到的水平与计划规定应达到的水平相比较,来确定全期是否完成计划。其计算公式如下。

$$计划完成程度相对指标 = \dfrac{中长期计划末期实际达到的水平}{中长期计划末期计划达到的水平}\times 100\%$$

【例3】 某企业按五年计划规定的最后一年的产量应达到720万件,实际执行情况见表4.1。要求计算五年计划的完成情况。

表4.1 某企业五年计划完成情况   单位:万件

年份	第1年	第2年	第3年	第4年				第5年			
				1季	2季	3季	4季	1季	2季	3季	4季
产量	300	410	530	150	160	170	170	190	190	210	210

解：按"水平法"计算该企业五年计划完成程度。

$$产量计划完成程度 = \frac{190+190+210+210}{720} \times 100\% = 111.11\%$$

计算结果表明，该企业超额 11.11% 完成产量五年计划。

采用水平法计算，只要有连续一年时间（可以跨年度）实际完成水平达到最后一年计划水平，就算完成了五年计划，余下的时间就是提前完成计划时间。在例题 3 中，该企业实际从五年计划的第四年第三季度到第五年第二季度连续一年时间的产量达到了计划期最后一年计划产量 720 万件水平，完成了五年计划，那么第五年下半年这半年时间就是提前完成计划的时间。

（2）累计法。若计划任务是按"整个计划期间应完成的累计数"形式下达，则计算计划完成程度指标的方法是将计划期间实际完成的累计数与计划应完成的累计数对比。计算公式如下。

$$计划完成程度相对指标 = \frac{中长期计划末期实际累计完成量}{中长期计划末期计划累计量} \times 100\%$$

【例 4】 某地区"十一五"期间计划五年固定资产投资总额 150 亿元，实际各年投资情况见表 4.2，要求计算五年固定资产投资总额的计划完成情况。

表 4.2　某地区"十一五"期间固定资产投资完成情况

年　份	2006	2007	2008	2009	2010
固定资产实际投资额/亿元	29.4	32.6	39.1	48.9	60

解：按"累计法"计算该地区"十一五"期间固定资产投资的计划完成情况。

$$计划完成程度相对指标 = \frac{29.4+32.6+39.1+48.9+60}{150} \times 100\% = 140\%$$

计算结果表明，该地区超额 40% 完成"十一五"固定资产投资计划。

采用累计法计算，只要从计划开始至某一时期止，所累计完成数达到计划数，就是完成了计划。在例题 4 中，前四年投资额已完成五年计划，比计划时间提前一年。

（二）结构相对指标

研究社会经济现象总体时，不仅要掌握其总量，而且要揭示总体内部的组成数量表现，亦即要对总体内部的结构进行数量分析，这就需要计算结构相对指标。

结构相对指标是同一总体内部各组成部分的数值与总体的全部数值之比。它是在统计分组的基础上，以各组（或部分）的单位数与总体单位总数对比，或以各组（或部分）的标志总量与总体的标志总量对比求得的比重，借以反映总体内部结构的一种综合指标。一般用百分数、成数或系数表示，可以用公式表述如下。

$$结构相对指标 = \frac{总体某部分或组的数值}{总体全部数值} \times 100\%$$

概括地说，结构相对数就是部分与全体对比得出的比重或比率。由于对比的基础是同一总体的总数值，所以各部分（或组）所占比重之和应当等于 100% 或 1。

在社会经济统计中结构相对数应用广泛，它的主要作用可以概括为以下几个方面。

1. 直接反映一定时间、地点条件下总体结构的特征

例如，从表 4.3 中可以看出，我国 2010 年第二产业、第三产业增加值占国内生产总值比重较高，第一产业明显下降；而第一产业从业人员反而占较大比重。

表 4.3　2010 年我国产业增加值和就业人员构成统计表

项目	产业增加值占 GDP 比重/%	就业人员构成/%
第一产业	10.1	36.7
第二产业	46.8	28.7
第三产业	43.1	34.6

2. 反映事物性质的发展趋势，分析经济结构的演变规律

结构相对指标不仅可直接反映总体内部构成，而且如果持续观察事物在不同时间的结构相对数，还可以了解事物内部构成的变化过程，以便于研究事物的性质特征及发展趋势。

例如，从表 4.4 中可以看出，不同年份世界农业人口在总人口中所占的比重呈现出平稳下降的趋势，这也是伴随经济发展、工业化程度提高和社会进步而产生的必然结果。

表 4.4　世界人口和农业人口的发展趋势

年份	1950	1960	1970	1980	1985	1990	2000	2010
世界人口/亿人	25.2	30.2	36.9	44.5	48.5	52.9	62.5	71.9
农业人口/亿人	16.2	17.6	17.6	21.9	22.9	23.9	25.7	26.6
占世界总人口的/%	64.3	58.4	58.4	49.4	47.2	45.1	41.1	37.0

再如，恩格尔系数是居民家庭食品消费支出占家庭消费总支出的比重，国际上常用它来反映居民消费结构特征，划分居民生活水平类型。联合国粮农组织提供的恩格尔系数与居民生活水平类型的对应关系是：40% 以下——富裕型；40%～50%——小康型；50%～60%——温饱型；60% 以上——贫困型。我国居民家庭恩格尔系数资料见表 4.5。

从表 4.5 中可以看出，我国居民家庭恩格尔系数呈下降趋势，这充分说明了我国居民的生活水平在不断提高。特别值得说明的是，2000 年我国城乡居民家庭恩格尔系数均低于 50%，这标志着我国已经初步达到了小康生活水平。城镇居民家庭恩格尔系数自 2000 年以来均在 40% 以下并不断下降，达到富裕型生活水平；农村居民家庭恩格尔系数不断下降，到 2011 年已经接近 40%，即接近富裕型生活水平。尽管有自 2008 年华尔街金融风暴引起的全球金融危机以及欧债危机对全球经济的影响，以及我国实施科学发展观而进行经济结构

表 4.5　2000～2011 年城乡居民生活改善情况

年份	城镇居民家庭恩格尔系数/%	农村居民家庭恩格尔系数/%
2000	39.4	49.1
2001	38.2	47.7
2002	37.7	46.2
2003	37.1	45.6
2004	37.7	47.2
2005	36.7	45.5
2006	35.8	43.0
2007	36.3	43.1
2008	37.9	43.7
2009	36.5	41.0
2010	35.7	41.1
2011	36.3	40.4

调整的影响，使得我国城乡居民恩格尔系数有微幅的波动，但总体趋势来看，我国居民生活水平是在不断提高的。

3. 有助于分清主次，确定工作重点

例如，在物资管理工作中，采用 ABC 分析法，其基本原理就是对影响经济活动的因素进行分析，按各种因素的影响程度的大小分为 A、B、C 三类，实行分类管理。采用这种方法的依据，就是根据对统计资料的分析，计算结构相对指标，见表 4.6。

表 4.6　某物资企业物资分类表

类　别	资金比重/%	品种比重/%
A	80	20
B	15	30
C	5	50

可见，应重点抓好 A 类物资的管理，其次要注意 B 类物资的处理，就可以控制资金的 95%，收到较好的经济效果。

（三）比例相对指标

比例相对指标是同一总体内部各组成部分数量之间的比值，反映总体中各个组成部分之间的比例关系和均衡状况的综合指标。它是在对总体分组的基础上，用部分数量与另一部分数量的对比，反映总体各部分之间的数量比例关系或总体的构成特点。比例相对指标的分子和分母必须是同一总体的部分量，一般用百分数或几比几的形式表示。

$$比例相对指标 = \frac{总体中某一部分数值}{总体中另一部分数值}$$

例如，第四次全国人口普查城乡人口比例为 35.4%，第五次和第六次全国人口普查城乡人口比例分别为 56.5%、98.7%；2011 年我国国内生产总值中，第一、二、三产业的比例为 10.1∶46.8∶43.1。

计算各种比例相对数，反映有关事物之间的实际比例关系，有助于我们认识客观事物是否符合按比例协调发展的要求，参照有关标准，可以判断比例关系是否合理。在宏观经济管理中，这对于研究分析整个国民经济和社会发展是否协调均衡具有重要的意义。

（四）比较相对指标

比较相对指标是不同总体在同一时间内的同类指标比值。就是将不同地区、单位或企业之间的同类指标数值作静态对比而得出的综合指标，表明同类事物在不同空间条件下的差异程度或相对状态。比较相对指标可以用百分数、倍数和系数表示。其计算公式如下。

$$比较相对指标 = \frac{某总体的某类指标数值}{另一总体同类指标数值}$$

例如，两个类型相同的工业企业，甲、乙企业全员劳动生产率分别为 18542 元/人年、21560 元/人年，则两个企业全员劳动生产率的比较相对数如下。

$$甲乙企业劳动生产率比较相对数 = \frac{18542}{21560} \times 100\% = 86\%$$

用来对比的两个性质相同的指标数值，其表现形式不一定仅限于绝对数，也可以是其他的相对数或平均数。在经济管理工作中，广泛应用比较相对数，例如用各种质量指标在企业之间、车间或班组之间进行对比，把各项技术经济指标与国家规定的标准条件对比，与同类企业的先进水平或世界先进水平对比，借以找差距，挖潜力，定措施，为提高企业的经营管理水平提供依据。

计算比较相对数应注意对比指标的可比性。此外，比较基数的选择要根据资料的特点及研究目的而定。如上例是以乙企业的全员劳动生产率作为比较标准，计算结果说明甲企业全员劳动生产率是乙企业的 86%；如以甲企业全员劳动生产率作为比较标准，则表明乙企业全员劳动生产率是甲企业的 116.28%。这两种计算方法的角度不同，但都能说明问题，具体以哪个指标作为比较的基础，应根据研究目的以及哪种方法能更确切地说明问题的实质而定。

又如，根据国际货币基金组织的数据，2011 年美国 GDP 150940 亿美元，中国 GDP 72981 亿美元，则比较相对指标 = 150940 ÷ 72981 ≈ 2，表明美国 GDP 是中国的 2 倍；2011 年美国人均 GDP 48387 美元，中国人均 GDP 5414 美元，则比较相对指标 = 48387 ÷ 5414 ≈ 8.9，表明美国人均 GDP 是中国的 8.9 倍。

（五）强度相对指标

强度相对指标是两个性质不同，但有一定联系的总量指标数值之比。是用来分析不同事物之间的数量对比关系，表明现象的强度、密度和普遍程度的综合指标。其计算公式如下。

$$\text{强度相对数} = \frac{\text{某一总体指标数值}}{\text{另一个有联系而性质不同的总体指标数值}}$$

例如，我国土地面积为 960 万平方公里，第六次人口普查人口总数为 137053 万人，则人口密度 = 137053/960 = 142.76（人/平方公里）。又如，以铁路（公路）长度与土地面积对比，可以得出铁路（公路）密度。这些强度相对指标都是用来反映现象的密集程度或普遍程度。

利用强度相对数来说明社会经济现象的强弱程度时，广泛采用人均产量指标来反映一个国家的经济实力。例如，按全国人口数计算的人均钢产量、人均粮食产量等，这种强度相对指标的数值越大，表示一个国家的经济发展程度越高，经济实力越强。

由于强度相对数是两个性质不同但有联系的总体指标数值之比，所以，其计量单位多数情况下由分子与分母原有单位复合而成，如人口密度用"人/平方公里"，人均钢产量用"吨/人"表示等。但有少数的强度相对指标因其分子与分母的计量单位相同，可以用千分数或百分数表示其指标数值，如商品流通费用与商品销售额对比得出的商品流通费用率，用百分数表示的。

有少数反映社会服务行业的负担情况或保证程度的强度相对指标，其分子和分母可以互换，即采用正算法计算正指标，用倒算法计算逆指标。例如，商业网点密度可以有以下两种算法。

$$\text{商业网点密度（正指标）} = \frac{\text{零售商业机构数（个）}}{\text{地区人口数（千人）}}$$

$$\text{商业网点密度（逆指标）} = \frac{\text{地区人口数（千人）}}{\text{零售商业机构数（个）}}$$

从强度相对指标数值的表现形式上看，带有"平均"的意义，例如，按人口计算的主要产品产量指标用吨（千克）/人表示；按全国人口分摊的每人平均国民收入用元/人表示。但究其实质，强度相对数与统计平均数有根本的区别。平均数是同一总体中的标志总量与单位总量之比，是将总体的某一数量标志的各个变量值加以平均；强度相对数是两个性质不同而有联系的总量指标数值之比，它表明两个不同总体之间的数量对比关系。

（六）动态相对指标

动态相对指标是同类现象在不同时间状态下的数值之比。就是将同一现象在不同时期的两个数值进行动态对比而得出的相对数，借以表明现象在时间上发展变动的程度。一般用百分数或倍数表示，也称为发展速度。其计算公式如下。

$$动态相对数 = \frac{报告期指标数值}{基期指标数值} \times 100\%$$

通常，作为比较标准的时期称为基期，与基期对比的时期称为报告期。例如，2011年我国国内生产总值为 471564 亿元，2010 年为 401513 亿元，如果将 2010 年选作基期，亦即将 2010 年国内生产总值作为 100，则 2011 的国内生产总值与 2010 年的国内生产总值对比，得出动态相对数为 117.4%，它说明在 2010 年基础上 2011 年国内生产总值的发展速度。

三、计算和应用相对指标的原则

上述六种相对指标从不同的角度出发，运用不同的对比方法，对两个同类指标数值进行静态的或动态的比较，对总体各部分之间的关系进行数量分析，对两个不同总体之间的联系程度和比例作比较，是统计中常用的基本数量分析方法之一。要使相对指标在统计分析中起到应有的作用，在计算和应用相对指标时应该遵循以下的原则。

（一）可比性原则

相对指标是两个有关的指标数值之比，对比结果的正确性，直接取决于两个指标数值的可比性。如果违反可比性这一基本原则计算相对指标，就会失去其实际意义，导致不正确的结论。对比指标的可比性，是指对比的指标在含义、内容、范围、时间、空间和计算方法等口径方面是否协调一致，相互适应。如果各个时期的统计数字因行政区划、组织机构、隶属关系的变更，或因统计制度方法的改变不能直接对比的，就应以报告期的口径为准，调整基期的数字。许多用金额表示的价值指标，由于价格的变动，各期的数字进行对比，不能反映实际的发展变化程度，一般要按不变价格换算，以消除价格变动的影响。

（二）定性分析与定量分析相结合的原则

计算对比指标数值的方法是简便易行的，但要正确地计算和运用相对数，还要注重定性分析与定量分析相结合的原则。因为事物之间的对比分析，必须是同类型的指标，只有通过统计分组，才能确定被研究现象的同质总体，便于同类现象之间的对比分析。这说明要在确定事物性质的基础上，再进行数量上的比较或分析，而统计分组在一定意义上也是一种统计的定性分类或分析。即使是同一种相对指标在不同地区或不同时间进行比较时，也必须先对现象的性质进行分析，判断是否具有可比性。同时，通过定性分析，可以确定两个指标数值的对比是否合理。例如，将不识字人口数与全部人口数对比来计算文盲率，显然是不合理的，因为其中包括未达学龄的人数和不到接受初中文化教育年龄的人数在内，不能如实反映文盲人数在相应的人口数中所占的比重。通常按如下公式计算文盲率。

$$\text{文盲率} = \frac{15\text{岁以上不识字人口数}}{15\text{岁以上全部人口数}} \times 100\%$$

(三) 相对指标和总量指标结合运用的原则

绝大多数的相对量指标都是两个有关的总量指标数值之比,用抽象化的比值来表明事物之间对比关系的程度,而不能反映事物在绝对量方面的差别。因此在一般情况下,相对指标离开了据以形成对比关系的总量指标,就不能深入地说明问题。关于这一点,马克思曾明确指出:"如果一个工人每星期的工资是2先令,后来他的工资提高到4先令,那么工资水平就提高了100%,……所以不应当为工资水平提高的动听的百分比所迷惑。我们必须经常这样问:原来的工资数是多少?"

例如,1949年我国的钢产量15.8万吨,1950年增加到61万吨,比上年增长286%。2010年我国钢产量62670万吨,2011年68326万吨,比上年增长9%。从相对数看,1950年的增长速度大大高于2011年;但从总量指标来看,1950年钢产量比上年仅增加45.2万吨,而2011年却比上年增加5656万吨。由此可见,不能只凭相对数的大小来判断事物。因为相对数的大小直接受基数的影响,有时基数很小,计算的相对数可能很大;有时基数很大,计算的相对数却很小。只有将相对指标和总量指标结合起来分析,才能做出正确的判断。

(四) 各种相对指标综合应用的原则

各种相对指标的具体作用不同,但都是从不同的侧面来说明所研究的问题。为了全面而深入地说明现象及其发展过程的规律性,应该根据统计研究的目的,综合应用各种相对指标。例如,为了研究工业生产情况,既要利用生产计划的完成情况指标,又要计算生产发展的动态相对数和强度相对数。又如,分析生产计划的执行情况,有必要全面分析总产值计划、品种计划、劳动生产率计划和成本计划等完成情况。此外,把几种相对指标结合起来运用,可以比较、分析现象变动中的相互关系,更好地阐明现象之间的发展变化情况。要分析企业的生产经营状况,可将企业的生产结构、计划完成情况、资金回报率、发展速度等多种相对指标结合分析,以达到对企业生产经营状况的全面客观评价。由此可见,综合运用结构相对数、比较相对数、动态相对数等多种相对指标,有助于我们剖析事物变动中的相互关系及其后果。

第三节 平均指标

一、平均指标的意义及作用

(一) 平均指标的意义

平均指标是反映总体各单位某一数量标志在一定时间、地点条件下所达到的一般水平,又称为平均数。

在社会经济现象的同质总体中,各个单位的数量特征表现往往是不同的,运用平均指标来代表总体所有单位数量标志的一般水平,是统计认识总体数量特征的基本方法。例如,用平均亩产代表粮食生产水平、用平均成绩代表学生学习水平、用平均收入代表居民生活水平等。平均指标具有如下特点。

（1）抽象性。即总体内各同质单位虽然存在数量差异，但在计算平均数时并不考虑这种差异，即把这种差异抽象掉了。

（2）代表性。即尽管总体各单位的标志值大小不一，但我们可以用平均数这一指标值来代表所有单位的标志值。

（3）集中性。即平均数反映了总体各单位分布的集中趋势。一般而言，分布在平均数附近的单位居多，而远离平均数的单位较少，呈现"两头少，中间多"的正态分布倾向。所以，平均数反映了总体分布的集中趋势。

（二）平均指标的作用

1. 有利于对比分析

平均指标既消除了总体规模大小的差异，也消除了各单位标志值的差异。作为一个抽象值，可以广泛用于同类现象在不同地区、部门、单位的对比。例如，比较两个县的粮食生产水平，我们既不能简单地用两个县的粮食总量进行对比，因为两县的粮食播种面积不一样；也不能用某一地块的粮食产量来对比，因为它不能代表全县粮食生产的普遍水平。所以，需要分别计算出两县的粮食平均亩产量，才能使对象具有可比性。

2. 是评价事物的标准

评价事物的优劣、多少、快慢、高低都需要有一个参照标准。平均指标作为总体所有单位一般水平的代表值，反映了研究对象的普遍水平。以此作为评价事物的标准，可以比较客观地说明经济发展水平的高低和工作质量的好坏。例如，我国东部地区经济比较发达，是指它的经济平均发展水平高于全国的平均水平；说农民生活水平比较低，是指农民的平均生活水平低于全国居民的平均生活水平。当然，这并不排除东部的个别地区经济仍较落后；而有些农民却是非常富裕的。

3. 反映现象之间的依存关系

在研究现象之间的相互关系时，个体现象的数量特征往往因受到偶然因素的影响而表现出特殊性，而平均指标作为总体各单位标志值分布集中趋势的代表，表现的是事物的本质属性。应用平均指标有助于揭示现象之间的一般数量对应关系。例如，将耕地按自然条件、密植程度、施肥量等标志进行分组，再计算出各组单位面积产量，则可以反映出自然条件优劣、密植程度高低、施肥量多少与单位面积产量的相互关系。

二、平均指标的种类及计算

平均指标可分为数值平均数和位置平均数。数值平均数是根据总体所有单位的标志值计算的，包括算术平均数、调和平均数、几何平均数。位置平均数是根据标志值所处的位置来确定的，包括中位数、众数。

平均指标也可按性质分为静态平均数和动态平均数。静态平均数反映的是总体各单位数量标志在同一时间的一般水平，而动态平均数反映的是不同时间的一般水平。本章主要介绍静态平均数。

（一）算术平均数

算术平均数是统计中最基本、最常用的一种平均数。它是总体标志总量与同一总体的单位总量的比值。平均数的分子（总体标志总量）是随着分母（总体单位总量）的变动而变动，二者之间存在着一一对应关系。所以，算术平均数的分子和分母必须属于同一总体，且

它们的口径必须保持一致。基本公式为

$$算术平均数 = \frac{总体标志总量}{总体单位总量}$$

算术平均数的计算方法在形式上与强度相对指标相似，但它们的意义却不同。强度相对指标是两个总体的性质不同但有联系的指标之比，虽然具有平均的意义，但其分子和分母并不一定存在一一对应关系。另外，有些强度相对指标的分子和分母可以互换位置，形成正指标和逆指标，而平均指标的分子和分母不能变换位置。依据掌握的资料不同，算术平均数的计算可分为简单算术平均数和加权算术平均数两种形式。

1. 简单算术平均数

如果掌握的资料是未经分组的总体各单位标志值，可直接将它们相加得到总体标志总量，除以总体单位总量，得简单算术平均数。其公式如下。

$$\bar{x} = \frac{x_1 + x_2 + \cdots + x_n}{n} = \frac{\sum x}{n}$$

式中，x 代表各单位的标志值，$\bar{x}$ 为平均数，$\sum$ 为求和符号，n 代表总体单位总数。

【例5】 企业某班组有 12 个工人，统计每人当天生产的产品数量（件）分别为 150、170、190、200、210、220、220、230、240、250、260、300，要求计算该班组的平均日产量。

解：应用简单算术平均的方法计算。

$$\bar{x} = \frac{150+170+190+200+210+220+220+230+240+250+260+300}{12} = 220(件)$$

2. 加权算术平均数

如果掌握的资料是总体各单位标志值，其数值很多，差异较大，要先对标志值进行分组，编制单项式或组距式次数分配数列，然后采用加权的方法计算算数平均数。

（1）单项变量数列计算平均数

【例6】 某车间有 20 名工人，其日产量资料见表 4.7。试计算该车间的平均日产量。

表 4.7 工人日产量统计表

按日产量分组 x/件	工人数 f/人	各组日产量 xf/件
13	4	52
14	8	112
15	4	60
16	2	32
17	2	34
合计	20	290

根据上表单项变量数列资料计算算术平均数，应将每组日产量乘以该组的工人数求得各组的总产量，再将各组总产量相加求出该车间的总产量。然后，用车间总产量除以工人总数可得出每个工人的平均日产量。即

$$\bar{x} = \frac{13 \times 4 + 14 \times 8 + 15 \times 4 + 16 \times 2 + 17 \times 2}{4+8+4+2+2} = \frac{290}{20} = 14.5(件)$$

从计算可以看出，每个工人的平均日产量，不仅受各组日产量多少的影响，还受各组工人数多少的影响。人数多的组，其日产量对平均数的影响大；人数少的组，对平均数的影响

小。也就是说，当标志值较大且次数较多时，平均数就接近较大的标志值；当标志值较小而次数较多时，平均数就接近较小的标志值。可见，标志值的次数多少对平均数的大小具有权衡轻重的影响作用。因此，把标志值的次数称为权数，也把这样计算的平均数称为加权算术平均数。它适用于资料分组的情况。加权算术平均数的公式如下。

$$\bar{x} = \frac{x_1 f_1 + x_2 f_2 + \cdots + x_n f_n}{f_1 + f_2 + \cdots + f_n} = \frac{\sum xf}{\sum f} = \sum x \frac{f}{\sum f}$$

式中，$\bar{x}$ 为算术平均数，x 为各组标志值，f 与 $\frac{f}{\sum f}$ 分别为各组的次数及次数比重。

综上所述，加权算术平均数受两个因素影响，一个是变量值，一个是权数。加权算术平均数的权数不仅可用绝对数表示，还可用各组单位数占总体单位数的比重，即相对数表示。把各组变量值乘以它的比重权数，求得变量值在平均数中所占份额，将所有份额相加可得平均数。计算加权算术平均数必须慎重考虑对权数的选择，要使各组标志值与权数的乘积等于该组的标志总量，或具有实际经济意义。

需要说明的是：如果变量数列中各组的权数都相等，权数就失去了权衡轻重的作用，加权算术平均数也就成了简单算术平均数。

令 $f_1 = f_2 = \cdots = f_n$ 则 $\bar{x} = \frac{\sum xf}{\sum f} = \frac{f \sum x}{nf} = \frac{\sum x}{n}$

可见，简单算术平均数是加权算术平均数在权数相等情况下的一种特例。

（2）组距变量数列计算的加权算术平均数

如果所给资料为组距式数列，应先计算出各组的组中值，以组中值代表各组变量值。然后，按单项变量数列的平均数方法计算。利用组中值计算平均数是假定各组内的变量值是均匀分布的，其结果只是一个近似值。

【例7】 某商场食品部工人日销售额的分组资料和各组职工人数见表 4.8，要求计算食品部人均日销售额。

表 4.8 某商场食品部工人日销售资料统计表

按日销售额分组/元	职工人数 f/人	组中值 x/件	各组销售额 xf/元
2000～2500	2	2250	4500
2500～3000	7	2750	19250
3000～3500	7	3250	22750
合计	16	—	46500

解：先计算各组组中值，见表第三列；职工人数作为权数。具体计算如下。

$$\bar{x} = \frac{\sum xf}{\sum f} = \frac{46500}{16} = 2906.25 (元)$$

计算结果表明，该商场食品部工人的平均日销售额为 2906.25 元。

计算加权算术平均数会遇到权数的选择问题。对于分配数列，一般来说，次数就是权数，但有时被平均的变量值是相对数或平均数，次数做权数就不合适了。这一般是依据相对数和平均数的基本公式，将已知的分母（或分子）资料作为权数，使各组标志值与权数的乘积（或商）具有经济意义。

【例8】 某公司所属 15 个商店，按商品销售额计划完成程度分组结果见表 4.9。若已知表中第一、三、四列资料，要求计算该公司商品销售额的平均计划完成程度。

表 4.9　商品销售计划完成程度统计表

按计划完成程度分组/%	组中值 x/件	商店数/个	计划销售额 f/万元	实际销售额 xf/万元
90 以下	85	1	100	85
90～100	95	2	150	142.5
100～110	105	5	200	210
110～120	115	4	250	287.5
120 以上	125	3	300	375
合计	—	15	1000	1100

解：计算各组计划完成程度的组中值，作为平均对象，见第二列；因为计划销售额与各组的计划完成程度相乘有意义，表示实际销售额，所以选择计划销售额作权数，而不能选择各组的商店个数做权数。具体计算如下。

$$平均计划完成程度 = \frac{\sum xf}{\sum f}$$

$$= \frac{85\% \times 100 + 95\% \times 150 + 105\% \times 200 + 115\% \times 250 + 125\% \times 300}{1000}$$

$$= 110\%$$

结果表明，该公司 15 个商店商品销售额的平均计划完成程度为 110%。

（3）是非标志的平均数

一般地，加权算术平均数的方法主要用于计算数量标志的平均数，但对于某些特殊的品质标志来说，如果能把它们质的差异过渡到用量的差异表示，也可以计算其平均数。在经济统计中，有时把研究对象的全部单位划分为两类，即具有某个标志表现的单位和不具有这一标志表现的单位。例如，把全部产品划分为合格品和不合格品两类；把应届高中毕业生分为考上大学和未考上大学两类。像这种用"是"或"非""有"或"无"来表示的特殊品质标志，称为是非标志。既然是非标志只具有两个标志表现，故可以用 1 表示"是"，用 0 表示"非"，这样就可以计算是非标志的平均数了。

【例 9】 学校某年级有 150 名学生，统计学考试中有 135 人考试及格，15 人不及格。要求计算该年级统计学考试的及格率。

$$考试及格率 = 及格人数 \div 年级全部人数 = 135 \div 150 = 90\%$$

若把学生的"考试情况"视为是非标志，其表现为"及格"与"不及格"两个标志值，那么，是非标志的表示方法及它的平均数计算过程见表 4.10。

表 4.10　学生及格率计算表

考试情况	变量值 x	单位数 f	xf
及格	1	135	135
不及格	0	15	0
合计	—	150	135

$$是非标志平均数 \ \bar{x} = \frac{\sum xf}{\sum f} = \frac{1 \times 135 + 0 \times 15}{150} = 90\%$$

从计算可知，是非标志的平均数就是及格率，它抽象了及格升学和不及格之间的差异，反映了该年级考试的一般水平。

若用 N_1 表示总体具有"是"标志值的单位数，N_0 表示具有"非"标志值的单位数，N 表示总体单位数，且 $N=N_1+N_0$。则是非标志平均数的计算公式如下。

$$P=\frac{N_1}{N} \quad \text{或} \quad Q=\frac{N_0}{N}$$

其中 P 表示具有"是"标志值的单位数占总体单位数的比重，Q 表示具有"非"标志值的单位数占总体单位数的比重，P 和 Q 又叫成数，且 $P+Q=1$。

（二）调和平均数

调和平均数是被研究对象中各单位标志值倒数的算术平均数的倒数，因而也称为倒数平均数。与算术平均数一样，由于掌握的资料不同，分为简单调和平均数和加权调和平均数。

1. 简单调和平均数

简单调和平均数是标志值倒数的简单算术平均数的倒数。在各个标志值相应的标志总量均为一个单位的情况下求平均数时，用简单调和平均法计算，公式如下。

$$\overline{x}_h = \frac{n}{\sum \frac{1}{x}}$$

式中，$\overline{x}_h$ 为调和平均数，x 为各单位标志值，n 为项数。

【例10】 某集贸市场西红柿的价格，早市每千克1元，午市每千克0.50元，晚市每千克0.25元，若早、中、晚各买1元钱的西红柿，要求计算其平均价格。

解： 采用简单调和术平均法计算。

$$\text{平均价格} \ \overline{x}_h = \frac{n}{\sum \frac{1}{x}} = \frac{1+1+1}{\frac{1}{1}+\frac{1}{0.5}+\frac{1}{0.25}} = \frac{3}{7} = 0.43 (\text{元}/\text{千克})$$

2. 加权调和平均数

简单调和平均数是在各变量值对平均数起同等作用的条件下应用的。如果权数不等，如上例资料中早、中、晚上不是各买1元，而是各买不同的金额，那么每种价格所起作用就不同了，这时就应计算加权调和平均数，其计算公式如下。

$$\overline{x}_h = \frac{m_1+m_2+\cdots+m_n}{\frac{m_1}{x_1}+\frac{m_2}{x_2}+\cdots+\frac{m_n}{x_n}} = \frac{\sum m}{\sum \frac{m}{x}}$$

式中的 m 为调和平均数的权数，实质是各组的标志总量。

【例11】 在例题10中，如果早、中、晚上各购买3元、2元、1元钱的西红柿，要求计算其平均价格。

解： 计算加权调和平均数，其中的权数分别为3、2、1。

$$\overline{x}_h = \frac{\sum m}{\sum \frac{m}{x}} = \frac{3+2+1}{3+\frac{2}{0.5}+\frac{1}{0.25}} = \frac{6}{11} \approx 0.55 (\text{元}/\text{千克})$$

在社会经济统计中，很少直接计算调和平均数，只有在不能直接采用算术平均数时，才利用调和平均数形式计算平均指标，这样实际上是将调和平均数作为算术平均数的变形来使用，从例题11的计算过程可得到说明，见表4.11。

表 4.11　加权调和平均数计算表

价格/(元/千克)	购买金额/元	购买数量/千克
1.00	3	3
0.50	2	4
0.25	1	4
合计	6	11

从表中看出，如果用算术平均数形式计算平均指标，就要掌握价格（标志值）和购买数量（总体单位总量）两项资料，然后推算出金额（总体标志总量）资料；如果掌握价格（标志值）和购买金额（总体标志总量）两项资料，就要用调和平均数形式，推算出购买数量（总体单位总量）资料。当 $m=xf$ 时，加权调和平均数就转化为加权算术平均数了。

$$\overline{x}_h = \frac{\sum m}{\sum \frac{m}{x}} = \frac{\sum xf}{\sum \frac{1}{x}xf} = \frac{\sum xf}{\sum f}$$

【例 12】 在例题 8 中，若已知表中第一、三、五列资料，如何计算该公司 15 个商店商品销售额的平均计划完成程度。

解： 计算各组计划完成程度的组中值；采用加权调和平均法计算，权数为第五列的实际销售额。

$$\overline{x}_h = \frac{\sum m}{\sum \frac{m}{x}} = \frac{85+142.5+210+287.5+375}{\frac{85}{0.85}+\frac{142.5}{0.95}+\frac{210}{1.05}+\frac{287.5}{1.15}+\frac{375}{1.25}} = \frac{1100}{1000} = 110\%$$

（三）几何平均数

几何平均数是用 n 个变量相乘开 n 次方根来计算的平均数。它反映的是某种特定现象的平均水平，这种现象的标志总量不是各单位的标志值的总和，而是它们的连乘积。在统计分析中，几何平均数主要用来计算平均比率或平均发展速度。

由于掌握的资料不同，几何平均数也分为简单和加权两种。

简单几何平均数适用于未分组资料。若几何平均数为 $\overline{x}_g$，x 为变量值，n 为变量值个数，Π 为连乘符号，则简单几何平均数的公式如下。

$$\overline{x}_g = \sqrt[n]{x_1 x_2 \cdots x_n} = \sqrt[n]{\Pi x}$$

加权几何平均数适用于分组资料。以各组变量值出现的次数 f 为权数，公式如下。

$$\overline{x}_g = \sqrt[\sum f]{x_1^{f_1} x_2^{f_2} \cdots x_n^{f_n}}$$

【例 13】 企业生产某种产品要经过三道工序加工，第一道工序的产品合格率是 92%，第二道工序的合格率为 95%，第三道工序的合格率是 90%，求该产品三道工序的平均合格率。

解： 因产品每道工序的加工对象是前一道工序加工后的合格品，所以，每道工序产品合格率的连乘积等于产品总合格率，符合几何平均数计算的基本要求，按简单几何平均法计算平均合格率。

$$\overline{x}_g = \sqrt[n]{\Pi x} = \sqrt[3]{92\% \times 95\% \times 90\%} = 92.3\%$$

（四）中位数

将被研究总体的各单位的标志值按大小顺序排列，处于中间位置的那个标志值就是中位数，用符号 M_e 表示。在数列中，因为中位数居于中间位置，就有一半单位的标志值小于它,另一半单位的标志值大于它。所以,中位数可以反映总体各个单位标志值的一般水平。

由于中位数是一种位置平均数,它的大小仅取决于中间位置的那个标志值,不受其他标志值的影响,所以在总体中出现极值时,用中位数表示总体的一般水平,更具有代表性。例如在社会成员收入悬殊的国家,用其收入的中位数比算数平均数更能代表多数成员收入的一般水平。

根据所掌握资料的不同,中位数的计算方法有以下两种情况。

1. 未分组资料的中位数

根据未分组资料计算中位数,需要将总体各单位的标志值按大小顺序排列,计算数列的中间位置,其中间位置上对应的标志值即为中位数。

假设总体单位数(即数列项数)为 n,中位数的位次为 P_m,则 $P_m=(n+1)/2$。

(1)当 n 为奇数时,中位数就是居于中间位置上的那个标志值。

【例 14】 某班组有 9 个工人,其生产某种产品的日产量分别为 7、6、7、7、8、14、9、10、9 件。计算该班组日产量的中位数。

解:把日产量排序为 6、7、7、7、8、9、9、10、14,计算中位数的位次。如下:

$$P_m = \frac{n+1}{2} = \frac{9+1}{2} = 5$$

即处于第 5 位的那个标志值为中位数,即 $M_e=8$ 件。

(2)当 n 为偶数时,中位数是处于中间位置上的那两个标志值的算术平均数。

【例 15】 某班组有 10 个工人,其生产某种产品的日产量为 7、6、7、7、8、14、9、10、9、18。计算该班组日产量的中位数。

解:把日产量排序为 6、7、7、7、8、9、9、10、14、18,计算中位数的位次。

$$P_m = \frac{n+1}{2} = \frac{10+1}{2} = 5.5$$

即中位数在第 5 个标志值与第 6 个标志值之间中点的位置上,其数值大小为

中位数 $M_e=(8+9)/2=8.5$ 件

2. 已分组资料的中位数

(1)单项变量数列的中位数。先确定中位数的位置,中间位置上对应的标志值即为中位数。

$$中间位置\ p_m = \frac{\sum f}{2}$$

公式中的 $\sum f$ 为总体单位数。

【例 16】 某学院两学年共有 300 名同学获得奖学金,其分布情况见表 4.12。求其中位数。

表 4.12 学生获奖学金分布情况及计算表

奖学金金额/(元/人)	人数/人	人数累计	
		向上累计/人	向下累计/人
300	30	30	300
500	60	90	270
800	80	170	210
1000	70	240	130
1500	60	300	60
合计	300	—	—

解： 计算向下或向上人数的累计数，见表第三、四列，计算中位数位置，如下。

$$P_m = \frac{\sum f}{2} = 150$$

中位数在第 150 位置上。无论是向上累计还是向下累计，第 150 位次在第三组，即中位数为 800 元。

（2）组距变量数列的中位数。按上述方法确定中位数的位置，然后确定中位数所在的组别，最后根据该组的上下限、组距及累计次数和前后组的次数计算中位数。公式如下。

$$\text{下限公式：} M_e = L + \frac{\frac{\sum f}{2} - S_{m-1}}{f_m} i$$

$$\text{上限公式：} M_e = U - \frac{\frac{\sum f}{2} - S_{m+1}}{f_m} i$$

式中，M_e 表示中位数，$\sum f$ 为总体单位数，L、U、f_m、i 分别表示中位数所在组的下限、上限、次数、组距，S_{m-1} 为中位数所在组的上一组的向上累计次数，S_{m+1} 为中位数所在组的下一组的向下累计次数。

【例 17】 根据某村农民按户年收入总额的分组资料，计算农民收入总额的中位数。见表 4.13。

表 4.13 农民收入分组表

户年收入总额/元	农户数 f/户	向上累计次数 S_{m-1}	向下累计次数 S_{m+1}
15000～20000	130	130	2000
20000～25000	280	410	1870
25000～30000	420	830	1590
30000～35000	490	1320	1170
35000～40000	350	1670	680
40000～45000	270	1940	330
45000～50000	60	2000	60
合计	2000		

解： 计算中位数的位置，如下。

$$P_m = \frac{\sum f}{2} = \frac{2000}{2} = 1000$$

即第 1000 户农民的年收入是中位数。根据向上累计次数或向下累计次数来判断，第 1000 户在第四组内，中位在 30000～35000 元之间。假定中位数所在组内各个标志值是均匀分配的，就可用内插法按比例推算出中位数的近似值。用下限、上限公式分别计算如下。

$$M_e = 30000 + \frac{\frac{2000}{2} - 830}{490} \times 5000 = 31734.7 \text{（元）}$$

$$M_e = 35000 - \frac{\frac{2000}{2} - 680}{490} \times 5000 = 31734.7 \text{（元）}$$

计算结果表明，该村农民年收入总额的中位数为 31734.7 元。

(五) 众数

众数是总体中各单位出现次数最多的那个标志值，也就是总体各单位中最普通、最常出现的标志值。它能直观地说明总体各单位标志值分布的集中趋势和一般水平。例如，要掌握市场上某种蔬菜的价格水平，可采用最普遍成交的价格。如果研究的对象各单位标志值没有明显的集中趋势而是呈现较均匀分布，则该数列无众数存在。但也有可能会出现几个集中趋势，此时众数可能不止一个。

根据所掌握资料的不同，众数的计算方法有以下两种情况。

1. 单项变量数列的众数

在单项变量数列情况下，确定众数比较简单，只需通过观察找出次数出现最多的那个标志值即为众数。

2. 组距变量数列的众数

由组距变量数列确定众数，首先要确定次数最多的一组为众数组，再通过内插法按比例推算出众数的近似值。公式如下。

$$下限公式：M_0 = L + \frac{\Delta_1}{\Delta_1 + \Delta_2} i$$

$$上限公式：M_0 = U - \frac{\Delta_2}{\Delta_1 + \Delta_2} i$$

式中，M_0 为众数，L 为众数所在组的下限，i 为该组组距，Δ_1 为众数组次数与前一组次数之差，Δ_2 是众数组次数与后一组次数之差，U 为众数所在组的上限。

【例 18】 在例题 17 中，计算农民年收入总额的众数。

解：经观察，第四组的次数最多，为众数所在组。众数数值应当在 30000～35000 元之间。按上、下限公式分别计算如下。

$$M_0 = 30000 + \frac{490 - 420}{(490 - 420) + (490 - 350)} \times 5000 = 31666.7(元)$$

$$M_0 = 35000 - \frac{490 - 350}{(490 - 420) + (490 - 350)} \times 5000 = 31666.7(元)$$

以上五种平均指标都是用来反映客观现象在某个数量上所达到的一般水平，它们的含义和作用基本相同，但又有各自的特点，所以在实际应用中应根据具体情况进行合理的选择。

算术平均数是通过所有变量值都要参加运算得到的，因此它是一个可靠的具有代表性的量。任何一组数据都有一个平均数，而且只有一个。在具备总体单位总量和被平均的变量值的条件下，采用算术平均法计算比较方便。调和平均数是算术平均数的变形，在掌握的原数据不能直接采用算术平均、同时具备总体的标志总量时使用。几何平均数主要用于计算相对数（如比率、速度等）的平均数，它要求每个被平均的变量值不能为零。算术平均数、调和平均数、几何平均数都极易受到极端值的影响。

中位数和众数是根据它们在变量数列中所处的特殊位置确定的，不受极端值的影响。因此，在总体中有极端值存在时，适合用中位数和众数代表事物的一般水平。

根据同一资料计算的算术平均数、中位数、众数存在一定的关系，这种关系取决于总体单位的分布状况。若总体各单位呈现对称分布，则有 $\bar{x} = M_e = M_0$，呈现偏右态分布，则有 $M_0 < M_e < \bar{x}$，呈现偏左态分布，则有 $\bar{x} < M_e < M_0$。

三、计算和应用平均指标的原则

平均指标是一个抽象化的指标,掩盖了总体各单位标志值的具体差别。为了保证平均指标的科学性正确发挥它在统计分析中的认识作用,在计算和应用平均指标时应遵循以下原则。

(一) 平均指标只能在同质总体中计算

平均指标是把总体各单位标志值的差异抽象化,代表总体的一般水平。所以,被平均的对象一定要具有同质性。马克思在资本论中曾指出:"平均量始终只是同种的许多不同的个别量的平均数"。这个同种就是同质,即指所研究总体的各个单位在某一标志表现相同。否则,若用纯数字的方法把不同质的现象混同一起计算所谓的"平均数",就会掩盖现象之间的本质差别造成虚构的假象,从而导致错误的结论。例如,不宜把多种农作物混同在一起计算平均亩产量;也不能把职工的工资与农民的货币收入混同计算平均收入等。

(二) 用组平均数补充说明总平均数

总平均数是根据总体各单位标志值计算的平均数,组平均数是由组内各单位标志值计算的。总平均数可反映总体的一般水平,却掩盖了内部各组成部分的数量差异。所以,在分析现象的一般水平时,可将总平均数与组平均数相结合,才能正确认识其实质。

【例19】 根据甲乙两村粮食生产的统计资料,见表4.14,分析评价两村粮食生产水平。

表 4.14 甲乙两村粮食生产统计

按地形分组	甲 村			乙 村		
	播种面积/亩	总产量/千克	平均亩产量/千克	播种面积/亩	总产量/千克	平均亩产量/千克
旱地	210	66150	315	200	60000	300
水田	90	58500	650	300	187500	625
合计	300	124650	415.5	500	247500	495

从总平均数来看:甲村粮食平均亩产量为415.5千克、乙村495千克,甲村低于乙村。但从各组平均数来看:旱地粮食平均亩产量甲村为315千克、乙村300千克;水田粮食平均亩产量甲村为650千克、乙村625千克,甲村无论是旱地还是水田的平均亩产量均高于乙村,可为什么会出现总平均数与组平均数不一致的情况?这是因为总平均数不仅受各组平均亩产量影响,还受播种面积结构的影响。甲村旱地播种面积占全部播种面积的70%,而旱地的平均亩产不足水田的一半,产量低的权数大,致使总平均产量偏低。而乙村产量高的水田占到了60%,产量高的权数大,致使总平均亩产量偏高。总平均数掩盖了旱地和水田亩产量的差异及播种结构的差异,故不能真正反映两村生产水平的高低,需要以旱地和水田的组平均亩产量补充说明总平均亩产量。

(三) 平均指标与典型事例相结合

平均指标只能说明现象的一般水平,而掩盖了先进与落后水平的差距。为了揭示差异的原因以利于推广先进带动后进,就需要用典型事例补充分析事物的特殊性和一般性的关系。只有将平均指标与典型事例相结合,才能更全面、深刻地研究事物的性质及其规律性。

另外，还需要把平均指标与标志变异指标结合起来，在揭示总体集中趋势的同时，揭示总体的分散趋势，以反映现象的均衡性、节奏性、稳定性等。

第四节　变异指标

一、变异指标的意义及作用

（一）变异指标的意义

社会经济现象总体各单位某一标志值之间，客观上存在着各种各样的差异，平均指标把这种差异抽象化，反映的是该标志值达到的一般水平，说明的是总体标志值的集中趋势，却掩盖了其差异，有时这种差异可能很大，是不能被忽视的。

例如，有甲、乙两个培训班，各有10名学员，其年龄（岁）形成的数列如下：
甲班　19　23　29　35　36　37　44　48　49　60
乙班　30　37　38　38　38　39　39　40　40　41

可以算出，甲、乙两个班学员的平均年龄均为38岁，平均年龄并无差异。但从两班学员各自的年龄分布来看，明显看出乙班学员年龄的分布较均匀，甲班学员年龄的分布则具有高、低相差悬殊的特点。可见，平均水平掩盖了总体内部各单位标志值的差异程度。在分析实际问题时，除了要反映总体的一般水平外，还需要把总体内部各单位标志值之间的差异程度反映出来，这就需要计算变异指标了。

变异指标又称标志变动度，是反映总体各单位标志值的差别程度的综合指标。变异指标数值越大，说明标志变动的程度就越大，反之，标志变动的程度就越小。

（二）变异指标的作用

标志变异指标的主要作用表现在可以反映平均数的代表性、表明总体各单位分布的离中趋势。一般来讲，变异指标越大，说明各单位的标志值越分散，也即远离平均数的单位越多，此时平均指标的代表性越小；变异指标越小，说明各单位的标志值越集中，也即分布在平均数附近的单位越多，此时平均指标的代表性越大。因此，标志变异指标是衡量平均指标代表性的尺度，反映了总体的离中趋势。同时，标志变异指标也常常用来表明经济活动的均衡性、节奏性，以及产品质量的稳定性等。

二、变异指标的种类及计算

统计分析中常用的变异指标有全距、平均差、标准差、变异系数等。

（一）全距

全距又称极差，它是总体各单位标志值中最大值与最小值之差，用 R 表示，其一般计算公式如下：

$$R = 最大标志值 - 最小标志值$$

对于组距数列，全距可用最大组的上限减去最小组的下限来计算。但如果组距数列的最大组和最小组为开口组，则无法计算其全距。

通过全距，可以反映所研究总体各单位标志值变动的范围。全距越小，说明标志值变异程度小，平均数的代表性越好；全距越大，说明标志值变异程度大，平均数的代表性越差。

使用全距测定标志的变动程度简便易行，但极易受极端值的影响，不能反映和考虑中间标志值的变异情况，因而不能全面反映各单位标志值的变异程度。

（二）平均差

平均差是各单位标志值与其算术平均数之间绝对离差的算术平均数，反映离差的平均水平。因为离差有正、有负，为了避免加总过程中的正负抵消，计算平均差时要取离差的绝对值。由于掌握的资料不同，平均差可以分为简单平均差和加权平均差，用符号"A.D"表示。

1. 简单平均差

如果掌握的资料未分组，可用简单平均差来计算，其计算公式如下。

$$\text{简单平均差 A.D} = \frac{\sum |x - \bar{x}|}{n}$$

2. 加权平均差

如果掌握的资料已经分组，应采用加权平均法计算平均差，其计算公式如下。

$$\text{加权平均差 A.D} = \frac{\sum |x - \bar{x}| f}{\sum f}$$

从计算过程可知，平均差是根据全部变量值计算出来的，可以全面反映总体各单位标志值的变异程度，但由于其计算时涉及绝对值，不能直接用代数方法处理，使用起来不方便，因此在统计分析的应用受到限制。

（三）标准差

标准差是总体各单位标志值对其算术平均数离差平方的算术平均数的平方根。又称均方差，用 σ 表示。

1. 简单标准差

如果掌握的资料为未分组，可用简单标准差来计算，其计算公式如下。

$$\sigma = \sqrt{\frac{\sum (x - \bar{x})^2}{n}}$$

【例 20】 商场甲乙两个营业小组，每组有 5 名员工。他们每人的服装日销售数量资料见表 4.15，要求计算其日销售量的标准差。

表 4.15 某商场甲乙两组销售量统计表

甲组			乙组		
日销量/件 x	离差 $x - \bar{x}$	离差平方 $(x - \bar{x})^2$	日销量/件 x	离差 $x - \bar{x}$	离差平方 $(x - \bar{x})^2$
5	−45	2025	46	−4	16
19	−31	961	49	−1	1
46	−4	16	50	0	0
83	33	1089	52	2	4
97	47	2209	53	3	9
合计	0	6300	合计	0	30

解： 首先计算甲、乙两组的平均日销售量，如下。

甲组的平均日销售量 $\bar{x} = \dfrac{\sum x}{n} = \dfrac{5+19+46+83+97}{5} = 50$（件）

乙组的平均日销售量 $\bar{x} = \dfrac{\sum x}{n} = \dfrac{46+49+50+52+53}{5} = 50$（件）

分别计算甲乙两组的日销售量与平均日销售量的离差和离差平方，见表 4.15。之后将表中数据代入公式，可得甲乙两组的标准差，如下。

$$\sigma_{甲} = \sqrt{\dfrac{\sum(x-\bar{x})^2}{n}} = \sqrt{\dfrac{6300}{5}} = 35.5 \text{（件）}$$

$$\sigma_{乙} = \sqrt{\dfrac{\sum(x-\bar{x})^2}{n}} = \sqrt{\dfrac{30}{5}} = 2.4 \text{（件）}$$

计算结果表明，在甲乙两组员工平均日销售服装数量都是 50 件的条件下，甲组标准差为 35.5 件，乙组为 2.4 件，所以甲组日产量的变异程度大于乙组的，甲组平均销售量的代表性小于乙组的代表性。

2. 加权标准差

如果掌握的资料为分组资料，可采用加权标准差来计算，其公式如下。

$$\sigma = \sqrt{\dfrac{\sum(x-\bar{x})^2 f}{\sum f}}$$

【例 21】 某企业工人人数和日产量的分组资料见表 4.16，要求计算该车间日产量的标准差。

表 4.16 某企业工人日产量及标准差计算表

按日产量/千克	工人数/人 f	组中值 x	总产量 xf	离差平方 $(x-\bar{x})^2$	离差平方×次数 $(x-\bar{x})^2 \cdot f$
20～30	100	25	2500	289	28900
30～40	700	35	24500	49	34300
40～50	900	45	40500	9	8100
50～60	300	55	16500	169	50700
合计	2000	—	84000	516	122000

解： 先计算该企业的平均日产量，如下。

$$\bar{x} = \dfrac{\sum xf}{\sum f} = \dfrac{84000}{2000} = 42 \text{（千克）}$$

采用加权标准差公式计算该企业的日产量标准差，如下。

$$\sigma_{乙} = \sqrt{\dfrac{\sum(x-\bar{x})^2 f}{\sum f}} = \sqrt{\dfrac{122000}{2000}} = 7.8 \text{（千克）}$$

计算结果表明，该企业工人的平均日产量为 42 千克，每人的日产量与平均日产量的差距平均来说为 7.8 千克。

标准差就其统计意义来讲，与平均差基本相同，也是根据总体所有单位的标志值计算出来的，可以全面反映总体各单位标志值的变异程度。由于它避免了绝对值的计算，在数学处理上比平均差更合理，也更优越。所以在统计分析中，它是测定标志变异程度的最重要、最常用的指标。

3. 是非标志的标准差

若依然用 N_1 表示总体中具有"是"标志值的单位数，N_0 表示具有"非"标志值的单位数，N 表示总体单位数，则是非标志的平均数和标准差分别计算如下。

是非标志的平均数 $\bar{x} = \dfrac{\sum xf}{\sum f} = \dfrac{N_1}{N} = P$

$$\text{是非标志的标准差 } \sigma = \sqrt{\frac{\sum(x-\bar{x})^2 f}{\sum f}} = \sqrt{\frac{(1-P)^2 N_1 + (0-P)^2 N_0}{N_1 + N_0}}$$

$$= \sqrt{\frac{(1-P)^2 N_1}{N} + \frac{P^2 N_0}{N}} = \sqrt{(1-P)^2 P + P^2(1-P)}$$

$$= \sqrt{P(1-P)} = \sqrt{PQ}$$

可见，是非标志的标准差是总体中具有"是"和具有"非"的单位数所占比重的乘积的平方根。在例题9中，学生考试及格率 $P=90\%$，则及格率的标准差如下。

$$\sigma = \sqrt{P(1-P)} = \sqrt{0.9 \times (1-0.9)} = 0.3$$

当总体中具有"是"和具有"非"的单位在总体中所占比重各为50%时，其是非标志的标准差达到最大值0.5或50%，它表明各单位标志值的差异程度最大。

（四）标准差系数

前面介绍的各种标志变异指标如全距、平均差、标准差等，其计量单位均与原有的标志值的计量单位相同。这些标志变异指标的大小，不仅与标志的变异程度有关，也与原有标志值水平的大小有关，也就是说，同样大小的标志变异指标，对于不同水平的标志值组成的数列来说，所表示的意义是不同的。

例如，某车间甲乙师徒两组工人各有6人，其日产量（件）数列如下：

甲组（师傅）：62　65　70　73　80　82
乙组（学徒）：8　13　17　19　22　23

两组的平均日产量和标准差计算如下。

$$\bar{x}_甲 = \frac{62+65+70+73+80+82}{6} = 72 \text{（件）} \qquad \bar{x}_乙 = \frac{8+13+17+19+22+23}{6} = 17 \text{（件）}$$

$$\sigma_甲 = \sqrt{\frac{326}{6}} = 7.37 \text{（件）} \qquad \sigma_乙 = \sqrt{\frac{162}{6}} = 5.20 \text{（件）}$$

计算结果发现，甲组标准差大于乙组标准差，似乎甲组的日产量变异大、平均数比乙组的代表性差，其实不然。因为标准差的大小不仅受原有标志值的影响，还受平均水平的影响。当两数列标志值的平均水平不一样时，不能用 σ 来判断标志的变异程度或平均数的代表性，应进一步计算其标志变异的相对程度，这个相对指标就是标志变动系数。常见的有全距系数、平均差系数、标准差系数等，其中最常用的是标准差系数。标准差系数是标准差与其算术平均数对比的相对数，其计算公式如下。

$$V_\sigma = \frac{\sigma}{\bar{x}} \times 100\%$$

就上例，计算的标准差系数如下。

$$V_甲 = \frac{\sigma_甲}{\bar{x}_甲} = \frac{7.37}{72} = 0.10; \qquad V_乙 = \frac{\sigma_乙}{\bar{x}_乙} = \frac{5.20}{17} = 0.31$$

计算结果表明，甲组日产量的标准差系数为0.1，小于乙组的0.31，则甲组日产量的变异程度小，平均数的代表性好。

标准差系数的特点是，不受计量单位和标志值水平的影响，消除了不同总体之间在计算单位、平均水平方面的不可比性。

★ 本章小结 ★

本章主要介绍了总量指标、相对指标、平均指标和变异指标的意义、计算方法及运用应注意的问题。

总量指标反映社会经济现象总体在一定时间、地点条件下的规模、水平或工作总量，用绝对数表示。按反映总体的内容不同，总量指标分为总体单位总量和总体标志总量，按反映的时间不同分为时期指标和时点指标。计算和运用总量指标要注意明确规定每项指标的含义和范围，注意现象的同类性并正确选择每项指标的计量单位。

相对指标是两个相互联系指标的比值，大多用无名数表示。它是一种抽象值，在统计分析中常用来进行广泛地对比。常见的相对指标包括计划完成程度、结构、比例、比较、强度、动态相对指标。计算相对指标要正确选择对比的基期，保证指标的可比性，应用时要注意与总量指标相结合，以及多种相对指标结合起来综合分析。

平均指标是反映社会经济现象总体各单位某一数量标志在一定时间、地点条件下所达到的一般水平。它是一个抽象值、代表值，反映了总体分布的集中趋势，常作为评价事物的客观标准。平均指标分为算术平均数、调和平均数、几何平均数、中位数和众数。

变异指标是反映总体各单位标志值差异程度的指标，可用来评价平均数的代表性。标志变异程度小，平均数代表性高；反之，平均数代表性就低。常用的变异指标有全矩、平均差、标准差、标准差系数。平均数和变异指标是从不同角度来反映总体各单位标志值的分布特征，只能在同质总体中计算。在应用平均指标时应注意用组平均数补充说明总平均数，用变异指标补充说明平均指标，以及把平均数指标与典型事例结合起来进行分析。

思考与练习

1. 在一个例子中说明总体单位总量和总体标志总量。
2. 时期指标和时点指标各具有哪些特点？
3. 总量指标的计量单位有哪些？
4. 简述相对指标的表现形式。
5. 简述计划完成程度的计算方法。
6. 哪些相对指标的分子分母可以互换位置？
7. 简述各种相对指标的作用。
8. 为什么平均指标代表了总体各单位分布的集中趋势？
9. 平均指标有哪些计算方法？
10. 算术平均数是在什么条件下计算的？
11. 加权算术平均数的权数如何选择？

12. 加权算术平均数的影响因素有哪些?
13. 调和平均数是在什么条件下计算的?
14. 怎样理解加权调和平均数权数的意义?
15. 加权调和平均数与加权算术平均数存在怎样的变形关系?
16. 几何平均数是在什么条件下计算的?
17. 什么情况下使用中位数和众数表示总体的一般水平?
18. 为什么变异指标反映了总体各单位分布的离中趋势或分散趋势?
19. 平均差和标准差的意义是否相同?代表了什么含义?
20. 什么情况下利用标准差来比较不同总体各单位的标志变异程度?
21. 什么情况下利用标准差系数来比较不同总体各单位的标志变异程度?
22. 简述总量指标、相对指标、平均指标和变异指标的作用。
23. 某公司所属三个企业的生产情况如下表。

企业名称	上年实际产值/万元	本年			计划完成率/%	本年实际产值为上年的/%
		计划产值/万元	实际产值/万元			
			金额	比重/%		
甲			107.8		98	107.8
乙	120	132			100	
丙	180	189				115.5
合计				100		

要求:填出表中所缺指标,并说明各栏指标属于什么类型。

24. 某制冷机公司计划在未来的五年内累计生产压缩机 12000 台,其中,最后一年产量达到 3000 台,实际完成情况如下表(单位:台)。

时间	第一年	第二年	第三年	第四年				第五年			
				一季	二季	三季	四季	一季	二季	三季	四季
产量	2000	2300	2600	650	650	700	750	750	800	800	850

要求计算:(1)该公司五年累计完成计划程度?(2)该公司提前多少时间完成累计产量计划?(3)该公司提前多少时间达到最后一年计划产量?

25. 棉麻公司近两年都从三个地区购买棉花,采购价格及数量资料如下表。

地区	采购价格/(元/千克)	去年采购量/吨	今年采购金额/万元
甲地区	20	300	620
乙地区	22	160	580
丙地区	25	270	340

要求计算:(1)去年棉花的平均采购价格;(2)今年棉花的平均采购价格;(3)比较哪一年的平均采购价格高,为什么?

26. 甲、乙两个班参加同一学科考试,甲班的平均考试成绩为 86 分,标准差为 12 分。乙班考试成绩的分布如下表。

考试成绩/分	学生人数/人
60 以下	2
60～70	7
70～80	9
80～90	7
90～100	5
合计	30

要求：(1)画出乙班考试成绩的直方图；(2)计算乙班考试成绩的平均数及标准差；(3)比较甲乙两个班哪个班考试成绩的离散程度大？

27. 工厂生产一批零件共 10 万件。质量标准规定使用寿命 800 小时及以上者为合格品。为了解这批产品的质量，随机抽取 1000 件进行质量检查，其结构如下表。

使用寿命/小时	700 以下	700～800	800～900	900～1000	1000～1100	1100 以上
零件数/件	10	60	230	450	190	60

要求计算：(1)这批产品的平均使用寿命、标准差及标准差系数；(2)这批产品的平均合格率及合格率标准差；(3)这批产品使用寿命的中位数和众数。

第五章

抽样推断

学习目标

抽样推断是抽样调查工作的深入和继续。对于不宜或不必要进行全面调查的现象，要获取其总体的数量特征，往往需要借助抽样推断。通过本章学习，要求理解抽样推断的原理和基本概念；掌握抽样推断的方法步骤和分析解决问题的思路；并能够根据研究对象的特点，科学设计抽样组织形式。

第一节 抽样推断的意义及基本概念

一、抽样推断的意义及作用

抽样推断是遵循随机原则从总体中抽取部分单位进行调查，然后根据部分单位的特征值对总体数量特征做出具有一定可靠程度的估计和判断的统计分析方法。

抽样推断的概念可以有广义和狭义两种理解。按照广义的理解，凡是抽取一部分单位进行观察，并根据观察结果来推断全体的都是抽样推断。其中又可分为非随机抽样和随机抽样两种。非随机抽样推断就是由调查者根据自己的认识和判断，选取若干个有代表性的单位，根据这些单位进行观察的结果来推断全体，如民意测验等。随机抽样推断则是根据随机原则（即保证总体各个单位有同样被抽中的机会）的要求抽取部分单位来推断总体的。狭义的抽样推断，是指这种随机抽样推断。本章所讲的抽样推断就是狭义理解的抽样推断。

抽样推断在现实生活中应用普遍，如用部分产品的质量推断全部产品的质量；用代表品的价格估计全部商品的价格等。抽样调查和推断与其他调查方法相比发挥着独到的作用。对带有破坏性的测量或检验，如灯管耐用时间试验、汽车撞击时的安全性能试验、电视机抗震能力试验、罐头食品的卫生检查、人体白血球数量的化验等，以及理论上可以进行全面调查，但实际上办不到的调查，如居民家庭生活状况调查、森林的木材蓄积量的调查等，都必须依靠抽样推断来实现。同时，由于抽样推断的调查单位比全面调查少得多，因而可以节约人力、费用和时间，应用起来比较灵活。特别是随着抽样理论的发展、抽样技术的进步、抽样方法的完善，抽样推断方法在社会经济生活中得到愈加广泛的运用。

二、抽样推断的基本概念

（一）全及总体和样本总体

1. 全及总体

全及总体简称总体，是最终要认识的对象，是由具有某种共同性质的许多单位组成的。

因此，总体也就是具有同一性质的许多单位的集合体。例如，要研究某城市职工的生活水平，则该城市全部职工即构成全及总体；要研究某乡粮食亩产水平，则该乡的全部粮食播种面积即是全及总体。

全及总体按其各单位标志性质不同，可以分为变量总体和属性总体。若所研究的总体各个单位的标志为数量标志，则对应的总体即为变量总体。例如，上例中若从职工的收入水平角度研究其生活水平，因为收入水平可用数据表示，为数量标志，所以此时的总体为变量总体。当要研究的标志为品质标志时，则该总体称为属性总体。例如，要研究织布厂 1000 台织布机的完好情况，这时只能用"完好"和"不完好"等文字作为品质标志来描述各台设备的属性特征，这种用文字描写属性特征的总体称为属性总体。区分变量总体和属性总体是很重要的，由于总体不同，认识这一总体的方法也就不同。

总体按包含的总体单位的多少，可分为无限总体和有限总体。无限总体所包含的单位为无限多，因而各单位的变量也就有无限多的取值，不能一一列举。有限总体所包含的单位数则是有限的，因而它的变量值也是有限的，可以一一列举。

通常全及总体的单位数用 N 来表示。作为全及总体，单位数 N 即使有限，但总是很大。例如，人口总体、棉花纤维总体、粮食产量总体等。对无限总体的认识只能采用抽样的方法，而对于有限总体的认识，理论上虽可以应用全面调查来搜集资料，但实际上往往由于不可能或不经济也借助抽样的方法来认识。

2. 样本总体

样本总体又称抽样总体或简称样本，是从全及总体中随机抽取出来的部分单位的集合体。样本总体的单位数通常用 n 表示。对于全及总体单位数 N 来说，n 是个很小的数。一般说来，单位数达到或超过 30 个的样本称为大样本，而在 30 个以下称为小样本。社会经济现象的抽样调查多取大样本。而自然实验观察则多取小样本。以很小的样本来推断很大的总体，这是抽样推断的一个特点。

如果说总体是唯一确定的，那么，样本就不同了。一个总体可能抽取很多个样本，全部样本的可能数目和样本容量、随机抽样的方法有关。不同的样本容量和取样方法，样本的可能数目有很大的差别，抽样本身是一种手段，目的在于对总体做出判断，因此，样本容量要多大，要怎样取样，样本的数目可能有多少，它们的分布又怎样，这些都关系到对总体判断的准确程度，需要加以认真研究。

（二）总体指标和样本指标

1. 总体指标

总体指标是根据全及总体各个单位的标志值或标志特征计算的、反映总体某种特征的综合指标，又称全及指标。由于全及总体是唯一确定的，根据全及总体计算的总体指标也是唯一确定的。

不同性质的总体，需要计算不同的总体指标。对于变量总体，由于各单位的标志可以用数量来表示，所以可以计算总体平均数，公式如下：

$$\overline{X} = \frac{\sum X}{N} \text{（未分组）} \qquad \overline{X} = \frac{\sum XF}{\sum F} \text{（已分组）}$$

对于属性总体，由于所研究的各单位的标志为品质标志，不可以用数量来表示，所以，应计算结构相对指标，称为总体成数，用 P 表示，它说明总体中具有某种标志表现的单位数在总体中所占的比重。变量总体也可以计算成数，即总体单位数在所规定的某变量值以上或以下的比重,视同具有或不具有某种属性的单位数比重。

设总体单位数 N 中,有 N_1 个单位具有某种属性,N_0 个单位不具有某种属性,$N_1+N_0=N$,P 为总体中具有某种属性的单位数所占的比重,Q 为不具有某种属性的单位数所占的比重,则总体成数如下。

$$P=\frac{N_1}{N} \qquad Q=\frac{N_0}{N}=\frac{N-N_1}{N}=1-P$$

此外,总体指标还包括总体方差 σ^2 和总体标准差 σ。

变量总体的方差 σ^2 和标准差 σ 如下。

$$\sigma^2=\frac{\sum(X-\overline{X})^2}{N}(未分组) \qquad \sigma^2=\frac{\sum(X-\overline{X})^2 F}{\sum F}(已分组)$$

$$\sigma=\sqrt{\frac{\sum(X-\overline{X})^2}{N}}(未分组) \qquad \sigma=\sqrt{\frac{\sum(X-\overline{X})^2 F}{\sum F}}(已分组)$$

属性总体的方差 σ^2 和标准差 σ 如下。

$$\sigma^2=PQ=P(1-P) \qquad \sigma=\sqrt{PQ}=\sqrt{P(1-P)}$$

总体指标具有以下主要特点。

(1) 总体指标是客观存在的唯一确定的未知数值。

(2) 总体指标不能直接计算。因为,计算总体指标需要总体所有单位的标志值,而抽样调查只能得到部分单位的标志值。所以,在抽样调查中不可能直接计算总体指标,只能用样本指标估计和推断。

2. 样本指标

样本指标是根据样本中各个单位的标志值或标志特征计算的综合指标,又称为抽样指标。和总体指标相对应,样本指标也有样本平均数 $\overline{x}$、样本成数 p、样本方差 S^2 和样本标准差 S 等。其计算方法分别如下。

$$\overline{x}=\frac{\sum x}{n}(未分组) \qquad \overline{x}=\frac{\sum xf}{\sum f}(已分组)$$

设样本 n 个单位中有 n_1 个单位具有某种属性,n_0 个单位不具有某种属性,$n_1+n_0=n$,p 为样本中具有某种属性的单位数所占的比重,q 为不具有某种属性的单位数所占的比重,则样本成数如下。

$$p=\frac{n_1}{n} \qquad q=\frac{n_0}{n}=\frac{n-n_1}{n}=1-p$$

当研究的标志为数量标志时,样本的方差 s^2 和样本标准差 s 计算方法如下。

$$s^2=\frac{\sum(x-\overline{x})^2}{n}(未分组) \qquad s^2=\frac{\sum(x-\overline{x})^2 f}{\sum f}(已分组)$$

$$s=\sqrt{\frac{\sum(x-\overline{x})^2}{n}}(未分组) \qquad s=\sqrt{\frac{\sum(x-\overline{x})^2 f}{\sum f}}(已分组)$$

样本指标具有以下主要特点。

(1) 样本指标是随机变量。它随样本的变化而变化,是样本的一个函数,且函数中不含任何未知参数。

(2) 样本指标可以直接计算。因为只要抽取了样本,就可以调查得到样本所有单位的标志值,即可计算样本指标。

(3) 所有可能的样本平均数的平均数等于总体平均数,所有可能的样本成数的平均数等于总体成数。

（三）重复抽样与不重复抽样

1. 重复抽样

重复抽样，又称有放回的抽样，是指从全及总体 N 个单位中随机抽取一个容量为 n 的样本，每次抽中的单位经登录其有关标志表现后又放回总体中重新参加下一次的抽选。每次从总体中抽取一个单位，可看作是一次试验，连续进行 n 次试验就构成了一个样本。因此，重置抽样的样本是经 n 次相互独立的连续试验形成的。每次试验均是在相同的条件下完全按照随机原则进行的，其所有可能的样本个数为 N^n。

2. 不重复抽样

不重复抽样，又称无放回的抽样，是指从全及总体 N 个单位中随机抽取一个容量为 n 的样本，每次抽中的单位经登录其有关标志表现后不再放回总体中参加下一次的抽选。经过连续 n 次不重复抽选单位构成样本，实质上相当于一次性同时从总体中抽中 n 个单位构成样本。上一次的抽选结果会直接影响到下一次抽选。因此，不重复抽样的样本是经 n 次相互联系的连续试验形成的，其所有可能的样本个数为 $N(N-1)(N-2)\cdots(N-n+1)$。

三、抽样推断的理论基础

抽样推断的理论基础主要是概率论的极限定理中的大数定律与中心极限定理。

（一）大数定律

大数定律是指在随机试验中，每次出现的结果不同，但是大量重复试验出现的结果的平均值却几乎总是接近于某个确定的值。其原因是，在大量的观察试验中，个别的、偶然的因素影响而产生的差异将会相互抵消，从而使现象的必然规律性显示出来。例如，观察个别或少数家庭的婴儿出生情况，发现有的生男，有的生女，没有一定的规律性，但是通过大量的观察就会发现，男婴和女婴占婴儿总数的比重均会趋于 50%。

大数定律有若干个表现形式。这里仅介绍其中常用的两个重要定律。

1. 切贝雪夫大数定理

设 $x_1, x_2, \cdots, x_n$ 是一列两两相互独立的随机变量，服从同一分布，且存在有限的数学期望 a 和方差 σ^2，则对任意小的正数 ε，有下列式子成立。

$$\lim_{n \to \infty} P\left(\left|\frac{\sum x_i}{n} - a < \varepsilon\right|\right) = 1$$

该定律的含义是：当 n 很大，服从同一分布的随机变量 $x_1, x_2, \cdots, x_n$ 的算术平均数 $\sum x_i / n$ 将依概率接近于这些随机变量的数学期望。

将该定律应用于抽样调查，就会有如下结论：随着样本容量 n 的增加，样本平均数将接近于总体平均数。从而为统计推断中依据样本平均数估计总体平均数提供了理论依据。

2. 贝努里大数定律

设 μ_n 是 n 次独立试验中事件 A 发生的次数，且事件 A 在每次试验中发生的概率为 P，则对任意正数 ε，有下列式子成立。

$$\lim_{n \to \infty} P\left(\left|\frac{u_n}{n} - p < \varepsilon\right|\right) = 1$$

该定律是切贝雪夫大数定律的特例，其含义是，当 n 足够大时，事件 A 出现的频率将几乎接近于其发生的概率，即频率的稳定性。

在抽样推断中，用样本成数去估计总体成数，其理论依据即在于此。

（二）中心极限定理

大数定律揭示了大量随机变量的平均结果，但没有涉及随机变量的分布的问题。而中心极限定理说明的是在一定条件下，大量独立随机变量的平均数是以正态分布为极限的。中心极限定理也有若干个表现形式，这里仅介绍其中四个常用定理。

1. 辛钦中心极限定理

设随机变量 x_1，x_2，…，x_n 相互独立，服从同一分布且有有限的数学期望 a 和方差 σ^2，则随机变量 $\overline{x}=\sum x_i/n$，在 n 无限大时，服从参数为 a 和 σ^2/n 的正态分布，即：

$$\overline{x} \sim N\left(a, \frac{\sigma^2}{n}\right)$$

将该定理应用到抽样调查，就有这样一个结论：如果样本的数学期望 a 和方差 σ^2 是有限的，无论总体服从什么分布，从中抽取容量为 n 的样本时，只要 n 足够大，其样本平均数的分布就趋于数学期望为 a、方差为 σ^2/n 的正态分布。

2. 德莫佛—拉普拉斯中心极限定理

设 μ_n 是 n 次独立试验中事件 A 发生的次数，事件 A 在每次试验中发生的概率为 P，则当 n 无限大时，频率 μ_n/n 趋于服从参数为 p，$p(1-p)$ 的正态分布。即：

$$\frac{\mu_n}{n} \sim N\left[p, \frac{p(1-p)}{n}\right]$$

该定理是辛钦中心极限定理的特例。在抽样调查中，不论总体服从什么分布，只要 n 充分大，那么频率就近似服从正态分布。

3. 李亚普洛夫中心极限定理

设 x_1，x_2，…，x_n 是一个相互独立的随机变量序列，它们具有有限的数学期望和方差 $a_k=E(x_k)$，$b_k^2=D(x_k)(k=1, 2, …, n)$。

记 $B_n^2 = \sum_{k=1}^{n} b_k^2$，如果能选择这一个正数 $\delta > 0$，使得当 $n \to \infty$ 时，$\dfrac{1}{B_n^{2+\delta}} \sum_{k=1}^{n} E|x_k - a_k|^{(2+\delta)} \to 0$，则对任意的 x，有下列式子成立，即：

$$P\left\{\frac{1}{B_n}\sum_{k=1}^{n}(x_k - a_k) < x\right\} \longrightarrow \frac{1}{\sqrt{2\pi}} \int_{-\infty}^{x} e^{-\frac{t^2}{2}} dt$$

该定理的含义是：如果一个量是由大量相互独立的随机因素影响所造成的，而每一个别因素在总影响中所起的作用不很大，则这个量服从或近似服从正态分布。

4. 林德贝尔格定理

设 x_1，x_2，…，x_n 是一个相对独立的随机变量序列，它们具有有限的数学期望和方差 $a_k=E(x_k)$，$b_k^2=D(x_k)$ 满足林德贝尔格条件，则当 $n \to \infty$ 时，对任意的 x，有下列式子成立。即：

$$\lim_{n \to \infty} P\left\{\frac{1}{B_n}\sum_{k=1}^{n}(x_k - a_k) < x\right\} \longrightarrow \frac{1}{\sqrt{2\pi}} \int_{-\infty}^{x} e^{-\frac{t^2}{2}} dt$$

第二节　抽样推断误差

一、抽样误差

在第二章，就统计调查误差做过分析。统计调查误差是调查结果所得的统计数据与调查现象的真实数据之间的离差，包括登记性误差和代表性误差；代表性误差又分为系统性误差和抽样误差。登记性误差是在调查过程中由于观察、测量、登记、计算上的差错而引起的误差，所有的统计调查中都可能存在这种误差。系统性误差是由于违反随机原则，有意抽选较好单位或较坏单位进行调查造成样本的代表性不足所引起的误差，它存在于典型调查和重点调查中。登记性误差和系统性误差都属于思想、作风、技术等问题引起的，可以防止和避免。而抽样误差是指遵循了随机原则，但由于抽样的随机性使得样本不足以代表总体而产生的误差。它是抽样调查和抽样推断本身所固有的、不可避免的误差，是排除了登记性误差和系统性误差之后，依然存在的一种误差。

（一）抽样误差的意义

抽样误差是指样本指标和总体指标之间的离差，即样本平均数 $\bar{x}$ 和总体平均数 $\bar{X}$ 之差 $\bar{x}-\bar{X}$；样本成数 p 和总体成数 P 之差 $p-P$。显然，抽样误差越小，样本对总体的代表性越好；反之，抽样误差越大，样本对总体的代表性越差。由于样本指标是随机变量，总体指标是未知的确定量，所以，抽样误差也是一个随样本指标变化而变化的、不可直接计算的未知随机变量。若要把它作为推断总体指标的误差，显然是不能胜任的。抽样误差的性质反映了抽样的随机性，认识抽样误差产生的原因、性质及其影响因素，并对它加以控制，是抽样推断的中心问题。

（二）影响抽样误差的因素

（1）样本容量。是抽样单位数的多少。由于总体内各单位之间总存在着差异，在其他条件不变的情况下，大量观察总比小量观察易于发现总体规律或特征，因此样本容量越大越能代表总体特征，抽样误差就越小。反之，样本容量越小，抽样误差就可能越大。

（2）总体方差（或标准差）。反映了总体各单位标志值的差异程度。总体内各单位标志的差异程度愈小，或总体的标准差愈小，在其他条件给定下，则抽样误差就愈小。反之，抽样误差就愈大。

（3）抽样方法。抽样方法不同，抽样误差也不同。一般来说，重复抽样的误差比不重复抽样的误差要大些。

（4）抽样组织。选择不同的抽样组织形式，也会有不同的抽样误差，即使是同一组织形式的抽样，其合理程度不同也会产生不同的抽样效果。常用的抽样组织形式有简单随机抽样、等距抽样、分层抽样、整群抽样和多阶抽样等。

二、抽样平均误差

（一）抽样平均误差的意义

一个总体可能抽取很多个样本，因此样本指标（样本平均数、样本成数等）就有不同的数值，它们与总体指标（总体平均数、总体成数等）的离差（即抽样误差）也就不同。抽样平均误差就是反映抽样误差一般水平的指标，通常用样本平均数（或样本成数）的标准差来表示。若用 μ_x 和 μ_p 分别表示样本平均数和样本成数的抽样平均误差，M 表示所有可能样本的数量，则抽样平均误差的意义可用下列公式表示。

$$\mu_x=\sqrt{\frac{\sum(\overline{x}-\overline{\overline{x}})^2}{M}}=\sqrt{\frac{\sum(\overline{x}-\overline{X})^2}{M}} \qquad \mu_p=\sqrt{\frac{\sum(p-\overline{p})^2}{M}}=\sqrt{\frac{\sum(p-P)^2}{M}}$$

上述公式为抽样平均误差的定义公式，它表明抽样平均误差是抽样误差的代表值，是一个和样本指标计量单位相同的唯一确定的量。抽样平均误差掩盖了抽样误差之间的差异，反映了误差的一般水平，无论从总体中随机抽到哪一个样本，样本指标和总体指标平均相差 μ 个单位。这样就可将抽样平均误差作为推断总体指标的依据和标准。

【例1】 有4个工人的日产量分别为6、8、10、12件，用重复抽样的方法，从中随机抽取2个工人的日产量构成样本，要求计算样本平均日产量和抽样平均误差。

解：列出所有可能的样本，并计算样本平均日产量、总体平均日产量和抽样误差，见表5.1。

表 5.1 可能样本及相关指标

序号	样本	样本平均数 $\overline{x}$	抽样误差 $\overline{x}-\overline{X}$	抽样误差的平方 $(\overline{x}-\overline{X})^2$
1	6,6	6	−3	9
2	6,8	7	−2	4
3	6,10	8	−1	1
4	6,12	9	0	0
5	8,6	7	−2	4
6	8,8	8	−1	1
7	8,10	9	0	0
8	8,12	10	1	1
9	10,6	8	−1	1
10	10,8	9	0	0
11	10,10	10	1	1
12	10,12	11	2	4
13	12,6	9	0	0
14	12,8	10	1	1
15	12,10	11	2	4
16	12,12	12	3	9
合计	—	144	0	40

总体平均日产量 $\overline{X}=\dfrac{6+8+10+12}{4}=9$（件）

所有样本平均日产量的平均数 $\overline{\overline{x}}=\dfrac{144}{16}=9$（件）$=\overline{X}$

样本平均数的抽样平均误差 $\mu_x=\sqrt{\dfrac{\sum(\overline{x}-\overline{X})^2}{M}}=\sqrt{\dfrac{40}{16}}=1.58$（件）

计算结果表明，在16个样本中，无论实际抽中的是哪一个样本，样本的平均日产量与总体平均日产量的误差平均为 1.58 件。

实际工作中，按定义公式计算抽样平均误差是不可能的，因为定义公式需要利用所有可能的样本资料。当总体单位较多时，所有可能的样本根本无法罗列，故而需要研究它的计算公式。

（二）抽样平均误差的计算

一般来说，抽样平均误差的计算需要区分重复抽样和不重复抽样两种情况。

在重复抽样的情况下，抽样平均误差受总体方差（标准差）和样本容量两个因素影响。总体方差（标准差）越大，样本代表性越差，误差越大；样本容量越大，样本代表性越大，误差越小。样本平均数和样本成数的抽样平均误差的计算公式分别如下。

$$\mu_x = \sqrt{\frac{\sigma^2}{n}} = \frac{\sigma}{\sqrt{n}} \qquad \mu_p = \sqrt{\frac{P(1-P)}{n}}$$

在不重复抽样的情况下，抽样平均误差受总体方差（标准差）、样本容量和抽样比率三个因素影响。通常把样本容量 n 占总体单位数 N 的比重称为抽样比率，比率越大样本的代表性越大，误差就越小。样本平均数和样本成数的抽样平均误差的计算公式分别如下。

$$\mu_x = \sqrt{\frac{\sigma^2}{n}\left(\frac{N-n}{N-1}\right)} \approx \sqrt{\frac{\sigma^2}{n}\left(1-\frac{n}{N}\right)}$$

$$\mu_p = \sqrt{\frac{P(1-P)}{n}\left(\frac{N-n}{N-1}\right)} \approx \sqrt{\frac{P(1-P)}{n}\left(1-\frac{n}{N}\right)}$$

从公式可知，不重复抽样情况下的抽样平均误差比重复抽样时多出一个修正因子（$1-n/N$），该修正因子总是小于1，所以不重复抽样时的误差总是小于重复抽样的误差。当 N 非常大时，修正因子几乎接近于1，两种抽样情况下的误差也就几乎相等。因而，实际工作中，为了简化计算，可用重复抽样的公式来计算不重复时的误差。

抽样平均误差的计算公式虽然避免了利用所有可能的样本资料，但却要利用未知的总体方差或标准差。实践中，若存在该总体的历史方差或标准差，可以它代替总体当前的方差和标准差；若总体的历史方差或标准差也未知，当样本容量≥30 时，即大样本时，可用样本的方差 s^2 和标准差 s 代替。这样，抽样平均误差就成为抽样推断中可以实现计算，并能够有效控制的样本指标与总体指标之间的误差代表值。

【例2】 在例题1中，利用计算公式计算样本平均日产量的抽样平均误差。

解： 首先计算总体的标准差，之后再计算抽样平均误差。

$$\sigma = \sqrt{\frac{\sum(X-\overline{X})^2}{N}} = \sqrt{\frac{(6-9)^2+(8-9)^2+(10-9)^2+(12-9)^2}{4}} = \sqrt{\frac{20}{4}} = \sqrt{5} \text{（件）}$$

抽样平均误差 $\mu_x = \frac{\sigma}{\sqrt{n}} = \frac{\sqrt{5}}{\sqrt{2}} = 1.58$（件）

可见，利用计算公式计算的抽样平均误差与定义公式计算的结果相同。

【例3】 某企业生产的产品，按正常生产经验，合格率为 90%。现从 5000 件产品中抽取 50 件进行检验，其重量的标准差为 10 千克。要求计算产品平均重量和合格率的抽样平均误差。

解： 根据题意，$P=90\%$，$s=10$ 元，$N=5000$，$n=50$，分重复和不重复抽样两种情况计算。

重复抽样条件下，平均重量和合格率的抽样平均误差计算如下。

$$\mu_x = \frac{s}{\sqrt{n}} = \frac{10}{\sqrt{50}} = \frac{10}{7.07} = 1.41（千克） \qquad \mu_p = \sqrt{\frac{P(1-P)}{n}} = \sqrt{\frac{0.9 \times 0.1}{50}} = 4.24\%$$

不重复抽样条件下，平均重量和合格率的抽样平均误差计算如下。

$$\mu_x \approx \sqrt{\frac{s^2}{n}\left(1-\frac{n}{N}\right)} = \sqrt{\frac{10^2}{50} \times \left(1-\frac{50}{5000}\right)} = \sqrt{2 \times 0.99} = 1.41（千克）$$

$$\mu_p = \sqrt{\frac{P(1-P)}{n}\left(1-\frac{n}{N}\right)} = \sqrt{\frac{0.9 \times 0.1}{50} \times \left(1-\frac{50}{5000}\right)} = 4.22\%$$

结算结果表明，重复抽样时，该企业产品平均重量的抽样平均误差为 1.41 千克，合格率的抽样平均误差为 4.24%；不重复抽样时，产品平均重量的抽样平均误差为 1.41 千克，合格率的抽样平均误差为 4.22%。

三、抽样极限误差

抽样极限误差，又称置信区间、抽样允许误差范围，是指在一定的把握程度下保证样本指标与总体指标之间的抽样误差不超过某一给定的最大可能范围，记作 Δ。作为样本的随机变量（样本指标值）$\bar{x}$ 或 p，是围绕以未知的唯一确定的总体指标真值 $\bar{X}$ 或 P 为中心上下波动，它与总体指标值可能会产生正或负离差，这些离差均是样本指标的随机变量，因而难以避免，只能将其控制在预先要求的误差范围 Δ_x 或 Δ_p 内。即

$$|\bar{x}-\bar{X}| \leqslant \Delta_x \qquad |p-P| \leqslant \Delta_p$$

由于 Δ_x 和 Δ_p 是预先给定的抽样方案中所允许的误差范围，所以利用 Δ_x 和 Δ_p 可以反过来估计未知的总体指标的取值可能的范围。解上述两个绝对值不等式便可得下列式子。

$$\bar{x} - \Delta X \leqslant \bar{X} \leqslant \bar{x} + \Delta X \qquad p - \Delta P \leqslant P \leqslant p + \Delta P$$

例如，要估计北京北站整车到达货物的平均运送时间。从交付的全部整车货票共 26193 批中，用不重复抽样抽取 2718 批货票。若允许的抽样极限误差 $\Delta_x = 0.215$（天），经计算知所抽取的每批货物平均运送时间为 $\bar{x} = 5.64$（天），那么北京北站整车到达货物的平均运送时间区间估计为（5.64−0.125，5.64+0.125），即在 5.515 到 5.765 天之间。又如，资料同上，若要估计北京北站整车到达货物的逾期运到率（报告期内超过规定货物运到期限运到的货物批数／货物的到达总批数），从随机抽取的 2718 批货票中，计算得抽样逾期运到率 $p = 6.43\%$，所确定的抽样极限误差为 $\Delta_p = 0.642\%$，由此可得北京北站总体的逾期运到率的区间估计是（6.43%−0.642%，6.43%+0.642%）。

四、概率度

在用样本指标推断总体指标时，由于抽样的随机性，即使把抽样误差限制在允许的范围内，也不能保证总体指标一定在 $\bar{x} \pm \Delta_x$（或 $p \pm \Delta_p$）内，而只能赋予它一定的概率保证程度。数理统计已经证明，概率保证程度的大小与概率度有关。所谓概率度是抽样极限误差与抽样平均误差的比值，用 t 表示，计算公式如下。

$$t = \frac{\Delta_x}{\mu_x}, \Delta_x = t\mu_x \qquad 或 \qquad t = \frac{\Delta_p}{\mu_p}, \Delta_p = t\mu_p$$

可见，概率度是标准化的极限误差，即把抽样误差作为标准来衡量抽样极限误差的大

小。抽样推断的概率保证程度与 t 密切相关，为 t 的函数，表示为 $F(t)$。t 与 $F(t)$ 的对应值可利用标准正态分布概率度表查找（见附录）。

第三节　总体参数的推断

抽样调查的最终目的就是要利用样本的有关信息去推断总体的数量特征值，总体参数的推断是用样本指标估计总体指标的基本方法。如用样本平均数估计总体平均数；用样本成数估计总体成数等。按照总体参数推断的目的和要求不同，参数估计分为点估计和区间估计两种方法。

一、总体参数的点估计

点估计也称定值估计，它是以抽样得到的样本指标作为总体指标的估计量，并以样本指标的实际值直接作为总体未知参数的估计值的一种推断方法。即直接把样本指标视为总体指标，既不考虑抽样误差的存在，也不考虑估计的可靠程度。例如，从一批产品中随机抽取 50 件进行检测，得知合格率为 90%，平均重量为 56 千克，那么，应用点估计，就可以认为整批产品的合格率和平均重量分别为 90% 和 56 千克。

总体指标是表明总体数量特征的参数，什么样的估计量才能称为总体参数的最优估计量？评价标准有以下三个。

(1) 无偏性。是指作为总体参数的优良估计量，就某一次的具体估计而言，它与总体指标真实值之间可能存在误差，但经过多次反复估计，该估计量平均来说应等于总体指标。无论实例验证还是理论证明，用样本平均数 $\bar{x}$ 作为总体平均数 $\bar{X}$ 的估计量，用样本成数 p 作为总体成数 P 的估计量是具有无偏性要求的。因为，样本平均数的平均数等于总体平均数，样本成数的平均数等于总体成数。

(2) 有效性。是指作为总体参数的优良估计量，其方差应该比其他估计量的标准差小，以保证估计值与总体指标更接近。用样本平均数 $\bar{x}$ 和样本成数 p 作为总体平均数 $\bar{X}$ 和总体成数 P 的估计量，符合有效性要求。因为，样本平均数、样本成数的标准差实质是抽样平均误差 μ，μ 在所有估计量的标准差中最小，这样，就保证了 $\bar{x}$ 与 $\bar{X}$ 以及 p 与 P 的离差最小，也即 $\bar{x}$ 最靠近 $\bar{X}$、p 最靠近 P。

(3) 一致性。是指当样本容量充分大时，作为总体参数的优良估计量也充分趋于总体指标。用样本指标作为总体指标的估计量符合一致性要求。因为，样本指标与总体指标的平均离差与样本容量的平方根成反比，即 $\mu_x = \sigma / \sqrt{n}$，随着样本容量 n 的无限增大，该离差将无限变小，小于任意小的正数。

可见，点估计用样本指标作为总体指标的估计量是最优估计量。但由于在实际抽样调查中一次只是随机抽取一个样本，导致估计值会因样本的不同而不同，甚至产生很大的差异。因此，对分布均匀的总体进行参数估计时才使用该方法，并且只能进行粗略估计，无法进行精确度和可靠度的计算。

二、总体参数的区间估计

(一) 区间估计的思想

区间估计就是以一定的概率保证估计包含总体参数的一个值域，即根据样本指标和抽样平均误差推断总体指标的可能范围。它包括两部分内容：一是这一可能范围的大小；二是总体指标落在这个可能范围内的概率。区间估计既说清估计结果的准确程度，又同时表明这个估计结果的可靠程度，所以区间估计是比较科学的，它是本节阐述的重点。

用样本指标来估计总体指标，要达到100%的准确而没有任何误差，几乎是不可能的，所以在估计总体指标时就必须同时考虑估计误差的大小。从人们的主观愿望上看，总是希望花较少的钱取得较好的效果，也就是说希望调查费用和调查误差越小越好。但是，在其他条件不变的情况下，缩小抽样误差就意味着增加调查费用，它们是一对矛盾。因此，在进行抽样调查时，应该根据研究目的和任务以及研究对象的标志变异程度，科学确定允许的误差范围。

区间估计必须同时具备三个要素。即具备估计值、抽样极限误差和概率保证程度三个基本要素。抽样误差范围决定抽样估计的准确性，概率保证程度决定抽样估计的可靠性，二者密切联系，但同时又是一对矛盾，所以，对估计的精确度和可靠性的要求应慎重考虑。

（二）区间估计的步骤

在实际抽样调查中，区间估计根据给定的条件不同，有两种估计方法：①给定极限误差或总体指标所在的范围（置信区间、置信范围），计算推断的可靠程度（概率保证程度、置信程度）；②给定概率保证程度，要求对总体指标做出区间估计。具体步骤如下。

(1) 计算样本指标 $\bar{x}$ 或 p。

(2) 计算抽样平均误差 μ_x 或 μ_p。

(3) 由已知的概率计算极限误差和置信区间；或者由已知的极限误差计算置信区间和概率。

【例4】 某企业对某批电子元件进行检验，随机抽取100只，测得平均耐用时间为1000小时，标准差为50小时，合格率为94%。

要求：(1) 以耐用时间的允许误差范围 $\Delta_x=10$ 小时，估计该批产品平均耐用时间的区间及其概率保证程度；(2) 以合格率估计的误差范围不超过2.45%，估计该批产品合格率的区间及其概率保证程度；(3) 试以95%的概率保证程度，对该批产品的平均耐用时间做出区间估计；(4) 以95%的概率保证程度，对该批产品的合格率做出区间估计。

解： 根据题意，已知条件有：$n=100$，$\bar{x}=1000$ 小时，$s=50$ 小时，$p=94\%$。

(1) 问的计算步骤如下。

① 根据样本平均数 $\bar{x}$ 和给定的允许误差 $\Delta_x=10$ 小时，计算总体平均数区间范围的上、下限，如下。

下限 $\bar{x}-\Delta_x=1000-10=990$（小时）　　上限 $\bar{x}+\Delta_x=1000+10=1010$（小时）

② 计算抽样平均误差 μ_x

$$\mu_x=\frac{s}{\sqrt{n}}=\frac{50}{\sqrt{100}}=5（小时）$$

③ 计算概率度 t，查概率表，得概率保证程度 $F(t)$。

$t=\dfrac{\Delta_x}{\mu_x}=\dfrac{10}{5}=2$，查概率表得 $F(t)=95.45\%$

计算结果表明，该批产品的平均耐用时间在990～1010小时之间，做这种估计的概率保证程度有95.45%。

(2) 问的计算步骤如下。

① 根据样本成数 $p=94\%$ 和给定的允许误差 $\Delta_p=2.45\%$，计算总体成数区间范围的上、下限，如下。

下限 $p-\Delta_p=94\%-2.45\%=91.55\%$ 上限 $p+\Delta_p=94\%+2.45\%=96.45\%$

② 计算抽样平均误差 μ_p

$$\mu_p=\sqrt{\frac{p(1-p)}{n}}=\sqrt{\frac{0.94(1-0.94)}{100}}=2.37\%$$

③ 计算概率度 t，查概率表，得概率保证程度 $F(t)$。

$$t=\frac{\Delta_p}{\mu_p}=\frac{2.45\%}{2.37\%}=1.03，查概率表得 F(t)=69.70\%$$

计算结果表明，该批产品的合格率在 $91.55\%\sim 96.45\%$ 之间，这种估计有 69.70% 的概率保证程度。

(3) 问的计算步骤如下。

① 计算抽样平均误差 μ_x

$$\mu_x=\frac{s}{\sqrt{n}}=\frac{50}{\sqrt{100}}=5（小时）$$

② 根据给定的 $F(t)=95\%$，查概率表得 $t=1.96$，并计算抽样极限误差。

$$\Delta_x=t\mu_x=1.96\times 5=9.8$$

③ 确定总体平均耐用时间的上、下限。

下限 $\overline{x}-\Delta_x=1000-9.8=990.2$（小时）   上限 $\overline{x}+\Delta_x=1000+9.8=1009.8$（小时）

结果表明，以 95% 的概率保证程度估计该批产品的平均耐用时间在 $990.2\sim 1009.8$ 小时之间。

(4) 问的计算步骤如下。

① 计算抽样平均误差 μ_p

$$\mu_p=\sqrt{\frac{p(1-p)}{n}}=\sqrt{\frac{0.94\times(1-0.94)}{100}}=2.37\%$$

② 根据给定的 $F(t)=95\%$，查概率表得 $t=1.96$，并计算抽样极限误差。

$$\Delta_p=t\mu_p=1.96\times 2.37\%=0.046$$

③ 确定总体合格率上、下限。

下限 $p-\Delta_p=94\%-4.6\%=89.4\%$ 上限 $p+\Delta_p=94\%+4.6\%=98.6\%$。

结果表明，以 95% 的概率保证程度估计该批产品的合格率在 $89.4\%\sim 98.6\%$ 之间。

【例5】 从某大学随机抽选 100 人，调查到他们平均每天参加体育锻炼的时间为 35 分钟，样本标准差为 12 分钟，根据以往调查记录，学生参加体育锻炼的时间近似服从正态分布，试以 95% 的概率估计该校学生平均参加体育锻炼的时间。

解： 已知 $n=100$，$\overline{x}=35$ 分钟，$S=12$ 分钟，$F(t)=95\%$

$$\mu_x=\frac{s}{\sqrt{n}}=\frac{12}{\sqrt{100}}=1.2（分钟）$$

$F(t)=95\%$ 时，$t=1.96$，$\Delta_x=t\mu_x=1.96\times 1.2=2.35$（分钟）

下限 $\overline{x}-\Delta_x=35-2.35=32.65$（分钟）   上限 $\overline{x}+\Delta_x=35+2.35=37.35$（分钟）

计算结果表明，以 95% 的概率估计该校学生平均参加体育锻炼时间的置信区间为 $32.65\sim 37.35$ 分钟。

第四节 抽样设计

一、样本容量的确定

在参数区间估计的讨论中,样本指标和总体指标之间存在着一定的差异,这种差异是由样本的随机性产生的。在样本容量不变的情况下,若要增加估计的可靠度,置信区间就会扩大,估计的精度就降低了。若要在不降低可靠性的前提下,增加估计的精确度,就只有扩大样本容量。当然,增大样本容量要受到人力、物力和时间等条件的限制,所以需要在满足一定精确度的条件下,尽可能恰当地确定样本容量。

(一) 影响样本容量的因素

1. 总体的变异程度(总体方差 σ^2)

在其他条件相同的情况下,有较大方差的总体,样本的容量应该大一些,反之则应该小一些。例如,在正态分布的总体平均数的估计中,抽样平均误差 $\sigma/\sqrt{n}$ 反映了样本平均数相对于总体平均数的离散程度。所以,当总体方差较大时,样本的容量也相应要大,这样才会使 $\sigma/\sqrt{n}$ 较小,以保证估计的精确度。

2. 允许误差的大小

允许误差说明了估计的精度,所以,在其他条件不变的情况下,如果要求估计的精度高,允许误差就小,那么样本容量就要大一些;如果要求的精确度不高,允许误差可以大些,则样本容量可以小一些。

3. 概率保证程度 $F(t)$ 的大小

概率保证程度说明了估计的可靠程度。所以,在其他条件不变的情况下,如果要求较高的可靠度,就要增大样本容量;反之,可以相应减少样本容量。

4. 抽样方法不同

在相同的条件下,重复抽样的抽样平均误差比不重复抽样的抽样平均误差大,所需要的样本容量也就不同。重复抽样需要更大的样本容量,而不重复抽样的样本容量则可小一些。

此外,样本容量还受抽样组织方式的影响,这也是因为不同的抽样组织方式有不同的抽样平均误差。

(二) 样本容量的确定

能够把样本容量影响因素紧密联系起来的等式是 $\Delta = t\mu$。下面分重复和不重复抽样两种情况探讨样本容量的确定。

1. 重复抽样

$$\Delta_x = t\mu_x = t\sqrt{\frac{\sigma^2}{n}} \qquad n = \frac{t^2\sigma^2}{\Delta_x^2}$$

或

$$\Delta_p = t\mu_p = t\sqrt{\frac{P(1-P)}{n}} \qquad n = \frac{t^2 P(1-P)}{\Delta_p^2}$$

2. 不重复抽样

$$\Delta_x = t\mu_x = t\sqrt{\frac{\sigma^2}{n}\left(1-\frac{n}{N}\right)} \qquad n = \frac{Nt^2\sigma^2}{N\Delta_x^2 + t^2\sigma^2}$$

或 $\Delta_p = t\mu_p = t\sqrt{\dfrac{P(1-P)}{n}\left(1-\dfrac{n}{N}\right)}$ $n = \dfrac{Nt^2 P(1-P)}{N\Delta_p^2 + t^2 P(1-P)}$

公式中的平均数和成数的总体方差 σ^2 和 $P(1-P)$ 的数值未知时，可用样本方差代替。若已有历史的方差资料，可取中间最大的一个。成数方差的最大值是 0.25。

【例6】 某食品厂要检验本月生产的 10000 袋某产品的重量，根据以往的资料，这种产品每袋重量的标准差为 25 克。如果要求在 95.45% 的置信度下，平均每袋重量的误差不超过 5 克，应抽查多少袋产品才能满足要求？

解： 由题意可知 $N=10000$，$\sigma=25$ 克，$\Delta_x=5$ 克，$F(t)=95.45\%$，则 $t=2$。

重复抽样条件下的样本容量。

$$n = \dfrac{t^2\sigma^2}{\Delta_x^2} = \dfrac{2^2 \times 25^2}{5^2} = 100 \text{（袋）}$$

不重复抽样条件下的样本容量。

$$n = \dfrac{Nt^2\sigma^2}{N\Delta_x^2 + t^2\sigma^2} = \dfrac{10000 \times 2^2 \times 25^2}{10000 \times 5^2 + 2^2 \times 25^2} = 99 \text{（袋）}$$

由计算结果可知：在其他条件相同的情况下，重复抽样所需要的样本容量大于不重复抽样所需要的样本容量。

在计算样本容量时，必须知道总体的方差，而在实际抽样调查前，往往总体的方差是未知的。实际中，可以用过去的方差代替，若过去曾有若干个方差，应该选择最大的，以保证抽样估计的精确度；也可以进行一次小规模的调查，用调查所得的样本方差来替代总体的方差。

【例7】 为了检查某企业生产的 10000 个显像管的合格率，需要确定样本的容量。根据以往经验合格率为 90%、91.7%。如果要求估计的允许误差不超过 0.0275，置信水平为 95.45%。应抽取多少只显像管？

解： 由题意可知 $N=10000$，$P=90\%$ 或 91.7%，$\Delta_p=0.0275$，$F(t)=95.45\%$，则 $t=2$。总体方差有两个值，应取最大值 $0.9 \times (1-0.9)$，以保证估计的精确度。

重复抽样条件下的样本容量。

$$n = \dfrac{t^2 P(1-P)}{\Delta_p^2} = \dfrac{2^2 \times 0.9 \times (1-0.9)}{0.0275^2} = 476.03 \approx 477 \text{（件）}$$

不重复抽样条件下的样本容量。

$$n = \dfrac{Nt^2 P(1-P)}{N\Delta_p^2 + t^2 P(1-P)} = \dfrac{10000 \times 2^2 \times 0.9 \times (1-0.9)}{10000 \times 0.0275^2 + 2^2 \times 0.9 \times (1-0.9)} = 454.40 \approx 455 \text{（件）}$$

从计算的结果可以看出，重复抽样应该抽 477 件检验，而不重复抽样应该抽 455 件，可见，在相同条件下，重复抽样需要的样本容量更大些。

二、抽样的组织形式

在进行抽样调查时，由于所研究现象的特点和工作条件的不同，可以设计各种不同的抽样组织形式。最基本的抽样组织形式是简单随机抽样，较为复杂的还有分层抽样、等距抽样、整群抽样和多阶抽样。不同的抽样设计适用于不同的研究现象，也会对抽样平均误差带来不同的影响。所以，我们研究抽样设计的重心依然是抽样平均误差的计算方法。

（一）简单随机抽样

简单随机抽样又称纯随机抽样，是按照随机原则直接从总体 N 个单位中抽取容量为 n 的样本，是一步抽样法。它保证总体的每一单位都有同等被抽中的机会，即每个单位的入样率均为 n/N。

简单随机抽样情况下的抽样平均误差如下。

重复抽样时：$\mu_x = \sqrt{\dfrac{\sigma^2}{n}}$ $\mu_p = \sqrt{\dfrac{P(1-P)}{n}}$

不重复抽样时：$\mu_x = \sqrt{\dfrac{\sigma^2}{n} \times \dfrac{N-n}{N-1}} \approx \sqrt{\dfrac{\sigma^2}{n}\left(1 - \dfrac{n}{N}\right)}$

$$\mu_p = \sqrt{\dfrac{P(1-P)}{n} \times \dfrac{N-n}{N-1}} \approx \sqrt{\dfrac{P(1-P)}{n}\left(1 - \dfrac{n}{N}\right)}$$

简单随机抽样与其他抽样技术相比，其优点是简便易行。它不需要对总体做任何处理，只需要具有总体所有单位的清单即可。同时，由于简单随机抽样的理论体系相当成熟，关于样本容量的确定、抽样平均误差的计算及用样本指标估计总体指标等都有现成的标准公式可以利用。因而，该组织形式得到广泛的运用，并将它作为其他抽样组织形式的基础。然而，简单随机抽样技术的缺点也是显而易见的，即样本的代表性较差。所以，简单随机抽样一般适用于均匀总体，即具有某种特征的单位均匀地分布在总体的各部分，使各部分的分布是相同的。

（二）分层抽样

1. 分层抽样的组织方式

分层抽样又称类型抽样，它是先把总体所有单位按某一标志分为不同的组或者分为不同的若干层。然后，在每一层中独立地抽取样本单位，并将每层抽到的样本单位构成一个样本。假设总体有 N 个单位，划分为 K 层，使 $N = N_1 + N_2 + \cdots + N_k$。再从每层的 N_i （$i=1, 2, \cdots, k$）个单位中随机抽取 n_i 个单位构成容量为 $n = n_1 + n_2 + \cdots + n_k$ 的一个样本。

总体一旦被分成层，那么每层需要抽取多少单位、样本容量怎么分配就至关重要了，这些问题的确定需要考虑样本容量、层的数目。每层的单位数 N_i 未必相同，为方便起见，一般可按各层单位数 N_i 占全及总体单位数 N 的比重来分配样本容量，即

$$\dfrac{n_1}{N_1} = \dfrac{n_2}{N_2} = \cdots = \dfrac{n_k}{N_k} = \dfrac{n}{N}$$

那么各层分配的样本单位数为 $n_i = \dfrac{nN_i}{N}$（$i=1, 2, \cdots, k$）。

2. 分层抽样的抽样平均误差

由于分层抽样是从每一层内都抽取样本单位，所以不存在层间误差，只存在层内误差。层内误差的大小与各层内方差有关。因此，分层抽样的抽样平均误差就取决于各层内方差的平均数和样本容量了。层内方差的平均数可称为平均层内方差，记为 $\overline{\sigma_i^2}$，则分层抽样情况下的抽样平均误差分两种情况讨论如下。

重复抽样时，平均数和成数的抽样平均误差的计算公式为：

$$\mu_x = \sqrt{\frac{\overline{\sigma_i^2}}{n}} \qquad \mu_p = \sqrt{\frac{\overline{P_i(1-P_i)}}{n}}$$

不重复抽样时，平均数和成数的抽样平均误差的计算公式为：

$$\mu_x = \sqrt{\frac{\overline{\sigma_i^2}}{n}\left(1-\frac{n}{N}\right)} \qquad \mu_p = \sqrt{\frac{\overline{P_i(1-P_i)}}{n}\left(1-\frac{n}{N}\right)}$$

以上公式中，$\overline{\sigma_i^2}$ 是研究标志为数量标志时的总体的平均层内方差，$\overline{P_i(1-P_i)}$ 是研究标志为是非标志时的总体平均层内方差，计算方法分别如下。

$$\overline{\sigma_i^2} = \frac{\sum \sigma_i^2 N_i}{N} \approx \overline{s_i^2} = \frac{\sum s_i^2 n_i}{n}$$

$$\overline{P_i(1-P_i)} = \frac{\sum P_i(1-P_i)N_i}{N} \approx \frac{\sum p_i(1-p_i)n_i}{n}$$

上式意思是：原本抽样平均误差需要利用总体平均层内方差来计算，但由于它常常是未知的，故可用历史总体平均层内方差或样本平均层内方差代替。

【例8】 某乡全部粮食耕地1000亩，按平原和丘陵粮食耕地面积的比例抽取容量为200亩的样本，各地形耕地的样本平均亩产量 $\overline{x_i}$ 和标准差 s_i 资料见表5.2。要求计算分层抽样的样本平均亩产量 $\overline{x}$ 和抽样平均误差 μ_x。

表5.2 粮食耕地亩产量和标准差统计表

地形	全部面积 N_i /亩	样本面积 n_i /亩	样本平均亩产 $\overline{x_i}$ /千克	亩产标准差 s_i /千克
平原	800	160	480	100
丘陵	200	40	400	200

解： $\overline{x} = \frac{\sum n_i \overline{x_i}}{n} = \frac{480 \times 160 + 400 \times 40}{200} = 464$（千克）

$$\overline{\sigma_i^2} = \frac{\sum n_i \sigma_i^2}{n} \approx \frac{\sum n_i s_i^2}{n} = \frac{160 \times 100^2 + 40 \times 200^2}{200} = 16000 \text{（千克）}$$

重复抽样时 $\mu_x = \sqrt{\frac{\overline{\sigma_i^2}}{n}} = \sqrt{\frac{16000}{200}} = 8.94$（千克）

不重复抽样时 $u_x = \sqrt{\frac{\overline{\sigma_i^2}}{n}\left(1-\frac{n}{N}\right)} = \sqrt{\frac{16000}{200} \times \left(1-\frac{200}{1000}\right)} = 8$（千克）

结果表明，分层抽样的样本平均亩产量为464千克，抽样平均误差在重复抽样时为8.94千克，不重复抽样时为8千克。

可以验证，平均层内方差总是小于全及总体的方差，故在同样抽样数目的条件下，分层抽样的误差小于简单随机抽样的误差。所以，分层抽样是实际组织抽样调查的一种较好形式。

（三）整群抽样

1. 整群抽样的组织方式

整群抽样是将总体所有单位划分为若干群，然后以群为单位从中随机抽取若干群，对抽中的群进行全面调查的抽样组织形式。假设总体的各单位划分为 R 群，从总体 R 群中随机抽取 r 群。对样本 r 群进行全面调查，可得到样本群中每个群的平均数 $\overline{x}_i$ 或成数 p_i，如下。

$$\overline{x}_i = \frac{\sum x_i}{r} \qquad p = \frac{\sum p_i}{r} \qquad (i=1,2,3,\cdots,r)$$

2. 整群抽样的抽样平均误差

不难看出，整群抽样实质上是以群为单位的简单随机抽样。因为抽取的单位是群，并对抽中的群进行全面调查，所以，群内各单位之间的差异都被该群的平均数 $\overline{x}_i$ 或 p_i 掩盖了。因此，抽取的样本群代表性如何与群内的差异程度无关，只取决于群与群之间平均数或成数的差异程度。群间差异越小，样本群的代表性越好，抽样误差越小；反之，群间差异越大，抽样误差也越大。也就是说，影响整群抽样平均误差的因素只有总体群间方差和样本容量。计算抽样平均误差的方法是：在调查得到样本群中每一群的平均数 $\overline{x}_i$ 或成数 p_i 的基础上，求出样本群间方差；再将样本群间方差代替简单随机抽样公式中的总体方差。整群抽样一般采用不重复抽样，计算公式为：

$$\mu_x = \sqrt{\frac{\delta_i^2}{r}\left(1-\frac{r}{R}\right)} \qquad \mu_p = \sqrt{\frac{\delta_p^2}{r}\left(1-\frac{r}{R}\right)}$$

公式中，$\delta_i^2 = \dfrac{\sum(\overline{x}_i - \overline{x})^2}{r}$ 为样本群平均数的群间方差，$\overline{x}$ 为样本群的平均数，$\overline{x}_i$ 为样本群中每一群的平均数；$\delta_p^2 = \dfrac{\sum(p_i - p)^2}{r}$ 为样本群成数的群间方差，p 为样本群的成数，p_i 为样本群中每一群的成数。

【例 9】 一批灯泡共 1000 箱（每箱灯泡数量相同），用不重复抽样方法从中随机抽出 30 箱的灯泡逐个进行检验，每箱的合格率见表 5.3。要求计算该批灯泡合格率的抽样平均误差。

表 5.3　灯泡每箱合格率统计表

箱合格率 p_i/%	$p_i - p$	$(p_i - p)^2$	箱合格率 p_i/%	$p_i - p$	$(p_i - p)^2$
98	+3.17	10.0489	100	−5.17	26.7289
95	+0.17	0.0289	91	−3.83	14.6689
97	+2.17	4.7089	89	−5.83	33.9889
99	+4.17	17.3889	91	−3.83	14.6689
96	+1.17	1.3689	99	+4.17	17.3889
94	−0.83	0.6889	100	+5.17	26.7289
100	+5.17	26.7290	96	+1.17	1.3689
90	−4.83	23.3289	95	+0.17	0.0289
87	−7.83	61.3089	97	+2.17	4.7089
97	+2.17	4.7089	94	−0.83	0.6889
85	−9.83	96.6289	92	−2.83	8.0089
98	+3.17	10.0489	88	−6.83	46.6489
92	−2.83	8.0089	91	−3.83	14.6689
99	+4.17	17.3889	98	+3.17	10.0489
97	+2.17	4.7089	100	+5.17	26.728
合　计	—	—	2845	—	534.1670

解： 样本合格率 $p = \dfrac{\sum p_i}{r} = \dfrac{2845\%}{30} = 94.83\%$

样本群间方差 $\delta_p^2 = \dfrac{\sum(p_i - p)^2}{r} = \dfrac{534.167 \times 10^{-4}}{30} = 17.8 \times 10^{-4}$

抽样平均误差 $\mu_x = \sqrt{\dfrac{\delta_i^2}{r}\left(1 - \dfrac{r}{R}\right)} = \sqrt{\dfrac{17.8 \times 10^{-4}}{30} \times \left(1 - \dfrac{30}{1000}\right)} = 0.76\%$

整群抽样的优点是总体单位自然聚合成群（如学校、林区、牧场、企业），样本单位比简单随机抽样的样本单位要相对集中，可大大降低收集数据的费用，具有其他组织形式不可替代的作用。其缺点是同一个群体内的单位通常性质非常相似，能提供的大多是雷同的信息。这样会降低样本群的代表性，使抽样的效率比简单随机抽样低。另外，在调查前因为不容易知道一个群内到底有多少单位，所以无法事先确定总的样本容量。

（四）等距抽样

等距抽样（又称系统抽样）是先将总体各单位按某一标志排列，然后按固定的顺序和间距抽取样本单位。假设总体有 N 个单位，抽取一个容量为 n 的样本，抽样间隔 $k = N/n$。第一个样本单位在第 $1 \sim k$ 个单位之中随机抽取，若抽中了第 i 个单位，则样本依次应由第 $i, i+k, i+2k, \cdots, i+(n-1)k$ 个单位构成。例如，城市调查队从一条住有 60 户居民的小街中等距抽取 5 户进行家计调查，抽样间隔 $k = 60/5 = 12$ 户。若从小街右侧第 3 户开始调查，则需要调查的住户依次应为第 3、15、27、39、51 户。等距抽样能使样本单位更均匀地分布在全及总体中，其抽样平均误差可能略小于简单随机抽样，但一般仍用简单随机抽样公式计算。

等距抽样的随机性体现在第一个样本单位的抽取上，当第一个单位取中后，其他单位均按间隔 K 来抽取，直至抽到第 n 个单位。等距抽样的优点是只需要有一个随机起点即可组成样本，比简单随机抽样还简便。其缺点是，如果抽样间距正好碰上总体变化的某种未知的周期，就会得到一个存在系统误差的代表性较差的样本。

★ 本章小结 ★

抽样推断是以概率论的大数定律和中心极限定理为理论基础，运用归纳推理实现从局部到全局的认识过程。它是遵循随机原则从总体中抽取部分单位进行调查，再根据调查得到的抽样指标估计总体参数的统计分析方法。

样本指标与总体指标之间不可避免地存在着抽样误差。其中抽样平均误差是关键的、也是可以计算并能够控制的误差。它既是所有可能的抽样误差的代表值，又是抽样极限误差的标准单位。

用样本指标估计总体参数有点估计和区间估计两种方法，而区间估计是较为科学的。由于调查对象的特点不同，可选择不同的抽样设计组织形式，如简单随机抽样、分层抽样、整群抽样、等距抽样等。

思考与练习

1. 简述总体和样本的区别。
2. 简述总体指标和样本指标的计算方法及特点。

3. 简述重复抽样和不重复抽样。
4. 抽样调查和推断中存在哪些误差？
5. 抽样误差是如何产生的？有什么特点？
6. 简述影响抽样误差的因素。
7. 如何理解抽样平均误差？其定义公式如何表达？
8. 简述抽样平均误差的计算公式。
9. 不重复抽样的误差为什么小于重复抽样误差。
10. 如何理解抽样极限无限？
11. 抽样极限误差与概率度的关系如何？
12. 简述总体参数的估计方法有哪些？
13. 如何进行区间估计？区间估计中的准确度和可信度之间是什么关系？
14. 样本容量如何确定？
15. 抽样的组织形式有哪些？
16. 财经学院为了解学生在校期间撰写学术论文（或调查报告）情况，从全院随机抽取100名学生进行调查，资料见下表。

论文篇数	1	2	3	4	5
学生人数	18	24	35	20	3

要求：（1）计算这100名学生平均每人撰写的论文篇数；（2）计算抽样平均误差；（3）以80%的概率估计全院学生平均每人撰写的论文数量。

17. 用简单随机抽样的方法从20000件产品中抽检1%的产品，发现有10件不合格。

要求：（1）计算样本合格率和抽样平均误差；（2）以95%的概率对该批产品的合格率及合格品数量进行区间估计；（3）如果合格率的允许误差不能超过2.3%，其估计的概率保证程度是多少？

18. 某外贸进出口公司出口一种名茶，随机抽取100包进行重量检验，结果如下表所示。

每包重量/克	148～149	149～150	150～151	151～152	合计
包数/包	10	20	50	20	100

又知这种茶叶每包规格重量不低于150克，试以99.73%的概率（1）确定每包重量的极限误差；（2）估计这批茶叶的重量范围，确定是否达到规格重量要求。

19. 某企业生产的袋装食品采用自动打包机包装，每袋标准重量为100克。现从某天生产的一批产品中按重复抽样随机抽取50包进行检查，测得每包重量（克）如下。

每包重量/克	96～98	98～100	100～102	102～104	104～106
包数/包	2	3	34	7	4

要求：（1）确定该种食品平均重量95%的置信区间；（2）若规定食品重量低于100克为不合格，确定该批食品合格率95%的置信区间。

20. 为了估计每个网络用户每天上网的平均时间，随机抽取了225个网络用户的简单随机样本，得知样本平均每天上网时间为6.5小时，样本标准差为2.5小时。

要求：(1) 以 95% 的置信水平，估计网络用户每天平均上网时间的区间；(2) 若样本中年龄在 20 岁以下的用户为 90 个，以 95% 的置信水平估计 20 岁以下用户比例的置信区间。

21. 某无线电广播公司要估计某市 65 岁以上的已退休的人中一天时间里收听广播的时间，随机抽取了一个容量为 200 人的样本，得到样本平均数为 110 分钟，样本标准差为 30 分钟，要求估计总体均值 95% 的置信区间。

22. 某保险公司自投保人中随机抽取 36 人，计算出 36 人的平均年龄为 39.5 岁，已知投保人年龄分布近似正态分布，标准差为 7.2 岁，概率保证程度为 99%。要求计算所有投保人平均年龄的置信区间。

23. 某金融机构共有 8042 张应收账款单，根据过去记录，所有应收账款的标准差为 3033.4 元。现随机抽查了 250 张应收款单，得平均应收款为 3319 元，求 98% 置信水平的平均应收款。

24. 某地区抽查了 400 户农民家庭的人均化纤布的消费量，得到平均值为 3.3 米，标准差为 0.9 米，试以 95% 的置信水平估计该地区农民家庭人均化纤布的消费量。

25. 为了解国有企业职工的平均月工资，将职工按行业分类，分别从 A 行业抽取 50 人，从 B 行业抽取 60 人进行调查，资料见下表。

A 行业		B 行业	
月工资/元	人数	月工资/元	人数
5000～6000	10	5000～10000	20
6000～8000	20	10000～15000	30
8000～10000	20	15000～20000	10

要求：(1) 计算国有企业职工的平均工资；(2) 按简单随机抽样方法计算国有企业职工平均工资的抽样平均误差；(3) 按类型抽样方法计算国有企业职工平均工资的抽样平均误差；(4) 比较两种抽样平均误差的大小，试说明差异的原因。

第六章

统计指数与因素分析

学习目标

通过本章学习，要求理解统计指数的概念与分类，掌握编制总指数的综合指数法、平均指数法，能熟练运用指数体系进行因素分析，能理解日常所见的各种指数。

第一节 统计指数的意义及分类

2012年6月全国CPI（consumer price index，居民消费价格指数）同比上涨2.2%，创29个月以来新低。2012年8月7日上证指数以2157.62点收盘，同一天北京的紫外线指数为4级。今天，人们在生活和工作中经常和"指数"打交道。统计指数最早起源于物价指数，今天物价指数已从单纯地反映一种商品的价格变动演绎到可以反映多种商品的综合价格变动（如CPI、PPI、商品零售价格指数、农产品生产价格指数、房地产价格指数等），更在各个领域不断诞生出形形色色的统计指数。如股价指数（道琼斯指数、纳斯达克指数、上证指数、深证成指、沪深300、恒生指数、日经指数、标普500等）、气象指数（中暑指数、紫外线指数、舒适度指数、穿衣指数、旅游指数等）、国民经济物量指数（GDP物量指数、进出口物量指数、投资物量指数等），还有经济景气指数、消费者信心指数、小康指数、幸福指数、体重指数等。那么到底什么是统计指数？怎么计算？有什么作用？和因素分析有什么关系？这些都是本章研究的内容。

一、统计指数的意义和作用

统计指数的概念有广义和狭义之分。从广义上来说，一切反映事物现象变动或发展程度的相对数都属于统计指数。其形式上表现为不同时间或不同空间指标数值的对比。然而，统计指数经常是狭义的，仅指反映"复杂现象"变动或发展程度的相对数，而不包括"简单现象"。简单现象指计量单位相同，数量能直接加总的现象，如同一种商品。复杂现象指计量单位不同，数量不能直接加总的现象，如不同种商品。例如：CPI并不是单纯地反映某一种商品的价格变动，而是综合反映多种生活消费品和服务项目的价格变动（见表6.1）。2011年全国居民消费价格比上年上涨5.4%，即CPI为105.4（2010年=100）。股价指数也不是单纯反映某一股票的股价变动，而是综合反映某些股票的股价变动，例如，上证指数的样本股范围涵盖所有在上海证券交易所上市的股票。

统计指数的作用主要体现在通过不同时间或不同空间的数值对比显示了事物现象变动的方向和程度，而许多事物现象的变动是由多个影响因素共同作用造成的，如某企业产品总成本指数为110%，即总成本增加了10%，总成本的变动是由于每种产品的产量和单位成本的

表 6.1　2011年居民消费价格比上年涨跌幅度统计表

指标	全国	城市	农村
居民消费价格/%	5.4	5.3	5.8
其中:食品	11.8	11.6	12.4
烟酒及用品	2.8	3.0	2.4
衣着	2.1	2.2	1.9
家庭设备用品及维修服务	2.4	2.7	1.5
医疗保健和个人用品	3.4	3.4	3.3
交通和通信	0.5	0.2	1.3
娱乐教育文化用品及服务	0.4	0.3	0.8
居住	5.3	5.1	5.7

注：数据来源：国家统计局2011年国民经济和社会发展统计公报。

变动造成的，利用产品总成本指数、产量指数和单位成本指数，就可以分析产量变动、单位成本变动对总成本变动的影响方向、影响的相对程度和绝对程度，这就是因素分析的方法。另外，将多个时间的指数编制成指数数列或图表，可以研究现象的数量变动趋势。如图6.1是我国1978年至2010年的CPI数据（1978年＝100），可以看出这32年中我国的消费价格大幅上涨，2010年的价格水平相当于1978年的536.1%。

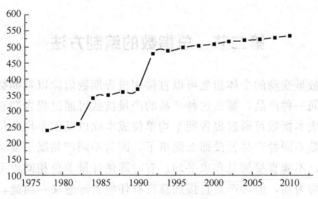

图6.1　1978～2010年中国CPI走势（1978年＝100）

二、统计指数的分类

统计指数可以从不同的角度进行分类。

（一）按研究的范围不同分为个体指数和总指数

个体指数即为研究简单现象的指数，如某种商品的价格指数、销售量指数、产量指数、单位成本指数、利润指数等。总指数即为狭义的统计指数，是研究复杂现象的指数，如多种商品的价格指数、销量指数、产量指数、单位成本指数、利润指数。前面提到的各种指数大都属于总指数。

（二）按研究的指标性质不同分为数量指标指数和质量指标指数

数量指标指数反映数量指标的变动，质量指标指数反映质量指标的变动。那么什么是数量指标与质量指标呢？简言之，数量指标即总量指标（绝对数），因为其反映了事物现象的总规模和总水平（即数量方面）。如销量指数、产量指数、总成本指数、销售额指数、物量指数、职工人数指数、工资总额指数等。而质量指标包括相对指标与平均指标（相对数与平均数），因为其反映了事物现象的质量或内涵。如价格指数、单位成本指数、利润率指数、劳动生产率指数、平均工资指数等。

（三）按对比基期不同分为环比指数、定基指数、同比指数

我们经常可以看到同一时间计算的包括 CPI 在内的很多指数有不同的数值，这是由于计算基期不同造成的，如果在披露时不说清楚这点就容易产生疑问。如 2010 年全国的环比 CPI 为 103.3（即上年＝100），而以 1978 年为基期的定基 CPI 为 536.1（即 1978 年＝100）。

环比指数的对比基期为报告期的上一期，有连环对比的意思。同比往往用在月度、季度、半年度数据分析中，即与上年同期相比。由于我国 CPI 指数每月编制，因此 2010 年的环比 CPI 实际上就是 2010 年 12 月的同比 CPI。广义上同比除了这种常用的年距同比外，泛指对比基期是上一个大时间周期中的同期，如 21 世纪前十年与 20 世纪前十年对比，本月中旬与上月中旬对比。定基比可以用排除法界定，除环比、同比之外的对比基期均可称为定基比（也称为定比）。如图 6.1 所示，编制数列时，所有时期均与固定的某一基期对比计算指数，因此称为定基。需要说明的是，定基的对比基期往往选择为数列的最初一期，但这不是绝对的，也可以选择中间具有代表意义的一期。不同的对比基期可以更全面地反映数量变动情况。

第二节　总指数的编制方法

反映简单现象数量变动的个体指数可以直接用报告期数值除以基期数值来计算。如一家企业三个车间生产同一种产品，那么这种产品的产量指数可通过报告期总产量除以基期总产量来计算，其单位成本指数可通过报告期平均单位成本除以基期平均单位成本来计算。但如果三个车间生产的是不同种产品就没那么简单了，因为不同产品属于复杂现象，其产量和价格的计量单位不同，不能直接加总和求平均。有时即使计量单位相同也不行，如奶粉和液态奶的产量计量单位均为吨，但其产量直接加总没有任何实际意义。因此，编制总指数需要专门的方法，主要包括综合指数法与平均指数法。编制总指数时，首先要区分数量指标指数与质量指标指数，这两类指数的编制原理相同，但处理方法既有联系又有区别。

一、综合指数法

综合指数法的基本方法是"先综合，再对比"，"综合"即"加总"，但复杂现象的数量不能直接加总，因此用"综合"一词。综合指数编制的过程是：通过引入媒介因素，把不能直接加总的指标过渡为计量单位相同可以直接加总的总量指标，然后用加总后的总量指标进行对比计算总指数。

在这里，引入的媒介因素起到了统一度量衡的作用，因此称为"同度量因素"。同度量因素的选择是计算综合指数的关键。一般要选择与要指数化的指标相乘有意义的不同类指标作为同度量因素，即计算数量指标指数时，选择与该数量指标相乘有意义的质量指标，计算质量指标指数时选择与该质量指标相乘有意义的数量指标。如因为商品销售额＝商品销量×商品价格，因此计算销售量指数 $\overline{K}_q$ 时引入价格 p 作为同度量因素，计算价格指数 $\overline{K}_p$ 时引入销售量 q 作为同度量因素。用公式表示如下：

$$\overline{K}_q = \frac{\sum q_1 p}{\sum q_0 p} \qquad \overline{K}_p = \frac{\sum q p_1}{\sum q p_0}$$

通过同度量因素的引入，使原本不能直接相加的销售量和价格过渡为了可以直接加总的总量指标——销售额。解决了相加的问题，接下来要考虑的是如何通过销售额的对比来反映销售量和价格的变动。显然，计算销售量指数时，要剔除价格变动的影响，即应让价格保持不变；计算价格指数时，要剔除掉销售量变动的影响，即应让销售量保持不变。

在计算中，同度量因素不仅起到同度量的作用，还具有权数的性质，也就是其数值大小会影响指数的计算结果，因此同度量因素不是任意固定不变的。到底把同度量因素固定在什么时期比较合适？报告期？基期？两个时期的平均数？还是其他固定的某一水平？对于这个问题统计学术界历来存在争议。国际上应用比较广泛的主要有拉氏指数和派氏指数。

拉氏指数是把同度量因素的时间固定在基期的一种综合指数形式，由德国经济学家拉斯贝尔（E. Laspeyres）于1864年首先提出。

拉氏公式：$\overline{K}_q = \dfrac{\sum q_1 p_0}{\sum q_0 p_0} \qquad \overline{K}_p = \dfrac{\sum q_0 p_1}{\sum q_0 p_0}$

派氏指数就是把同度量因素的时间固定在报告期的一种综合指数形式，由德国经济学家派许（H. Paasche）于1874年首先提出。

派氏公式：$\overline{K}_q = \dfrac{\sum q_1 p_1}{\sum q_0 p_1} \qquad \overline{K}_p = \dfrac{\sum q_1 p_1}{\sum q_1 p_0}$

一般认为，在计算数量指标指数时用拉氏公式更加适宜，而在计算质量指标指数时用派氏公式更加适宜。以销量和价格来分析，在拉氏公式与派氏公式中，$\sum q_0 p_0$ 与 $\sum q_1 p_1$ 都是具有实际意义的总量指标，即基期销售额与报告期销售额，而 $\sum q_1 p_0$ 与 $\sum q_0 p_1$ 是假定的销售额，相对来说 $\sum q_1 p_0$ 比 $\sum q_0 p_1$ 更具有现实意义。这是因为 $\sum q_1 p_0$ 表示假定价格保持在基期不变，按报告期的销量能实现多少销售额，销量指数的计算结果体现了单纯由于销量的变化对于销售额的影响，这具有比较明确合理的现实意义；而 $\sum q_0 p_1$ 表示假定销量保持在基期不变，按报告期的价格能实现多少销售额，或者说按报告期的价格销售基期数量的商品应该是多少销售额，显然，在报告期去销售基期数量的商品是不具有现实意义的。此外，在编制两个指数时将同度量因素固定在同一时期也是建立指数体系进行因素分析的需要，这点我们将在以后讲到。因此，综合指数的常用公式如下。

拉氏公式：$\overline{K}_q = \dfrac{\sum q_1 p_0}{\sum q_0 p_0} \qquad$ 派氏公式：$\overline{K}_p = \dfrac{\sum q_1 p_1}{\sum q_1 p_0}$

【例1】 某企业三种商品的价格和销售量资料见表6.2。要求计算（1）甲商品的销量个体指数和价格个体指数；（2）三种商品的销量总指数和价格总指数。

表6.2 某企业商品销售资料

商品名称	计量单位	价格/元		销售量	
		2011年	2012年	2011年	2012年
甲	双	25	28	5000	5500
乙	件	140	160	800	1000
丙	套	6	6	1000	600

解：（1）甲商品的销售量个体指数 K_q 和价格个体指数 K_p 计算如下。

$$K_q = \frac{q_1}{q_0} = \frac{5500}{5000} = 110\% \qquad K_p = \frac{p_1}{p_0} = \frac{28}{25} = 112\%$$

计算结果表明，甲商品的销售量增加了 10%，价格上涨了 12%。

（2）销售量总指数 $\overline{K}_q$ 和价格总指数 $\overline{K}_p$ 计算如下。

$$\overline{K}_q = \frac{\sum q_1 p_0}{\sum q_0 p_0} = \frac{5500 \times 25 + 1000 \times 140 + 600 \times 6}{5000 \times 25 + 800 \times 140 + 1000 \times 6} = \frac{281100}{243000} = 115.68\%$$

$$\sum q_1 p_0 - \sum q_0 p_0 = 281100 - 243000 = 38100 \text{（元）}$$

$$\overline{K}_p = \frac{\sum q_1 p_1}{\sum q_1 p_0} = \frac{5500 \times 28 + 1000 \times 160 + 600 \times 6}{281100} = \frac{317600}{281100} = 112.98\%$$

$$\sum q_1 p_1 - \sum q_1 p_0 = 317600 - 281100 = 36500 \text{（元）}$$

三种商品的销售量总指数为 115.68%，价格总指数为 112.98%。计算表明，三种商品的销售量总体上（平均）增加了 15.68%，价格总体上（平均）上涨了 12.98%。也可以理解为由于销量的增加使销售额增加了 15.68%，增加的绝对数额是 38100 元；由于价格的上涨使销售额增加了 12.98%，增加的绝对数额是 36500 元。

二、平均指数法

由于复杂现象是由简单现象组成的，而个体指数反映了简单现象的数量变动，总指数则反映了组成复杂现象的所有简单现象的平均数量变动，因此，总指数应该是个体指数的平均数，平均指数法便由此而来。平均指数实际上是个体指数的加权平均数。

将个体指数的公式 $K_q = q_1/q_0$ 和 $K_p = p_1/p_0$ 代入综合指数的公式可推导出平均指数的公式，如下

$$\overline{K}_q = \frac{\sum q_1 p_0}{\sum q_0 p_0} = \frac{\sum \frac{q_1}{q_0} q_0}{\sum q_0 p_0} = \frac{\sum K_q q_0 p_0}{\sum q_0 p_0}$$

$$\overline{K}_p = \frac{\sum q_1 p_1}{\sum q_1 p_0} = \frac{\sum q_1 p_1}{\sum \frac{q_1 p_0 p_1}{p_1}} = \frac{\sum q_1 p_1}{\sum \frac{q_1 p_1}{K_p}}$$

公式表明，数量指标总指数是数量指标个体指数 K_q 的加权算术平均数，权数为基期的总量指标 $q_0 p_0$。质量指标总指数是质量指标个体指数 K_p 的加权调和平均数，权数为报告期的总量指标 $q_1 p_1$。

【例 2】假设例 1 中，已知每种商品的销售量与价格的个体指数和销售额资料，见表 6.3。要求计算三种商品的销售量总指数和价格总指数。

表 6.3 某企业商品销售资料

商品名称	计量单位	个体指数/%		销售额/元	
		价格指数	销量指数	2011 年	2012 年
甲	双	112	110	125000	154000
乙	件	114.29	125	112000	160000
丙	套	100	60	6000	3600

解:销售量总指数 $\overline{K}_q$ 按加权算术平均指数法计算,价格总指数 $\overline{K}_p$ 按加权调和平均指数法计算。具体计算过程如下。

$$\overline{K}_q = \frac{\sum K_q q_0 p_0}{\sum q_0 p_0} = \frac{110\% \times 125000 + 125\% \times 112000 + 60\% \times 6000}{125000 + 112000 + 6000} = \frac{281100}{243000} = 115.68\%$$

$$\overline{K}_p = \frac{\sum q_1 p_1}{\sum \frac{q_1 p_1}{K_p}} = \frac{154000 + 160000 + 3600}{\frac{154000}{112\%} + \frac{160000}{114.29\%} + \frac{3600}{100\%}} = \frac{317600}{281100} = 112.98\%$$

从以上公式推导和计算可知,综合指数法和平均指数法公式是恒等变形,其计算结果是相同的。平均指数法适用于可获知个体指数与总量指标的情况。由于总量指标起到权数的作用,而影响平均数大小的是相对权数(权重),并不是绝对权数,所以,不需要总量指标在基期和报告期的实际数据,而只要知道权重即可。

在实际工作中,出于对数据获取的难度和必要性考虑,可以采用固定权数法计算平均指数。公式如下。

$$\overline{K} = \frac{\sum KW}{\sum W}$$

其中,K 为个体指数,W 为固定权数,$\sum W = 100$。

我国和很多国家在编制工业生产指数和多种物价指数(居民消费价格指数、工业品出厂价格指数、商品零售价格指数等)时均采用了这种方法。例如,编制居民消费价格指数(CPI)时,一般是通过抽样调查得到一个地区居民住户消费总支出中各类消费支出所占比重,以此作为每类消费价格个体指数的权数进行加权平均,该权数每年计算调整一次,在年内固定不变。

从理论上讲,编制固定权数平均指数也有固定加权算术平均法和固定加权调和平均法之分,但实际应用中很少采用固定加权调和平均法。国际普遍采用经计算调整后的固定权数 W,代替不易取得基期资料 $q_0 p_0$ 来计算固定加权算术平均指数。

【例3】 某地区2011年比上年的居民消费价格分类指数及固定权数资料见表6.4。要求计算该地区的居民消费价格总指数。

表6.4 某地区居民消费价格分类指数与固定权数表

消费品类别	个体价格指数/%	固定权数
一、食品	111.5	41.0
二、烟酒及用品	102.6	2.9
三、衣着	102.3	6.0
四、家庭设备用品及维修服务	102.5	6.1
五、医疗保健和个人用品	103.6	5.7
六、交通和通信	100.4	6.9
七、娱乐教育文化用品及服务	110.5	16.5
八、居住	105.6	14.9

解:采用固定权数平均指数法计算。

$$\overline{K} = \frac{\sum KW}{\sum W} = (111.5\% \times 41 + 102.6\% \times 2.9 + 102.3\% \times 6 + 102.5\% \times 6.1 +$$

$$103.6\% \times 5.7 + 100.4\% \times 6.9 + 110.5\% \times 16.5 + 105.6\% \times 14.9) \div 100 = 107.88\%$$

结果表明，该地区的居民消费价格指数为107.88%，即上涨了7.88%。

【案例1】

我国居民消费价格指数（CPI）的调查与生成。

(1) 关于CPI包含的内容

CPI是英文"Consumer Price Index"的缩写，直译为"消费者价格指数"，在我国通常被称为"居民消费价格指数"。CPI的定义决定了其所包含的统计内容，那就是居民日常消费的全部商品和服务项目。日常生活中，我国城乡居民消费的商品和服务项目种类繁多，小到针头线脑，大到彩电汽车，有数百万种之多，由于人力和财力的限制，不可能也没有必要采用普查方式调查全部商品和服务项目的价格，世界各国都采用抽样调查方法进行调查。具体做法就是抽选一组一定时期内居民经常消费的、对居民生活影响相对较大的、有代表性的商品和服务项目，通过调查其价格来计算价格指数，这样既节约了人力，也节省了经费，价格指数也能够基本反映居民消费价格的总体变化情况，一举多得。

目前，我国用于计算CPI的商品和服务项目，由国家统计局和地方统计部门分级确定。国家统计局根据全国12万户城乡居民家庭消费支出的抽样调查资料统一确定商品和服务项目的类别，设置食品、烟酒及用品、衣着、家庭设备用品及服务、医疗保健及个人用品、交通和通信、娱乐教育文化用品及服务、居住等八大类262个基本分类，涵盖了城乡居民的全部消费内容。

我国地域辽阔，考虑到各地居民消费的传统习惯和消费水平存在一定的差异等因素，具体的代表规格品由各地确定后报国家统计局审定。规格品是指具有特定产地、规格、等级、牌号、花色等特征的具体商品。比如粮食制品是国家统一确定的一个基本分类，各地以代表性为原则，根据当地实际情况抽选与其他地区可能不相同的地方特色粮食制品。如北京选择的是馒头、火烧和大饼等规格品，贵阳选择的是米粉、卷粉和宽粉等规格品。考虑到大城市、小城市和县之间人口数量的巨大差异，在600种调查商品和服务项目的最低要求基础上，对大城市的要求要多一些。如北京实际调查1429种，贵阳实际调查647种。如果把各地不同的规格品加总起来，全国CPI包括的规格品就有成千上万种。目前美国的CPI分为8大类211个基本分类、加拿大为8大类169个基本分类、日本为10大类585个代表规格品、澳大利亚为11大类87个基本分类。

对于升级换代比较快的工业产品，在实际操作中，为保证选取的规格品有代表性，代表规格品一年一定。如果该规格品年中失去代表性或完全从市场上消失，就必须要进行更换。在充分听取相关生产企业以及销售人员意见的基础上，及时选取另一种有代表性的规格品进行替代，不允许也不会出现长期选用失去代表性或已被淘汰产品的情况。

(2) 关于价格调查地点的选择

当前，食杂店、百货店、超市、便利店、专业市场、专卖店、购物中心等商业业态众多，农贸市场遍布城乡，在方便人民群众生活的同时，价格调查工作的难度也大幅度增加。与不可能调查居民消费的全部商品和服务项目一样，也无必要在每一个销售场所和销售地点都开展价格调查，选取一部分有代表性的商业业态、农贸市场以及服务类单位实施抽样调查是最好的选择。

目前，计算我国 CPI 的价格资料来源于 31 个省（区、市）共 500 个调查市县的 5 万个商业业态、农贸市场，以及医院、电影院等提供服务消费的单位，我们统称为价格调查点。这些调查点主要是依据经济普查获得的企业名录库以及有关部门的行政记录资料，以零售额或经营规模为标志，从高到低排队随机等距抽选出来的，同时按照各种商业业态兼顾，大小兼顾以及区域分布合理的原则进行适当调整。

由于人口、市场建设等方面的差距，500 个市县各自抽选的调查点数量差别也比较大。大中城市要明显多一些，小城市和县就相对要少一些。例如，北京抽选了 1454 个价格调查点，其中各种商业业态 621 个，农贸市场 41 个，服务类单位 792 个。贵阳抽选了 136 个价格调查点，其中各种商业业态 68 个，农贸市场 9 个，服务类单位 59 个。

(3) 关于价格的采集方法

选定代表商品和确定价格调查点以后，接下来的工作就是要选择什么方式来收集价格。目前，世界各国根据本国实际通常采用派人直接调查、电话调查、企业报表、网上收集等方式相结合收集计算 CPI 所需的原始价格资料。1984 年，经国务院批准，国家统计局在各地成立了直属调查队，自此以来一直采用派人直接调查方式收集原始价格资料，目前分布在 31 个省（区、市）500 个调查市县的价格调查员有 4000 人左右。

为保证源头数据的真实性和可比性，调查员必须要按照统一规范的"三定原则"即"定人、定点、定时"开展价格调查工作。"定人"是指同一个调查员一定时期内固定调查相同的商品项目，目的是让调查员更加专业、更加全面地熟悉和了解这些商品的特征及其属性，避免因不熟悉商品而误将两种不同的商品视为同一种商品的情况发生；"定点"是指固定调查员采集价格的地方（调查点），目的是让调查员熟悉和了解价格调查点的基本情况，便于向销售人员或其他有关人员咨询有效的价格交易信息，准确采集不同采价日同一种商品同一地点的可比价格；"定时"是指固定调查员调查价格的具体时间，保证价格同"时"可比，比如调查农贸市场的蔬菜价格，上一次的调查时间是上午 9 时，下一次的调查时间也必须是上午 9 时，若改为 12 时或下午其他时间，这两次的价格就不可比，调查采集的价格就不能用于计算价格指数。

目前，对于 CPI 中的粮食、猪牛羊肉、蔬菜等与居民生活密切相关、价格变动相对比较频繁的食品，每 5 天调查一次价格；对于服装鞋帽、耐用消费品、交通通信工具等大部分工业产品，每月调查 2~3 次价格；对于水、电等政府定价项目，每月调查核实一次价格。

统计信息化是提高统计数据质量的关键。从今年年初开始，国家统计局已经在全国 50 个城市启动了全新的数据采集管理系统，为这些城市的调查员配备了 CPI 手持数据采集器，配备这一设备的调查员只要将现场采集到的价格信息输入其中，就能立即传送到国家统计局。这套系统还具有调查员定时定位、数据修改痕迹记忆等诸多功能，为确保源头数据的真实性提供了强有力的技术支撑。2011 年国家统计局将进一步扩大 CPI 手持数据采集器的使用范围，争取让每一名调查员都配备上这一设备，这样既可减轻调查员的工作负担，也可保障源头价格数据的及时性和准确性。

(4) 关于权数资料来源

收集齐价格资料以后，就可以计算单个商品或服务项目以及 262 个基本分类的价格指数，但还不能计算类别价格指数，还需要各类别相应的权数。在统计中，用来衡量个体对总体作用大小的数值叫权数。权数一般用百分数（%）或千分数（‰）来表示，又称比重。

CPI中的权数，是指每一类别商品或服务项目的消费支出在居民全部商品和服务项目总消费支出中所占的比重。我国CPI中的权数，主要是根据全国12万户城乡居民家庭各类商品和服务项目的消费支出详细比重确定的。这些资料可以在国家统计局公开编辑出版的有关年鉴中查到。现行制度规定，CPI中的权数每五年调整一次。但同时也考虑到，随着我国国民经济的持续快速发展，城乡居民生活水平不断提高的同时，消费结构也在发生变化，加之我们每年都有城乡居民消费支出抽样调查资料，因此每年还要根据全国12万户城乡居民家庭消费支出的变动及相关资料对权数进行一次相应的调整。

受城乡差别的影响，我国城乡住户调查样本的抽选方法略有差异，但对数据质量的要求标准是完全一致的，即以省为总体，对于主要收入和支出数据，在95%的把握度下，抽样误差控制在3%以内。在此要求下，城镇住户调查采取多阶段、二相、随机等距方法确定样本。第一步：以省为总体确定调查市县。将省内所有市县按照职工平均工资排序，以人口累计数为辅助指标，随机起点，等距抽选调查市县。第二步：在每个调查市县确定调查户。按照市县抽居委会、居委会抽住户的方法抽选一个大样本。搜集大样本住户基本情况数据，用每户人均收入排序，从中抽选一个小样本（也称二相样本）作为常规调查户，进行连续跟踪记账调查。目前，参加全国城镇住户调查汇总的全部调查市县数为476个。

农村住户调查采取三阶段、对称等距、随机抽样方法抽取样本，即省抽县、县抽村、村抽户。首先是将省内所有县按照人均收入（或粮食产量）排序，以人口累计数为辅助指标，随机起点，对称等距抽选调查县，然后采用类似抽选方法，在每个调查县抽选调查村，在每个调查村采用随机等距方法抽选调查户。目前，参加全国农村住户调查汇总的全部调查县数为883个。

抽选出来的全国12万户城乡居民家庭采取记流水账的方式，日复一日一笔一笔记录他们家庭的收入和支出数据，调查员每月上门核实、收集账本，然后进行整理、编码、录入、审核、上报。国家统计局直接采用居民家庭的记账资料，分别汇总计算城乡居民收入和消费支出数据。

（5）关于CPI的汇总计算方法

有了权数资料和基本分类价格指数，就可以计算类别价格指数以及CPI。CPI的汇总计算方法相对复杂一些，有比较强的专业性。我国采用的汇总计算方法与其他国家基本是一样的。主要区别在于世界上大多数国家仅仅汇总计算国家一级的CPI，计算分州、分城市等分区域CPI的国家不多。我国的情况相对特殊一些，既有分省的CPI，部分市县也计算CPI。基本汇总计算过程是：

首先，市县统计部门根据国家统计局制定的《流通和消费价格统计调查制度》，按照统一的统计标准、统计口径和计算方法要求，结合当地居民消费的实际情况计算本市县的CPI。

其次，国家统计局各调查总队对辖区内市县统计部门计算的CPI数据进行审核确认后，按人口和消费水平加权汇总计算本省（区、市）的CPI。

最后，国家统计局对各省（区、市）计算的CPI数据进行审核确认后，按人口和消费水平加权汇总计算全国的CPI。

（资料来源：国家统计局网站）

第三节 指数体系与因素分析

一、指数体系的涵义

我们知道，很多社会经济现象之间是相互联系、相互影响、相互制约的。一种现象的变动是由两种或者更多影响因素的变动造成的，因此反映它们变动的统计指数之间必然存在某种联系。指数体系就是由两个或两个以上相互之间有联系的统计指数构成的整体。有时这种联系可以通过函数关系表示出来，其中有的表现为乘积关系，例如，由于：

销售额＝销量×价格
总成本＝产品产量×单位成本
工资总额＝工资水平×职工人数
原料费用总额＝产品产量×原材料单耗×原材料单价
平均工资＝工资水平×职工人数构成
利润总额＝销售量×单位产品销售价格×销售利润率

所以：

销售额指数＝销量指数×价格指数
总成本指数＝产品产量指数×单位成本指数
工资总额指数＝工资水平指数×职工人数指数
原料费用总额指数＝产品产量指数×原材料单耗指数×原材料单价指数
平均工资指数＝工资水平指数×职工人数构成指数
利润总额指数＝销量指数×单价指数×销售利润率指数

这些指数体系的表达式有一个共同特点，就是等式左边是受多种因素影响的现象，等式右边是影响它的各种因素，它们的指数之间存在乘积关系，原因是它们的指标之间存在乘积关系。

那么这种乘积关系有什么实际意义呢？我们假设销售额指数为110％，销售量指数为105％，则价格指数＝110％/105％＝104.76％，即110％＝105％×104.76％。该等式表明销售额增长了10％，是由于销售量增加了5％，价格上涨了4.76％造成的。或者说由于销售量的增加使销售额增加了5％，由于价格的上涨使销售额增加了4.76％，两者的共同作用使销售额增加了10％。现象和影响因素的变动之间不仅存在这种相对数关系，在绝对数的变动上也存在数量联系，销售额总的增减额等于由于销售量、价格变动影响的而增减的销售额的代数和。这种关系也可以通过指数体系体现出来，即

销售额指数的分子分母差额＝销售量指数分子分母差额＋价格指数分子分母差额

以上三个指数之间的相对数关系和绝对数关系体现了销售量和价格这两个影响因素的变动对销售额的变动的影响方向、影响的相对程度和绝对程度。

二、因素分析的涵义

因素分析法，又称为指数分析法，即通过统计指数体系之间的关系，分析现象的总变动中各个影响因素的影响方向和影响程度的一种统计分析方法。其基本步骤如下。

（1）根据指标体系明确指数体系。因为指标体系之间的关系决定了指数体系之间的

关系。

（2）计算总变动指数和各个因素指数。其中因素指数按数量指标总指数和质量指标总指数的计算原则进行计算。

（3）建立指数体系

相对数关系：总变动指数＝各因素指数的乘积

绝对数关系：总变动指数的分子分母差额＝各因素指数分子分母差额之和

（4）语言描述指数体系所反映的实际意义。

因素分析的类型有总量指标的两因素分析、总量指标的多因素分析、平均指标的因素分析、包含平均指标的总量指标的因素分析等。

三、总量指标的因素分析

（一）总量指标的两因素分析

如果某一总量指标可以分解为一个数量指标和一个质量指标的乘积，就可以对该总量指标的变动进行两因素分析了。

【例4】 以例1中的资料为例，要求从相对数和绝对数两个方面分析销售量和价格对销售额的影响。

解：销售额的变动需通过销售额指数反映；销售量和价格对销售额的影响程度需通过销售量指数和价格指数反映。具体计算如下：

$$\overline{K}_{qp} = \frac{\sum q_1 p_1}{\sum q_0 p_0} = \frac{5500 \times 28 + 1000 \times 160 + 600 \times 6}{5000 \times 25 + 800 \times 140 + 1000 \times 6} = \frac{317600}{243000} = 130.70\%$$

$$\sum q_1 p_1 - \sum q_0 p_0 = 317600 - 243000 = 74600 \text{（元）}$$

$$\overline{K}_q = \frac{\sum q_1 p_0}{\sum q_0 p_0} = \frac{5500 \times 25 + 1000 \times 140 + 600 \times 6}{5000 \times 25 + 800 \times 140 + 1000 \times 6} = \frac{281100}{243000} = 115.68\%$$

$$\sum q_1 p_0 - \sum q_0 p_0 = 281100 - 243000 = 38100 \text{（元）}$$

$$\overline{K}_p = \frac{\sum q_1 p_1}{\sum q_1 p_0} = \frac{5500 \times 28 + 1000 \times 160 + 600 \times 6}{281100} = \frac{317600}{281100} = 112.98\%$$

$$\sum q_1 p_1 - \sum q_1 p_0 = 317600 - 281100 = 36500 \text{（元）}$$

相对数关系：$\frac{\sum q_1 p_1}{\sum q_0 p_0} = \frac{\sum q_1 p_0}{\sum q_0 p_0} \times \frac{\sum q_1 p_1}{\sum q_1 p_0}$

$$130.70\% = 115.68\% \times 112.98\%$$

绝对数关系：$\sum q_1 p_1 - \sum q_0 p_0 = (\sum q_1 p_0 - \sum q_0 p_0) + (\sum q_1 p_1 - \sum q_1 p_0)$

$$317600 - 243000 = (281100 - 243000) + (317600 - 281100)$$

$$74600 = 38100 + 36500$$

分析可知，销售额增长了30.70%，增加了74600元，其中由于销售量变动而使销售额增长15.68%，绝对数额增加了38100元，由于价格变动而使销售额上涨12.98%，绝对数额增加了36500元。

（二）总量指标的多因素分析

如果某一总量指标可以分解为三个或三个以上因素指标的乘积，就可以对该总量指标的变动进行多因素分析。多因素分析的方法步骤与两因素分析类似，但又有特别之处。

【例5】 已知某企业甲、乙两种产品的产量、单位产品原材料消耗量（简称单耗）、原材料单价的资料见表6.5。要求分析产量、单耗、原材料单价变动对原材料消耗费用的影响。

表 6.5 某企业产品产量及原材料费用表

产品名称	产量		单耗		单价/元		原材料费用/元	
	基期	报告期	基期	报告期	基期	报告期	基期	报告期
甲	2000 件	2200 件	10 米	9 米	8	10	160000	198000
乙	3000 台	4000 台	5 吨	6 吨	26	25	390000	600000

解：由于原材料费用＝产量(q)×单耗(m)×单价(p)，故应有原材料费用指数＝产品产量指数×单耗指数×原材料单价指数。

即：
$$\overline{K}_{qmp} = \overline{K}_q \overline{K}_m \overline{K}_p$$

因此关键问题是计算以上四个指数。这时遇到了新的问题。在两因素分析中，两个因素指标一个是数量指标，一个是质量指标，在计算它们的指数时分别运用了拉氏公式与派氏公式，即将同度量因素分别固定在基期或报告期，这样正好建立了相对数关系和绝对数关系的指数体系，并具有明确的实际意义。在多因素分析中，如果仍简单地用拉氏公式与派氏公式，则无法建立指数体系，且无明确的实际意义。学者经过大量的经验总结和分析，认为可以用"连环替代法"解决这一问题，以计算各个因素指标指数。

连环替代法的步骤如下。

（1）将各个因素指标按照数量指标在前、质量指标在后的原则排序，并尽量使相邻两个因素指标的乘积有实际意义。如本例中，产品产量(q)×单耗(m)＝原材料消耗总量，单耗(m)×原材料单价(p)＝单位产品原材料费用，而产品产量(q)×原材料单价(p)则无实际意义。

（2）从第一个因素指标开始，依次用各因素指标的报告期数值替代基期数值，直到最后一个因素指标完全替代为报告期数值。如本例中的连环替代过程为：$q_0 m_0 p_0 \to q_1 m_0 p_0 \to q_1 m_1 p_0 \to q_1 m_1 p_1$。

（3）总变动指数等于最后一项除以第一项，各个因素指数等于后一项除以前一项。

应用连环替代法分析原材料费用总额的变动，计算过程如下。

$$\overline{K}_{qmp} = \frac{\sum q_1 m_1 p_1}{\sum q_0 m_0 p_0} = \frac{198000+600000}{160000+390000} = \frac{798000}{550000} = 145.09\%$$

$$\sum q_1 m_1 p_1 - \sum q_0 m_0 p_0 = 798000 - 550000 = 248000 \text{（元）}$$

$$\overline{K}_q = \frac{\sum q_1 m_0 p_0}{\sum q_0 m_0 p_0} = \frac{2200 \times 10 \times 8 + 4000 \times 5 \times 26}{550000} = \frac{696000}{550000} = 126.55\%$$

$$\sum q_1 m_0 p_0 - \sum q_0 m_0 p_0 = 696000 - 550000 = 146000 \text{（元）}$$

$$\overline{K}_m = \frac{\sum q_1 m_1 p_0}{\sum q_1 m_0 p_0} = \frac{2200 \times 9 \times 8 + 4000 \times 6 \times 26}{696000} = \frac{764800}{696000} = 109.89\%$$

$$\sum q_1 m_1 p_0 - \sum q_1 m_0 p_0 = 764800 - 696000 = 68800 \text{（元）}$$

$$\overline{K}_p = \frac{\sum q_1 m_1 p_1}{\sum q_1 m_1 p_0} = \frac{798000}{764800} = 104.34\%$$

$$\sum q_1 m_1 p_1 - \sum q_1 m_1 p_0 = 798000 - 764800 = 33200 \text{（元）}$$

$$\frac{\sum q_1 m_1 p_1}{\sum q_0 m_0 p_0} = \frac{\sum q_1 m_0 p_0}{\sum q_0 m_0 p_0} \times \frac{\sum q_1 m_1 p_0}{\sum q_1 m_0 p_0} \times \frac{\sum q_1 m_1 p_1}{\sum q_1 m_1 p_0}$$

$$145.09\% = 126.55\% \times 109.89\% \times 104.34\%$$

$$\sum q_1 m_1 p_1 - \sum q_0 m_0 p_0 = (\sum q_1 m_0 p_0 - \sum q_0 m_0 p_0) + (\sum q_1 m_1 p_0 - \sum q_1 m_0 p_0) + (\sum q_1 m_1 p_1 - \sum q_1 m_1 p_0)$$

$$798000 - 550000 = (696000 - 550000) + (764800 - 696000) + (7980000 - 746800)$$

$$248000 = 146000 + 68800 + 33200$$

计算表明，原材料费用总额增长了 45.09%，增加了 248000 元，其中由于产品产量增长 26.55% 使原材料费用增加了 14600 元，由于原材料单耗量增长 9.89% 使原材料费用增加了 68800 元，由于原材料价格上涨 4.34% 使原材料费用增加了 33200 元。

四、平均指标的因素分析

如对学生的平均成绩、企业职工的平均工资、产品的平均单位成本、平均价格、平均利润率等进行的分析都属于平均指标的因素分析。可以说，一切的平均指标的变动都可以进行因素分析。前面已经指出，平均指标的数值大小由各组的变量值和权重决定，也就是说平均指标的变动受各组变量值及其权重变动的影响。因此，平均指标的因素分析就是分析变量值和权重（结构）变动对平均指标的影响。

由公式 $\bar{x} = \dfrac{\sum xf}{\sum f} = \sum x \dfrac{f}{\sum f}$ 可知，必然存在下列指数关系。即

平均指标指数 $K_{\bar{x}} =$ 固定构成指数 $K_x \times$ 结构变动指数 K_f

平均指标指数 $K_{\bar{x}} = \dfrac{\bar{x}_1}{\bar{x}_0} = \dfrac{\sum x_1 f_1}{\sum f_1} \div \dfrac{\sum x_0 f_0}{\sum f_0}$

在编制固定构成指数和结构变动指数时，把各组变量值视为质量因素，权重视为数量因素，则两个指数编制公式如下。

固定构成指数 $K_x = \dfrac{\sum x_1 f_1}{\sum f_1} \div \dfrac{\sum x_0 f_1}{\sum f_1}$ 结构变动指数 $K_f = \dfrac{\sum x_0 f_1}{\sum f_1} \div \dfrac{\sum x_0 f_0}{\sum f_0}$

三个指数构成一个指数体系，存在以下关系。即

相对数关系：$\dfrac{\dfrac{\sum x_1 f_1}{\sum f_1}}{\dfrac{\sum x_0 f_0}{\sum f_0}} = \dfrac{\dfrac{\sum x_1 f_1}{\sum f_1}}{\dfrac{\sum x_0 f_1}{\sum f_1}} \times \dfrac{\dfrac{\sum x_0 f_1}{\sum f_1}}{\dfrac{\sum x_0 f_0}{\sum f_0}}$

绝对数关系：$\dfrac{\sum x_1 f_1}{\sum f_1} - \dfrac{\sum x_0 f_0}{\sum f_0} = \left(\dfrac{\sum x_1 f_1}{\sum f_1} - \dfrac{\sum x_0 f_1}{\sum f_1}\right) + \left(\dfrac{\sum x_0 f_1}{\sum f_1} - \dfrac{\sum x_0 f_0}{\sum f_0}\right)$

【例6】 某企业各类别职工月工资水平与职工人数结构情况见表6.6。要求对该企业职工平均工资的变动进行因素分析。

表6.6 某企业各类别职工月工资水平与职工人数结构

职工类别	月工资水平/元		职工人数/人		月工资总额/元	
	上年	本年	上年	本年	上年	本年
A	2000	2200	50	52	100000	114400
B	1600	1800	100	120	160000	216000
C	1200	1300	30	39	36000	50700
合计	—	—	180	211	296000	381100

解：首先计算本年、上年以及假定的平均工资，之后再计算各个指数。

$$\bar{x}_1=\frac{\sum x_1 f_1}{\sum f_1}=\frac{381100}{211}=1806.16（元）\quad \bar{x}_0=\frac{\sum x_0 f_0}{\sum f_0}=\frac{296000}{180}=1644.44（元）$$

假定的平均工资用 $\bar{x}_n$ 表示，则 $\bar{x}_n=\frac{\sum x_0 f_1}{\sum f_1}=\frac{342800}{211}=1624.65$（元）

平均工资指数 $K_{\bar{x}}=\frac{\bar{x}_1}{\bar{x}_0}=\frac{1806.16}{1644.44}=109.83\%$

$\bar{x}_1-\bar{x}_0=1806.16-1644.44=161.72$

月工资水平指数 $K_x=\frac{\bar{x}_1}{\bar{x}_n}=\frac{1806.16}{1624.65}=111.17\%$

$\bar{x}_1-\bar{x}_n=1806.16-1624.65=181.52$

职工人数结构指数 $K_f=\frac{\bar{x}_n}{\bar{x}_0}=\frac{1624.65}{1644.44}=98.8\%$

$\bar{x}_n-\bar{x}_0=1624.65-1644.44=-19.80$

相对数关系：$109.83\%=111.17\%\times 98.80\%$

绝对数关系：$1806.16-1644.44=(1806.16-1624.65)+(1624.65-1644.44)$

$$161.72=181.52-19.80$$

计算表明，由于月工资水平提高 11.17% 使平均工资提高了 181.52 元；由于职工人数结构的变动使平均工资降低 1.20%，降低 19.80 元。两方面共同影响使该企业职工的平均月工资提高了 9.83%，平均提高了 161.72 元。

【案例2】
财务分析中的因素分析

因素分析法是财务分析方法中非常重要的一种分析方法。运用因素分析法，准确计算各个影响因素对分析指标的影响方向和影响程度，有利于企业进行事前计划、事中控制和事后监督，促进企业进行目标管理，提高企业经营管理水平。因素分析法的使用需要注意几个问题，即因素分解的相关性、分析前提的假定性、因素替代的顺序性、顺序替代的连环性。这几个问题在实际应用中处理比较混乱，有必要对此进行深入探讨，以便正确运用。

(1) 因素分解的相关性

财务指标分解的各个因素一要经济意义明确，二要与分析指标之间具有相关性，必须能够说明分析指标产生差异的内在原因，即它们之间从理论上说必须有紧密逻辑联系的实质，而不仅仅是具有数量关系的等式形式。因为有时候财务指标所分解的因素经济意义是明确的，但是与分析指标之间只有数量关系的等式形式而没有紧密逻辑联系的实质，那样分解指标进行因素分析毫无意义。例如总资产收入率这个指标可以分解为：

总资产收入率＝总资产产值率×产品销售率

总资产产值率反映企业每元资产所创造的产值是多少，产品销售率反映企业生产的产品有多大比例销售出去，即产销比例。这两个指标的增加对于企业整个生产经营来说是有利的，反之是不利的。它们不仅经济意义明确，而且与总资产收入率之间具有很强的相关性，即它们的增加和减少必然引起总资产收入率的增加和减少。假定将总资产收入率做如下分解：

$$总资产收入率＝固定资产占总资产的比重×固定资产收入率$$

固定资产占总资产的比重与总资产收入率之间并没有必然的逻辑联系，且固定资产占总资产的比重的大小对企业是有利还是不利对于不同类型的企业来说也是不一样的。所以这样分解指标是不正确的，即使进行因素分析也毫无意义。因此分解财务指标不能简单进行数量等式的分解，而要根据影响因素与指标之间存在的相关性这一前提条件进行分解。

（2）分析前提的假定性

分析某一因素对分析指标的影响时必须假定其他因素不变，只有这样才能准确计算单一因素对分析指标的影响程度。分析某一因素对分析指标的影响而假定其他因素不变必须要求各因素之间没有显著的相关性。即各因素对分析指标的作用是直接且相互独立的，具体说就是某一因素对分析指标的影响不会导致其他因素对分析指标的影响，或者该因素对分析指标的影响中不包含其他因素对分析指标的影响。例如在分析产品销售收入时将其分解为销量和价格两个影响因素，销量和价格对销售收入的作用是直接且相互独立的，它们之间没有显著的相关性。如果把销售收入分解为销量、价格和产品质量（产品等级）三个因素，这时候价格和产品质量之间有显著的相关性，因为质量好的产品价格高，产品质量通过影响价格而间接影响产品销售收入。因此在分析价格对产品销售收入的影响时，就包含分析产品质量对产品销售收入的影响。在这种情况下，可以首先分析价格（含质量因素）对产品销售收入的影响，然后再分别分析纯价格因素（不含质量因素）和产品质量对产品销售收入的影响。

为保证各因素之间没有显著的相关性，指标的分解不是越细越好，指标分解越细，各因素之间越可能存在显著的相关性。所以进行指标分解时首先应将那些能够直接对财务指标产生影响的因素即直接因素分解开，计算直接因素对分析指标的影响程度。而那些通过直接因素而影响分析指标的影响因素为间接因素，在分析直接因素对财务指标的影响程度后，在直接因素下再对间接因素进行分析，从而得出间接因素对财务指标的影响程度。

（3）因素替代的顺序性

在进行因素分析时要严格按照科学合理的替代顺序对每一个因素进行分析。由于分析前提的假定性，在分析某因素对分析指标的影响时必须假定其他因素保持不变。为了保证各因素对分析指标的影响之和（相对影响为之乘积）等于分析指标自身的变动程度，对于已经替代的因素将其固定在报告期，而还没有替代的因素将其固定在基期。这样因素替代顺序的不同必然导致分析结果的差异，所以替代顺序的确定必须有科学的原则。

传统的替代顺序选择方法是数量指标在前、质量指标在后。这种方法在只有两个因素且一个为数量指标一个为质量指标的前提下很容易判断。但对财务指标进行因素分析时经常受多个因素的影响，而且各因素都是质量指标，确定替代顺序时，要遵循以下原则：①根据分析指标的内涵排列各因素的逻辑顺序；②如果是多因素相乘，保证相邻的两个指标之乘积具有经济意义；③遵循先外延、后内涵，由表及里的逻辑顺序。

首先，根据分析指标的内涵，若各因素存在显著的逻辑顺序，应该按照逻辑顺序来排列。

一是因为财务指标（尤其是相对指标）分解后的各个因素往往能反映企业生产经营各个环节的情况，而企业生产经营环节是具有逻辑顺序的，如企业先有产值，接着实现收入，然后形成利润，最后收回现金流等。

二是因为因素分析中各因素的替代是将该因素由基期替代为报告期，其实质是因素从基期到报告期的变化，所以理当逻辑顺序在前的因素先变化、逻辑顺序在后的因素后变化。

在杜邦财务分析体系中，净资产收益率可分解为权益乘数、总资产周转率和销售净利率三个指标。权益乘数反映的是企业的筹资环节，总资产周转率反映的是企业的生产销售环节。销售净利率反映的是企业销售及财务成果形成环节。该分析体系具有显著的前后逻辑顺序，因此权益乘数排列在第一，接着是总资产周转率，最后是销售净利率。同时相邻两个因素权益乘数与总资产周转率之乘积为净资产收益率，总资产周转率与销售净利率之乘积为总资产净利润率，都具有明确的经济意义。

其次，若各因素之间不存在显著的逻辑顺序，就根据先外延、后内涵、由表及里的原则确定。数量指标一般反映事物的外延，而质量指标反映事物的内涵。为了单纯反映数量指标的变动影响，在衡量数量指标的因素影响时人们更关心在现有的质量指标情况下数量指标变化如何影响分析指标。在衡量质量指标的因素影响时人们更多关心在数量指标变化后质量指标因素的变动影响。例如人们更关心销量变化后价格如何影响销售额，所以分析价格因素影响时把销量固定在报告期，而分析销量因素对销售额的影响时人们更关心在现有价格水平下销量变化对销售额的影响。数量指标替代在前，质量指标替代在后，这也符合先外延、后内涵、由表及里的逻辑顺序。

★ 本章小结 ★

统计指数有广义和狭义之分。广义的统计指数泛指一切反映事物现象变动或发展程度的相对数；狭义的统计指数仅指反映"复杂现象"变动或发展程度的相对数，复杂现象指计量单位不同，数量不能直接加总的现象。统计指数按研究的范围不同分为个体指数和总指数；按研究的指标性质不同分为数量指标指数和质量指标指数；按对比的基期的不同分为环比指数、定基指数、同比指数等。

总指数的计算方法分为综合指数法和平均指数法。综合指数法是通过引入同度量因素，把不能直接加总的指标过渡为可以加总的总量指标，然后用加总后的总量指标进行对比计算总指数。数量指标总指数适合采用拉氏公式计算，质量指标总指数适合采用派氏公式计算。平均指数法是对个体指数进行加权平均而计算总指数的方法。数量指标总指数适合采用加权算术平均指数计算，质量指标总指数适合采用加权调和平均指数计算。

因素分析是通过指数体系，分析现象的总变动中各个因素影响方向和影响程度的一种统计分析方法。包括总量指标的两因素分析、总量指标的多因素分析和平均指标的因素分析等。连环替代法是利用指数体系进行因素分析的派生方法，适合于多因素分析。

思考与练习

1. 什么是狭义统计指数？如何理解复杂现象？
2. 简述统计指数的分类。
3. 简述个体指数的计算方法。
4. 简述总指数计算方法的种类。
5. 综合指数法是如何计算总指数的？
6. 简述同度量因素的作用。
7. 简述拉氏公式、派氏公式的意义。

8. 平均指数法是如何计算总指数的？
9. 简述加权算术平均指数法和加权调和平均指数法。
10. 简述平均指数与综合指数的关系。
11. 如何理解指数体系？它与指标体系的关系怎样？
12. 简述因素分析及其步骤。
13. 因素分析与指数体系的关系如何？
14. 某商店三种主要商品的销售资料如下表。

商品种类	销售量/件		销售价格/(元/件)	
	上月	本月	上月	本月
甲	300	260	12	10
乙	100	80	36	42
丙	400	420	28	32

要求：（1）计算甲商品销售量和价格个体指数；（2）分析乙商品销售量和价格的变动程度和方向；（3）计算三种商品销售量总指数和价格总指数，并说明三种商品销售量、价格的综合变动情况。

15. 某企业三种产品的生产资料如下表。

产品名称	产品生产费用/万元		产量增长率/%
	基期	报告期	
甲	25	22	20
乙	40	80	30
丙	30	20	35
合计	95	122	

要求：计算该企业产品产量总指数、单位产品生产费用总指数和总生产费用指数。

16. 某企业三种产品的产量和单位成本资料如下。

产品名称	产量		单位成本/元	
	第一季度	第二季度	第一季度	第二季度
甲（件）	30	32	24	28
乙（台）	50	54	15	21
丙（个）	60	62	36	31

要求从相对数和绝对数两个方面分三种产品总成本的变动情况。

17. 某商场两种商品的销售资料如下。

商品名称	商品销售额/万元		价格变动率/%
	基期	报告期	
甲	40	45	+2
乙	30	28	−5

要求：(1) 计算两种商品的价格总指数、销售额总指数、销售量总指数；(2) 从相对数和绝对数两方面对商品销售额的变动进行因素分析。

18. 某商场有两个销售小组，某月两组的商品销售利润资料如下。

项目	销售利润/(千元/人)		员工人数/人	
	上月	本月	上月	本月
第一小组	38	42	24	20
第二小组	21	22	12	19

要求：(1) 分别计算该商场上月、本月平均每人的销售利润；(2) 从相对数和绝对数两方面分析该商场平均每人月销售利润的变动情况。

第七章 相关分析与回归分析

学习目标

了解相关关系的特点和分类,掌握相关分析的方法步骤,会计算相关系数并对其进行分析,理解相关分析与回归分析的关系,会进行一元线性回归分析,能计算分析估计标准误差。了解多元线性回归。

事物和现象都不是孤立存在的,势必会与其他事物和现象产生联系,当我们发现一个(或一组)变量的变化会伴随着另外一个(或一组)变量的变化,两者的变动呈现出某种具有规律的联系,这时我们可能希望用其中一个(或一组)可知的变量值来预测另一个(或一组)变量值,或者通过对一个(或一组)变量的干预来影响另一个(或一组)变量,同时我们还想知道进行干预或预测的效果怎么样,会不会和现实有很大差距。这就是相关分析和回归分析所做的工作。

第一节 相关分析

一、相关关系与函数关系

相关关系是变量之间确实存在的,但关系值不确定的相互依存、相互影响的关系。

由于事物和现象的普遍联系性,自然界和社会中具有相关关系的变量不胜枚举,理论上说没有任何两个变量是完全没有关联的,但有的关系十分微弱,几乎可以忽略不计,统计中往往并无研究的必要,如森林覆盖率与一家家电企业的销售额;有的看似关系密切却似是而非,如有人曾研究经济发展与患精神病之间的联系,发现某国历年的 GDP 与精神病患者人数高度正相关,于是得出了经济越发达就会有越多精神病患者的荒谬结论。这不是"确实存在"的相关关系,因为 GDP 与精神病患者人数之间并没有必然的内在联系,其精神病患者的增加是由其他因素造成的(如人口的增长、社会矛盾等)。理论和数据告诉我们以下变量具有明显的相关关系:父母与子女的身高;高血压患病率与食盐摄入量;烟龄与肺癌发病率;施肥量、光照度与亩产量;GDP 与居民消费支出;CPI 与 PPI;通货膨胀率与就业率;企业的广告费与销售量;技术型企业的研发费用与利润;收入水平与受教育程度等。

函数关系是变量之间确实存在的、关系值完全可以确定的一种关系。如圆的半径与面积、自由落体的速度与时间、销售额与销售量、单价等。

相关关系与函数关系既有区别,又有联系。其区别表现在:虽然二者都是变量之间确实存在的关系,但相关关系的关系数值不确定,不严格。如根据父母的身高并不能完全确定其子女的身高,因为子女的身高并不完全由父母的身高决定,还会受到诸如饮食状况、环境状况、运动情况、基因突变等因素的影响。而函数关系中,变量之间的数量关系是完全确定的,可以用函数表达式反映,如销售额=销售量×单价,圆的面积 $s=\pi r^2$ 等。其联系表现在:第一,如果变量之间的相关关系十分密切,以至于其他因素的影响几乎可以忽略不计,那么它们之间的关系就近似于函数关系,甚至有可能它们之间确实存在某种我们所未知的函数关系。因此,函数关系可以说是广义的相关关系的一种特例。第二,具有相关关系的变量之间的具体关系数值虽然不规则、不确定,但是它们之间的一般数量关系是有规律的,可以通过函数关系,建立回归方程加以研究,也就是说,对相关关系的深入研究需要借助于函数关系。

二、相关分析的意义及内容

相关分析是研究相关的变量之间的关系类型及密切程度的统计分析方法。其研究内容包括:第一,依据理论经验和相关图表判断变量间有无相关关系,以进行初步定性认识。如果相关图、表显示变量的变动存在规律性的联系,且有理论知识和实践经验的支持,就可以认为变量间具有相关关系。第二,如果变量相关,观察相关图,以确定相关关系的类型。第三,计算相关系数,从定量上研究相关关系的密切程度。可见,相关分析的前两步属于定性认识阶段,第三步属于定量认识阶段,科学的认识规律告诉我们,不能直接进行定量认识,否则,可能得出如前文所述经济发展与精神病患者数量相关的错误结论。

经过相关分析,可以界定与研究对象关系密切的变量为决定因素、主要因素,关系不太密切的变量为偶然因素。在此基础上,可以进一步运用回归分析法,深入研究变量之间的数量关系规律,以满足预测与决策的需要。

三、相关关系的种类

(一) 按照相关方向可分为正相关和负相关

如果两个相关变量的变动方向基本相同,即一个变量的数值增加或减小,另一个变量的数值也相应增加或减小,则它们的相关关系称为正相关。如受教育程度与收入水平的关系。反之,如果两个相关变量的变动方向相反,即一个变量的数值增加,而另一个变量的数值反而减小,则它们的相关关系称为负相关。如吸烟量与寿命的关系。

值得注意的是,有时变量之间的相关方向并不是一成不变的。例如施肥量在较低水平变动时,亩产量与施肥量正相关,而当施肥量增加到一定程度以上,亩产量反而与其负相关。

(二) 按照研究的相关变量的多少可分为单相关和复相关

两个变量之间的相关关系称为单相关,两个或两个以上变量的相关关系称为复相关。如学习成绩受到学习时间、学习效率、学习基础、学习环境等多种因素的影响,我们把学习成绩和其中一个影响因素之间的关系称为单相关,把学习成绩和其中两个(如学习时间与学习效率)或两个以上影响因素之间的关系称为复相关。

(三) 按照相关关系的表现形态可分为线性相关和非线性相关

如果相关点的分布基本在一条直线周围,说明变量间呈线性相关,也叫直线相关。它反映了随着一个变量的变动,另一变量基本上是均匀变动的。如果相关点的分布基本在一条曲线周围,则说明变量间呈非线性相关,也叫曲线相关。曲线相关的类型包括抛物线、指数曲线、对数曲线、双曲线等。

(四)按照相关关系的密切程度可分为完全相关、不完全相关、不相关

如果一个变量的数值完全由另一个(或一组)变量决定,不受其他因素的影响,则它们之间的关系称为完全相关。完全相关的关系即为函数关系。如果一个变量的数值不完全由另一个(或一组)变量决定,还受到其他因素的影响,则它们之间的关系称为不完全相关。在不完全相关中按照相关关系的密切程度由弱到强又分为微弱相关、低度相关、显著相关、高度相关。大量社会经济现象的相关属于不完全相关,它们是相关分析的主要研究对象。如果一个变量的数值与另一个(或一组)变量没有关系,则它们之间完全不相关。

四、相关表、相关图

相关分析的重要内容是绘制相关图、表,它是定性的、直观的认识变量之间有无相关关系,以及相关关系类型的重要手段和方法。

(一)相关表

相关表是将变量之间的对应关系值进行有序排列形成的表格。根据资料是否分组,相关表有简单相关表和分组相关表两种。

1. 简单相关表

简单相关表是直接将一个变量的数值按照从小到大的顺序排列并配合另一个变量的值对应起来形成的表格。

【例1】 为了研究商店人均月销售额与利润率的关系,抽查10家商店取得10对数据。把人均销售额按从小到大的顺序排列,各家的利润率按对应位置填写,编制而成的简单相关表,见表7.1。

表7.1 人均销售额与利润率相关表

序号	人均销售额/千元	利润率/%	序号	人均销售额/千元	利润率/%
1	1	3.0	6	6	12.6
2	2	6.2	7	7	12.3
3	3	6.6	8	8	16.3
4	4	8.1	9	9	16.8
5	5	10.4	10	10	18.5

从表7.1中可以清晰地看出,随着人均月销售额的增长,利润率也呈现增长的势头。由此可知,这两个变量之间存在着正相关关系。

2. 分组相关表

分组相关表是先按某一个变量值进行分组,然后再对应其他变量的取值而排列的相关表。又分为单变量分组相关表和双变量分组相关表。

【例2】 为了研究亩产量与耕地深度的关系,抽查22块地取得22对数据。对耕地深度

分为四组并按从小到大的顺序排列，分别把测得的亩产量的值按对应位置填写，编制成表 7.2 所示的分组相关表。

表 7.2　耕地深度与亩产量的单变量分组相关表

耕地深度/厘米	亩产量/担	耕地深度/厘米	亩产量/担
8	6	12	8
	8		10
	10		10
10	6		12
	8		12
	8		12
	10	14	10
	10		12
	10		12
	12		14
	12		14

观察表 7.2 可知，耕地深度在 8~14 取值范围内时，随着耕地深度的加深，亩产量逐渐提高，亩产量与耕地深度呈现正相关趋势。

编制双变量分组相关表也可以得到亩产量与耕地深度的正相关关系，见表 7.3。

表 7.3　耕地深度与亩产量的双变量分组相关表

耕地深度分组/厘米	亩产量分组/担				
	6	8	10	12	14
8	1	1	1	0	0
10	1	2	3	2	0
12	0	1	2	3	0
14	0	0	1	2	2

（二）相关图

又称散点图，是把两个变量对应的数值看作直角坐标系中的坐标点，并绘出这些点，对应的图形就称为相关图。其中的每个点又称为相关点。通过相关点的分布状态和分布走势来判定变量是否相关，以及相关的密切程度、方向和类型。

如果相关点的分布较为密集，说明随着一个变量的变化，另一个变量波动的幅度较小，即偶然因素影响程度较小，则两个变量相关关系较为密切；反之，若点的分布较为分散，则两个变量相关关系就不太密切。

如果大多数相关点都密集在一条直线附近，说明两个变量线性相关；若大多数相关点都密集在一条曲线附近，说明两个变量非线性相关；如果相关点的分布没有明显趋势，杂乱无章，说明两个变量相关关系不显著或者没有相关关系。

可见，相关图就是利用相关点的分布特征来描述变量之间相关关系的工具。图 7.1 列举了各种相关关系的相关图。其中，图（a）表示两个变量正线性完全相关；图（b）表示两个变量正线性不完全相关；图（c）表示两个变量没有相关关系；图（d）表示两个变量曲线相关；图（e）表示两个变量负线性不完全相关；图（f）表示两个变量负线性完全相关。

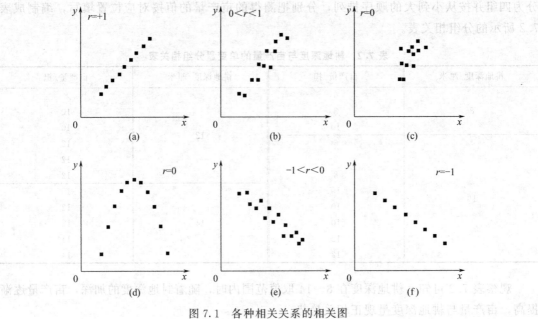

图 7.1 各种相关关系的相关图

相关图和相关表只能初步反映变量之间的有无相关关系以及相关类型，不能准确反映其密切程度，要从数量上反映变量之间的密切程度需要计算相关系数。

五、相关系数

相关系数是测定两个变量之间线性相关程度和方向的统计指标。其一般计算公式如下。

$$r = \frac{\sigma_{xy}^2}{\sigma_x \sigma_y}$$

式中，r 为相关系数，σ_{xy}^2 为变量 x、y 的协方差，σ_x 为变量 x 的标准差，σ_y 为变量 y 的标准差。σ_{xy}^2、σ_x、σ_y 的具体计算如下。

$$\sigma_{xy}^2 = \frac{\sum (x-\overline{x})(y-\overline{y})}{n}$$

$$\sigma_x = \sqrt{\frac{\sum (x-\overline{x})^2}{n}}$$

$$\sigma_y = \sqrt{\frac{\sum (y-\overline{y})^2}{n}}$$

式子中的 n 为变量值的个数。将 σ_{xy}^2、σ_x、σ_y 的具体表达式代入相关系数公式，可得又一个相关系数的计算公式，即：

$$r = \frac{\sum (x-\overline{x})(y-\overline{y})}{\sqrt{\sum (x-\overline{x})^2} \sqrt{\sum (y-\overline{y})^2}} = \frac{L_{xy}}{\sqrt{L_{xx} L_{yy}}}$$

上式中的分子分母还可以展开计算，如下。

$$L_{xy} = \sum (x-\overline{x})(y-\overline{y}) = \sum xy - \frac{(\sum x)(\sum y)}{n}$$

$$L_{xx}=\sum (x-\overline{x})^2=\sum x^2-\frac{(\sum x)^2}{n}$$

$$L_{yy}=\sum (y-\overline{y})^2=\sum y^2-\frac{(\sum y)^2}{n}$$

本章第三节可以证明：相关系数是一个介于$-1\sim +1$之间的数，即$-1\leqslant r\leqslant 1$。若$r=1$，说明两变量完全线性正相关；若$r=-1$，说明两变量完全线性负相关；若$0<r<1$，说明两变量之间存在一定程度的正相关关系；若$-1<r<0$，说明两变量之间存在一定程度的线性负相关关系；若$r=0$，说明两变量之间不存在线性相关关系，但可能存在其他类型的关系。

【例3】 某地区2001~2010年的GDP和物流货运量数据见表7.4。

表7.4　某地区2001~2010年的GDP和货运量

年份	2001	2002	2003	2004	2005	2006	2007	2008	2009	2010
GDP/亿元	55	61	75	95	115	121	143	175	176	201
货运量/万吨	1115	1190	1230	1515	2340	2558	2916	3520	3696	4043

要求：通过绘制GDP与货运量的相关图和计算相关系数分析该地区这两个指标的相关性。

解： 以GDP为横轴x，货运量为纵轴y，绘制相关图，见图7.2。

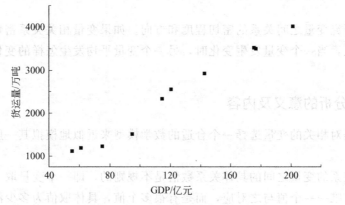

图7.2　GDP与货运量的相关图

由图7.2可知，GDP与货运量呈正线性相关关系，这在理论上也是合理的。列表计算相关系数。其中$\sum x$、$\sum y$、$\sum x^2$、$\sum y^2$和$\sum xy$的计算见表7.5。

$$L_{xy}=\sum xy-\frac{(\sum x)(\sum y)}{n}=3444835-\frac{1217\times 24123}{10}=509065.9$$

$$L_{xx}=\sum x^2-\frac{(\sum x)^2}{n}=171713-\frac{1217^2}{10}=23604.1$$

$$L_{yy}=\sum y^2-\frac{(\sum y)^2}{n}=69386135-\frac{24123^2}{10}=11194222.1$$

$$r=\frac{L_{xy}}{\sqrt{L_{xx}L_{yy}}}=\frac{509065.9}{\sqrt{23604.1\times 11194222.1}}=0.99$$

表 7.5　GDP 与货运量相关系数计算表

年份	x	y	x^2	y^2	xy
2001	55	1115	3025	1243225	61325
2002	61	1190	3721	1416100	72590
2003	75	1230	5625	1512900	92250
2004	95	1515	9025	2295225	143925
2005	115	2340	13225	5475600	269100
2006	121	2558	14641	6543364	309518
2007	143	2916	20449	8503056	416988
2008	175	3520	30625	12390400	616000
2009	176	3696	30976	13660416	650496
2010	201	4043	40401	16345849	812643
合计	1217	24123	171713	69386135	3444835

一般情况下，相关系数的绝对值在 0.3 以下表明相关关系微弱；0.3~0.5 表明存在低度相关；0.5~0.8 表明显著相关；0.8 以上为高度相关。

该地区的 GDP 与货运量的相关系数为 0.99，属于高度线性正相关。

第二节　回归分析

相关分析研究变量之间关系的密切程度和方向。如果变量相关关系密切，说明它们之间的相互影响较大，当一个变量发生变化时，另一个变量平均发生怎样的变化，就需要进行回归分析了。

一、回归分析的意义及内容

回归分析是对相关的变量选择一个合适的数学模型来近似地模拟其一般数量关系的统计分析方法。

具有相关关系的变量之间的具体关系数值是不规则的，即一个变量取一定值时，另一个变量并不是只有唯一一个值与之对应，而是有很多个值，具体取值为多少没有规律可循，但平均值却有规律。或者说，当一个变量增加一个单位时，另一个变量增加多少没有规律，而平均增减量是有规律的。我们把相关变量之间的这种关系称为其一般数量关系。回归分析的意义就在于把这种一般数量关系用一个数学模型刻画出来。这里的数学模型称为回归方程。

回归分析的内容一般包括以下三个方面。

（1）建立回归方程。根据搜集到的变量的相关资料，选择适当的数学模型。如果变量之间的散点图表现为直线关系，则应配合直线方程；如果表现为曲线关系，则应配合曲线方程。回归方程将变量间不确定的相关关系抽象为确定的函数关系，揭示变量间的一般数量关系。

（2）推算因变量的估计值。回归分析的作用之一在于依据建立的回归方程，把给定的自变量值代入回归方程，求出相应的因变量的估计值或平均值或一般值。

（3）计算估计标准误差。在回归分析中，因变量的估计值与其实际值之间不可避免地存在着误差。计算估计标准误差，以评价估计值准确性如何是回归分析的又一重要作用。

二、回归分析的种类

由于研究对象的特点不同,回归分析也有不同的类型。具体划分如下。

(一)按照自变量的个数不同划分

按照自变量的个数不同,分为一元回归和多元回归。一元回归又称单回归,是只含一个自变量的回归分析;多元回归又称复回归,是含有两个或两个以上自变量的回归分析。

(二)按照回归方程的形式划分

按照回归方程的形式不同,分为线性回归和非线性回归。线性回归又称直线回归,是指相关变量之间的一般数量关系表现为一条直线;非线性回归又称曲线回归是指相关变量之间的一般数量关系表现为一条曲线。

三、一元线性回归分析

一元的线性回归分析是描述两个变量之间相互联系的最简单、最基本的回归分析类型。通过它的建立过程,可以了解回归分析方法的基本思想及其在经济问题研究中的应用原理。

(一)一元线性回归方程的建立

如果两个变量呈现完全的直线相关关系,其变动的规律可用一条直线来说明,即 $y=a+bx$。如果变量 y 的数值不仅受 x 变动的影响,还受其他随机因素的影响,x 与 y 的关系就不会表现为完全的线性相关关系,反映在相关图上,各个相关点并不都在一条直线上,而是在直线上下波动,分布在一条直线的周围,即 x 与 y 仅呈现线性相关的趋势。

一元线性回归分析的任务就是在这些分散的具有线性关系的相关点之间配合一条最优的直线,用以说明变量之间的一般数量关系。其一般方程如下。

$$\hat{y}=a+bx$$

式中,$\hat{y}$ 表示 y 的估计值;a 表示回归直线在 y 轴上的截距,代表变量经过修匀的基础水平;b 表示直线的斜率,称为 y 依 x 的回归系数,表明自变量 x 每增加一个单位时因变量 y 平均变动的数量。a 和 b 是待定参数。

确定参数 a 和 b 是建立一元线性回归方程的关键。如果没有一定的原则和标准,模拟 x 与 y 一般数量关系的直线就有无数条。如何在这无数条直线中选择距离所有相关点最近的一条作为最优直线,"最小平方法"为我们提供了依据。最小平方法的基本思路是:在所有相关点中,因变量的实际值与其估计值的离差平方和达到最小,用式子表示如下。

$$\sum(y-\hat{y})^2=最小$$

也就说,这条直线与相关点的距离比任何其他直线与相关点的距离都小,因此,这条直线是最优的、最理想的回归直线。

令 $Q=\sum(y-\hat{y})^2=\sum(y-a-bx)^2$,根据数学中的极值定理,为使 Q 值达到最小,其必要条件是 Q 对 a 和 b 的一阶偏导数等于零,即:

$$\begin{cases} \dfrac{\partial Q}{\partial a}=\sum 2(y-a-bx)(-1)=0 \\ \dfrac{\partial Q}{\partial b}=\sum 2(y-a-bx)(-x)=0 \end{cases}$$

整理上式，可得如下标准方程组：

$$\begin{cases} \sum y = na + b\sum x \\ \sum xy = a\sum x + b\sum x^2 \end{cases}$$

进一步求解该标准方程组，可得：

$$\begin{cases} b = \dfrac{\sum xy - \dfrac{\sum x \sum y}{n}}{\sum x^2 - \dfrac{(\sum x)^2}{n}} = \dfrac{\sum(x-\bar{x})(y-\bar{y})}{\sum(x-\bar{x})^2} = \dfrac{L_{xy}}{L_{xx}} = \dfrac{\sigma_{xy}^2}{\sigma_x^2} \\ a = \bar{y} - b\bar{x} \end{cases}$$

可以证明，由上式所确定的 a 和 b 可以使因变量的实际值 y 与估计值 $\hat{y}$ 的离差平方和达到最小，一元直线方程 $\hat{y}=a+bx$ 是最具有代表性的方程。值得注意的是，由于计算直线参数 a 和 b 的资料是从变量 x 与 y 的所有对应值中搜集到的部分数据构成的样本，所以对于不同的样本计算的回归方程是有差别的。

回归方程 $\hat{y}=a+bx$ 建立以后，每给一个 x 的确定值，就可以依据回归方程估计或预测 y 的值。因此，$\hat{y}$ 是一种理论值，也可以视为 y 的修匀值。一旦回归方程确立，就可以代表 x 与 y 两个变量之间的一般数量关系。这样，具有相关关系的两个变量就以函数关系的形式表现出来了。

【例4】 以例题3中某地区 2001～2010 年的 GDP 和物流货运量数据为例，要求建立 GDP x 与物流货运量 y 两变量的一元线性回归方程。

解：设 x 与 y 的回归方程为 $\hat{y}=a+bx$

$$b = \frac{L_{xy}}{L_{xx}} = \frac{509065.9}{23604.1} = 21.57$$

$$a = \bar{y} - b\bar{x} = \frac{24123}{10} - 21.57 \times \frac{1217}{10} = 2412.3 - 2625.07 = -212.4$$

则 $\hat{y}=-212.4+21.57x$ 为所求的回归方程。

回归系数 $b=21.57$，表明 GDP 每增加 1 亿元，物流货运量将平均增加 21.57 万吨。

同时可计算出 GDP 取不同值时货运量的估计值（平均值），见表 7.6 的第四列。

表 7.6　货运量的估计值和估计标准误差计算表

年份	x	y	$\hat{y}=-212.4+21.57x$	$y-\hat{y}$	$(y-\hat{y})^2$
2001	55	1115	973.79	141.21	19940.26
2002	61	1190	1103.19	86.81	7535.98
2003	75	1230	1405.12	-175.12	30667.01
2004	95	1515	1836.46	-321.46	103336.53
2005	115	2340	2267.78	72.22	5215.73
2006	121	2558	2397.21	160.79	25853.42
2007	143	2916	2871.68	44.32	1964.26
2008	175	3520	3561.82	-41.82	1748.91
2009	176	3696	3583.39	112.61	12681.01
2010	201	4043	4122.56	-79.56	6329.79
合计	1217	24123	24123	0	215272.9

（二）估计标准误差的计算

估计标准误差，又称为估计标准差或估计标准误，是用来说明回归方程代表性大小的统计指标。

回归方程的重要作用之一，是根据给定的自变量的值推算因变量的估计值。由于偶然因素的影响，因变量的实际值和估计值之间存在着误差（离差）。误差的大小反映了估计值的代表性或者说是回归方程的代表性。对于因变量的每一实际值对应着不同的误差，要评价估计值的代表性就需要计算误差的一般水平或者平均水平。估计标准误差恰恰反映了因变量的实际值与其估计值之间误差的平均水平。其计算原理与标准差基本相同，公式如下。

$$s_y = \sqrt{\frac{\sum(y-\hat{y})^2}{n}} = \sqrt{\frac{\sum y^2 - a\sum y - b\sum xy}{n}}$$

式中，s_y 表示回归方程 $\hat{y}=a+bx$ 的估计标准误差，y 表示因变量的实际值，$\hat{y}$ 表示和 y 对应的估计值，n 表示实际值的个数。

估计标准误差 s_y 越大，表明实际值与估计值之间的平均离差越大，则估计值 $\hat{y}$ 或回归方程的代表性越小；反之，则估计值的代表性就越大。只有在估计标准误差较小的情况下，用回归方程进行估计才有实用价值。

如在例题 4 中，可计算货运量的实际值与估计值的离差及离差平方，见表 7.6 第五、六列。依据表 7.6 中的资料可计算货运量的估计标准误差，如下。

$$s_y = \sqrt{\frac{\sum(y-\hat{y})^2}{n}} = \sqrt{\frac{215272.9}{10}} = 146.72（万吨）$$

计算结果表明，2001～2010 年物流货运量的实际值与其估计值之间的平均误差为 146.72 万吨。

四、多元线性回归分析

在现实生活中，一个变量往往不止受到一个变量的影响，还受其他变量影响。例如，亩产量不仅与播种量有关，还与耕地深度、施肥量等有关。当研究一个变量与一组变量之间的一般数量关系时，就需要进行多元回归分析了。多元回归一般分为线性回归和非线性回归。由于某些非线性回归问题可以转化为线性回归来处理，所以多元线性回归分析应用较为广泛。

多元线性回归分析与一元线性回归分析相比，运用的原理和方法基本相同，依然是根据最小平方法确定待定参数，进而确定回归方程。所不同的是多元线性回归分析中涉及的自变量较多，需要先对自变量进行筛选，选择出与因变量关系最密切的自变量来，再确定待定参数、回归方程，完成回归分析。

（一）自变量的筛选

当因变量受多个自变量影响时，究竟哪个自变量对因变量的影响大，与因变量关系最为密切，可以通过偏相关系数来测定。所谓偏相关系数是将其他变量控制起来，让它们保持固定值，以反映多个特定变量之间相关密切程度的统计分析指标。偏相关系数的取值也在 -1 和 $+1$ 之间。

以简单相关为基础说明偏相关系数的计算。设有三个变量 x_1、x_2、x_3 彼此存在相关关系，为了衡量 x_1 与 x_2 之间的相关关系，就要让 x_3 保持不变，计算 x_1 与 x_2 的偏相关系数，用符号 $r_{12\cdot 3}$ 表示。同理 $r_{13\cdot 2}$ 表示当 x_2 不变时，x_1 和 x_3 的偏相关系数，$r_{23\cdot 1}$ 表示当 x_1 不变时，x_2 和 x_3 的偏相关系数。其计算公式如下。

$$r_{12\cdot 3}=\frac{r_{12}-r_{13}r_{23}}{\sqrt{(1-r_{13}^2)(1-r_{23}^2)}}$$

$$r_{13\cdot 2}=\frac{r_{13}-r_{12}r_{23}}{\sqrt{(1-r_{12}^2)(1-r_{23}^2)}}$$

$$r_{23\cdot 1}=\frac{r_{23}-r_{12}r_{13}}{\sqrt{(1-r_{12}^2)(1-r_{13}^2)}}$$

偏相关系数的绝对值越大，说明变量之间的关系越密切，反之变量之间越不密切。通过计算偏相关系数，就可以判断哪些自变量对因变量的影响大，从而选择作为必须考虑的自变量。至于那些对因变量影响较小的自变量则可以舍去不顾。这样，在分析多元回归时，便能去粗存精，去伪存真，保留一些起主要作用的自变量，来反映因变量的综合变动情况。

（二）多元线性回归方程的建立

设因变量 y 与 m 个自变量 x_1，x_2，$\cdots$，x_m 的线性回归方程如下。

$$\hat{y}=b_0+b_1x_1+b_2x_2+\cdots+b_mx_m$$

式中，b_0 表示直线在 y 轴上的截距，b_1，b_2，$\cdots$，b_m 表示与 m 个自变量相对应的直线斜率，也称为偏回归系数，它表示当某个自变量之外的其他自变量都保持不变时，该自变量每增加一个单位，因变量 y 平均变动量。

回归方程中的待定参数 b_0，b_1，$\cdots$，b_m 可以按最小平方法原理求得。

令 $Q=\sum(y-\hat{y})^2=\sum(y-b_0-b_1x_1-b_2x_2-\cdots-b_mx_m)^2=$ 最小值，分别对 x_1，x_2，$\cdots$，x_m 求偏导数，并令偏导数等于零，得到关于 x_1，x_2，$\cdots$，x_m 的联立方程组，如下。

$$\begin{cases}\sum y=nb_0+b_1\sum x_1+b_2\sum x_2+\cdots+b_m\sum x_m\\ \sum x_1y=b_0\sum x_1+b_1\sum x_1^2+b_2\sum x_1x_2+\cdots+b_m\sum x_1x_m\\ \cdots\\ \sum x_my=b_0\sum x_m+b_1\sum x_mx_1+b_2\sum x_mx_2+\cdots+b_m\sum x_m^2\end{cases}$$

解此方程组，可得到参数 b_0，b_1，$\cdots$，b_m。方程式中的 n 表示因变量 y 与自变量成组的实际观测值的数目。

（三）估计标准误差的计算

在多元线性回归分析中，回归方程的代表性也需要评价。评价方法是计算估计标准误差。公式如下。

$$s_y=\sqrt{\frac{\sum(y-\hat{y})^2}{n-(m+1)}}$$

公式中分母的意义表示自由度。所谓自由度，是指可以自由取值的变量的个数。在抽样推断中，要用一个样本的统计量来代替或估计总体参数时，就要失去一定数量的自由度。需要估计几个参数，就要失去几个自由度。因为方程中有 $m+1$ 个常数 b_0，b_1，$\cdots$，b_m 都是从同一个样本资料估计出来的，因而使自由度减少了 $m+1$。

【例 5】 已知企业增加值与生产性固定资产、职工人数呈线性相关。随机抽取 8 个企业成组的数据资料，见表 7.7 的前四列。要求建立增加值与生产性固定资产、职工人数的线性回归方程。

表 7.7 企业增加值、生产性固定资产、职工人数统计表

单位：万元

企业序号	增加值 y	生产性固定资产 x_1	职工人数 x_2/百人	$x_1 y$	$x_2 y$	$x_1 x_2$	x_1^2	x_2^2
1	54	18	1.1	972	59.4	19.8	324	1.21
2	62	22	1.2	1364	74.4	26.4	484	1.44
3	70	25	1.4	1750	98.0	35	625	1.96
4	104	30	2.1	3120	218.4	63	900	4.41
5	130	36	2.5	4680	325	90	1296	6.25
6	160	40	3.0	6400	480	120	1600	9.00
7	170	47	3.2	7990	544	150.4	2209	10.24
8	200	50	4.1	10000	820	205	2500	16.81
合计	950	268	18.6	36276	2619.2	709.6	9938	51.32

解：设增加值为 y，生产性固定资产为 x_1，职工人数为 x_2，则二元线性回归方程如下。

$$\hat{y} = b_0 + b_1 x_1 + b_2 x_2$$

关于待定参数 b_0，b_1，b_2 的方程组为：

$$\begin{cases} \sum y = nb_0 + b_1 \sum x_1 + b_2 \sum x_2 \\ \sum x_1 y = b_0 \sum x_1 + b_1 \sum x_1^2 + b_2 \sum x_1 x_2 \\ \sum x_2 y = b_0 \sum x_2 + b_1 \sum x_2 x_1 + b_2 \sum x_2^2 \end{cases}$$

计算出方程组中需要的有关数据，见表 7.5 后五列，并把数据代入方程组，如下。

$$\begin{cases} 950 = 8b_0 + 268 b_1 + 18.6 b_2 \\ 36276 = 268 b_0 + 9938 b_1 + 709.6 b_2 \\ 2619.2 = 18.6 b_0 + 709.6 b_1 + 51.32 b_2 \end{cases}$$

解该方程组，得参数 $b_1 = 0.11$，$b_2 = 50.27$，$b_0 = -1.79$。则二元线性回归方程如下。

$$\hat{y} = -1.79 + 0.11 x_1 + 50.27 x_2$$

上述二元线性回归方程说明：如果职工人数固定，当生产性固定资产每增加 1 万元，则增加值将平均增加 0.11 万元；如果生产性固定资产固定，当职工人数每增加 100 人，则增加值将平均增加 50.27 万元。

第三节 相关与回归分析的关系及应用

相关分析与回归分析研究的对象都是相关关系。相关分析研究变量之间相关的密切程度；回归分析研究高度相关的变量之间的一般数量关系。那么，二者存在什么关系，可通过对总离差平方和的分解得到答案。

一、总离差平方和的分解

总离差平方和就是因变量的实际值与其平均数的离差平方和,即 $\sum(y-\bar{y})^2$。因为 $\bar{y}$ 是常量,所以 $\sum(y-\bar{y})^2$ 的影响因素等价于 y 的影响因素。在相关关系中,变量 y 除了受主要因素 x 影响以外,还可能受其他偶然的、随机的因素影响,这两类因素共同作用,表现在每个 y_i 值与其平均数 $\bar{y}$ 存在离差。每一个离差都可以分解成两部分的和,即 $y-\bar{y}=(\hat{y}-\bar{y})+(y-\hat{y})$,其中 $y-\bar{y}$ 称为总离差;$(\hat{y}-\bar{y})$ 称为回归离差,是由于 x 的变化而引起的回归直线上因变量的估计值与因变量的平均值的离差;$(y-\hat{y})$ 称为剩余离差,是由于 x 以外的因素引起的。总离差分解为回归离差和剩余离差如图 7.3 所示。

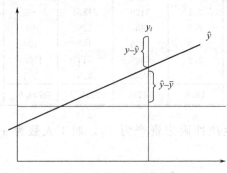

图 7.3 总离差分解图

令 L_{yy} 等于 $\sum(y-\bar{y})^2$,则总离差平方和可作如下分解。

$$L_{yy}=\sum(y-\bar{y})^2=\sum[(y-\hat{y})+(\hat{y}-\bar{y})]^2$$
$$=\sum(y-\hat{y})^2+\sum(\hat{y}-\bar{y})^2+2\sum(y-\hat{y})(\hat{y}-\bar{y})$$

其中

$$\sum(y-\hat{y})(\hat{y}-\bar{y})$$
$$=\sum(y-a-bx)(a+bx-a-b\bar{x})$$
$$=\sum[(y-\bar{y})-b(x-\bar{x})]\cdot b(x-\bar{x})$$
$$=b\sum(x-\bar{x})\cdot(y-\bar{y})-b^2\sum(x-\bar{x})^2$$
$$=\frac{L_{xy}^2}{L_{xx}}-\frac{L_{xy}^2}{L_{xx}}=0$$

所以有

$$\sum(y-\bar{y})^2=\sum(y-\hat{y})^2+\sum(\hat{y}-\bar{y})^2$$

上式说明,总离差平方和等于剩余离差平方和加上回归离差平方和。显然,总离差平方和、回归离差平方和、剩余离差平方和都是非负值。在总离差平方和一定时,如果回归离差平方和较大,则剩余离差平方和就较小,这时 y 与 x 两变量的线性相关系就较为密切。特别是在回归离差平方和大到等于总离差平方和时,剩余离差平方和就减小到零。此时,所有的 y 的实际值都落在回归直线 $\hat{y}$ 上,即 $y=\hat{y}$。也就是说,因变量 y 完全随自变量 x 的变化而变化,两个变量完全相关,即成为函数关系。当剩余离差平方和增大到等于总离差平方和时,回归离差平方和就减小到零,所配合的回归直线与 y 的平行线相吻合,成为与横坐标轴平行的直线,即 $\hat{y}=\bar{y}$。也就是说,无论自变量 x 取任何值,因变量的估计值 $\hat{y}$ 将不会有任何变化，那么两个变量之间就不存在线性相关关系。

（一）相关系数公式的由来及含义

通过总离差平方和的分解可知，回归离差平方和占总离差平方和的比重越大，说明两个变量的线性相关关系越密切，反之越不密切。这一比重的平方根就是前面所介绍的相关系数。推导过程如下：

$$\frac{\sum(\hat{y}-\overline{y})^2}{\sum(y-\overline{y})^2}=\frac{b^2\sum(x-\overline{x})^2}{\sum(y-\overline{y})^2}=\frac{L_{xy}^2 L_{xx}}{L_{xx}^2 L_{yy}}=\frac{L_{xy}^2}{L_{xx}L_{yy}}=r^2$$

$$r=\frac{L_{xy}}{\sqrt{L_{xx}L_{yy}}}$$

由于 r^2 等于回归离差平方和占总离差平方和的比重，所以 $0\leqslant r^2\leqslant 1$，其平方根 r 的取值范围就应在 $[-1,+1]$ 之间。当 $r=\pm 1$ 时，说明回归离差平方和等于总离差平方和，y 只受 x 的影响，两变量为函数关系；当 r 接近 ± 1 时，说明回归离差平方和占总离差平方和的比重较大，y 受 x 的影响较大，两变量的相关关系较密切；当 r 接近 0 时，说明回归离差平方和接近于 0，y 受 x 的影响就越小，两变量之间基本不存在线性相关了。

（二）估计标准误差公式的由来及含义

通过总离差平方和的分解还可知，剩余离差平方和越大，说明两个变量之间 y 受 x 的影响不大，偶然的、随机的因素反而影响较大，y 和 x 的相关关系就不那么密切，所配合的回归直线的代表性就不那么强，致使依据回归方程推算的因变量的估计值与实际值之间的误差就大；反之，若剩余离差平方和越小，说明两个变量之间相关关系越密切，所配合的回归直线的代表性越强，推算的因变量的估计值与实际值之间的误差就小。所以，把剩余离差平方和作为衡量估计误差的标准是合理的，并用其平均水平来准确测定回归方程的代表性、误差的平均值就具有了科学性。公式如下：

$$s_y=\sqrt{\frac{\sum(y-\hat{y})^2}{n}}$$

二、相关与回归分析的关系

以两个变量线性关系为例说明相关与回归分析的区别和联系。具体如下。

（一）相关与回归分析的区别

1. 变量的地位不同

在相关分析中，两个变量的地位是平等的相互依存关系，不需要区分自变量和因变量。在回归分析中，两个变量的关系不对等，必须区分出自变量与因变量。

2. 分析结果的唯一性不同

在相关分析中，相关系数唯一确定，只有一个数值，即使交换两个变量的位置，也不会改变相关系数的数值。在回归分析中，交换两个变量的位置，可以配合两个回归方程。一个是 y 依 x 的回归方程 $\hat{y}=a+bx$，另一个是 x 依 y 的回归方程 $\hat{x}=c+dy$。

3. 变量的性质不同

在相关分析中，计算相关系数所依据的两个变量的值均为随机的。而回归分析中，建立回归方程时，自变量的值是给定的，因变量的值随自变量和偶然因素的变化而变动，是随机的。

（二）相关与回归分析的联系

1. 相关分析是回归分析的前提，回归分析是相关分析的深入

只有经过相关分析，确定变量关系密切，才有必要进一步进行回归分析，找出变量之间的一般数量关系，建立最适合的回归方程，进行估计和预测。否则，就没有必要进行回归分析了。

2. 回归系数与相关系数的正负是一致的

当相关系数为正数时，回归系数也是正数，表明两个变量正线性相关；反之，相关系数为负数时，回归系数也为负数，说明两个变量负线性相关。回归系数与相关系数正负的一致性推导如下。

$$b=\frac{\sum(x-\overline{x})(y-\overline{y})}{\sum(x-\overline{x})^2}=\frac{\sum(x-\overline{x})(y-\overline{y})\sqrt{\sum(y-\overline{y})^2}}{\sqrt{\sum(x-\overline{x})^2}\sqrt{\sum(x-\overline{x})^2}\sqrt{\sum(y-\overline{y})^2}}=r\frac{\sqrt{\sum(y-\overline{y})^2}}{\sqrt{\sum(x-\overline{x})^2}}=r\frac{\sigma_y}{\sigma_x}$$

因为 σ_x 和 σ_y 都是正数，所以回归系数的正负就只与相关系数 r 的正负有关了。当 r 为正数时，b 也是正数；r 为负数时，b 也是负数。

3. 估计的准确程度与相关程度是一致的

变量的相关程度越高，因变量的估计值越准确，准确度与相关程度一致。这是因为估计标准误差与相关系数存在密切关系，推导如下。

$$s_y=\sqrt{\frac{\sum(y-\hat{y})^2}{n}}=\sqrt{\frac{\sum(y-a-bx)^2}{n}}=\sqrt{\frac{\sum(y-\overline{y}+b\overline{x}-bx)^2}{n}}$$

$$=\sqrt{\frac{\sum(y-\overline{y})^2+b^2\sum(x-\overline{x})^2-2b\sum(x-\overline{x})(y-\overline{y})}{n}}$$

$$=\sqrt{\sigma_y^2+b^2\sigma_x^2-2b\frac{\sum(x-\overline{x})(y-\overline{y})}{n}}$$

$$=\sqrt{\sigma_y^2+b^2\sigma_x^2-2b\frac{\sum(x-\overline{x})(y-\overline{y})}{n}\times\frac{\sum(x-\overline{x})^2}{\sum(x-\overline{x})^2}}$$

$$=\sqrt{\sigma_y^2+b^2\sigma_x^2-2b\frac{\sum(x-\overline{x})(y-\overline{y})}{\sum(x-\overline{x})^2}\times\frac{\sum(x-\overline{x})^2}{n}}$$

$$=\sqrt{\sigma_y^2+b^2\sigma_x^2-2b^2\sigma_x^2}=\sqrt{\sigma_y^2-b^2\sigma_x^2}$$

$$=\sqrt{\sigma_y^2-r^2\frac{\sigma_y^2}{\sigma_x^2}\sigma_x^2}=\sigma_y\sqrt{1-r^2}$$

由此式可知，变量的相关程度越高，即相关系数越大，估计标准误差越小，推算的因变量的估计值与其实际值的偏差就越小，即估计的准确度就越高。反之亦然。

三、相关与回归分析的应用

相关与回归分析被广泛应用于统计估计、预测和决策中。如果应用不当，可能不能如实反映客观实际，甚至得到错误结论，因此正确应用至关重要。应用时应注意以下两个问题。

1. 相关分析应以初步的定性分析为基础

变量之间是否存在相关关系,并不能直接通过计算相关系数来判断,而要首先依据有关专业理论知识和丰富实践经验对变量进行定性分析,探讨其内在的、必然的联系。例如 GDP 与货运量、农作物产量与耕地深度、劳动生产率与设备能力、增加值与固定资产价值等,都是从理论上论证了每组变量之间存在着相关关系之后,再借助相关图表进一步观察数字资料及相关点的分布特征,观察变量之间的变动方向及变动轨迹。然后通过计算相关系数,完成从数量上准确地判断变量相关关系密切程度的相关分析。由此可见,只有在定性基础上的相关分析才有实际意义。如果脱离专业理论和实践经验,直接进行定量分析,就有可能走入误区。例如,近年来我国香烟的消费量和人口寿命都呈现增长势头,仅仅根据数字资料计算相关系数,可能会得到二者显著相关的结论。显然,这一结论是荒谬的。

2. 回归分析应注意回归方程的适用范围

对相关的变量建立回归方程的目的,一是反映变量之间的一般数量关系,二是利用回归方程进行估计和预测,即给定自变量的值估计因变量的可能值。在利用回归方程进行估计或预测时,应注意回归方程的适用范围。因为回归方程是依据变量的样本数据建立的,样本数据不同,建立的回归方程就会不同。根据不同的回归方程所估计的因变量的可能值就不同。当给定的自变量的值在原来样本的取值范围内时,对因变量的可能值的估计就比较准确,这种估计称为内插估计;如果给定的自变量的值已经超出了原来样本的取值范围,对因变量的可能值的估计准确性就比较差,这种估计称为外推估计。例如,在例题 4 中,建立回归方程所依据的自变量 GDP 的取值在 55~201 亿元范围,如果估计 GDP 为 63 亿元、78 亿元时的物流货运量要比估计 GDP 为 46 亿元和 220 亿元时的货运量准确。因为 GDP 为 46 亿元和 220 亿元已经超出了建立回归方程时自变量的取值范围,所做的估计和预测将会出现较大的误差。

★ 本章小结 ★

相关与回归分析是以变量之间的相关关系为研究对象的。相关关系不同于函数关系,它是变量之间确实存在的、但关系数值不规则的相互依存关系。相关分析是研究变量之间相关关系密切程度的统计分析方法。相关分析的内容包括绘制相关图表、判断相关类型和计算相关系数。

回归分析是在变量之间关系密切时进行的,它是把相关的变量之间的一般数量关系用数学模型加以模拟得到回归方程的一种分析方法。其主要内容包括建立回归方程、根据自变量的值推算因变量的估计值,以及计算估计标准误差。建立回归方程的关键是依据最小平方法确定待定参数。一元线性回归分析中的参数 a 表示回归直线在纵轴上的截距,b 称为回归系数,表示自变量每增加 1 个单位,因变量平均增减的数量。回归方程的代表性或者估计值的准确性用估计标准误差反映。估计标准误差的数值越大,说明回归方程的代表性越好,否则,就越差。

总离差平方和可以分解为回归离差平方和与剩余离差平方和两部分。回归离差反映的是自变量变化对因变量的影响,剩余离差反映的是由于自变量以外的其他因素变化对因变量的影响。相关系数和估计标准误差的公式及其含义都可通过总离差平方和的分解得到解释。相关和回归分析在变量的地位、性质和分析结果的唯一性上存在区别,但在回归系数与相关系数的正负上、估计的准确程度与相关程度上又是一致的,存在着密切联系。

思考与练习

1. 简述相关关系与函数关系的区别及联系。
2. 简述相关分析的内容。
3. 何为正相关和负相关、线性相关和非线性相关。
4. 简述相关系数的计算方法和应用场合。
5. 简述相关系数的取值与变量的密切程度及相关方向的关系。
6. 何为回归分析？它包括哪些内容？
7. 简述建立回归方程依据的原理。
8. 简述回归方程中 a、b 的意义。
9. 简述估计标准误差的意义。
10. 简述回归离差和剩余离差的意义。
11. 为什么相关系数的取值在 $[-1, +1]$ 之间，从总离差平方和分解上作出分析。
12. 简述相关分析与回归分析的区别。
13. 简述相关分析与回归分析的联系。
14. 随机抽取 10 家同类企业，调查其广告费与销售额的情况，得到下表所列资料。

企业序号	1	2	3	4	5	6	7	8	9	10
广告费/万元	10	12	13	15	16	18	19	20	21	22
销售额/万元	120	135	145	180	170	200	205	250	260	280

要求：（1）绘制广告费与销售额的相关图。（2）计算广告费与销售额的相关系数。（3）说明两变量之间的关系。

15. 随机抽取 9 个企业研究其劳动生产率与单位成本的关系，得到下表资料。

企业序号	1	2	3	4	5	6	7	8	9
劳动生产率/(元/人)	300	320	340	380	390	400	450	480	500
单位成本/(元/件)	20	19	17	16	15	13	12	10	8

要求：（1）绘制劳动生产率与单位成本的相关图。（2）计算劳动生产率与单位成本的相关系数。（3）说明两变量之间的关系。

16. 依据 15 题的资料，用最小平方方法建立劳动生产率与单位成本的直线回归方程，说明劳动生产率每增加 1 元，单位成本将发生什么变化。

17. 调查居民家庭的年收入和家庭存款之间的关系，获得有关资料，见下表。

年收入/千元	13	14	15	16	17	18
存款额/千元	300	320	340	380	390	400

要求：（1）用最小平方方法建立年收入与存款额的直线回归方程。（2）说明家庭年收入额每增加 1 千元，存款将发生怎样变化。（3）计算存款额的估计标准误差，评价回归方程的代表性。（4）用 80% 的概率估计，当居民家庭的年收入为 17.5 千元时，家庭存款将达到多少千元。

第八章

时 间 数 列

学习目标

时间数列是进行动态分析的重要依据和方法。通过本章学习,要求明确时间数列的概念、种类、作用和编制原则。掌握时间数列各种动态分析指标的计算方法,并应用各种动态分析指标进行相应的动态分析。

第一节 时间数列的种类及编制

在综合指标一章中,主要从静态上研究了现象的数量特征。但是,事物总是处在不断的发展变化之中,在进行静态分析的同时,有必要进行动态分析。动态是指现象在时间上的发展和运动的过程。根据历史资料,应用统计方法来研究现象数量特征的变化发展过程,认识其发展规律,预见其发展趋势,就是动态分析法。动态分析的依据是时间数列。

一、时间数列的意义

时间数列是将同一指标在不同时间上的数值按照时间顺序排列而成的数列,又称动态数列。它由两个基本要素构成:一是资料属于的时间,二是各个时间上的统计指标。例如,由货物进出口总额、社会消费品零售总额及其增长率、移动电话用户数构成的四个时间数列,见表8.1。其中前三个指标构成的时间数列中的时间要素为每年的全年,移动电话用户数时间数列中的时间要素为每年的年末。

表 8.1 货物进出口、社会消费品及移动电话统计表

指标\时间/年	2006	2007	2008	2009	2010	2011
货物进出口总额/亿美元	17605	21766	36959	22075	29740	36421
年末移动电话用户数/万户	46106	54731	64125	74721	85900	98625
社会消费品零售总额/亿元	79145	93572	114830	132678	156998	183919
社会消费品零售总额增长率/%	15.8	18.2	22.7	15.5	18.3	17.1

注:选自2011年中国统计公报。

编制时间数列具有重要作用。一方面,通过时间数列可以描述现象的发展状态和结果;另一方面借助时间数列可以研究现象的发展趋势和规律,并加以预测。

二、时间数列的分类

时间数列按照统计指标的性质不同可分为绝对数时间数列、相对数时间数列和平均数时间数列三种。其中,绝对数时间数列是基本数列,相对数时间数列和平均数时间数列是绝对数时间数列派生形成的数列。

(一) 绝对数时间数列

由总量指标构成的时间数列称为绝对数时间数列,反映现象在不同时间上达到的绝对水平。根据该总量指标所属的时间范围不同,绝对数时间数列又分为时期数列和时点数列两种。

1. 时期数列

时期数列反映现象在一段时间内发展过程的总量。其数值的大小与资料所属的时间长短有直接关系,一般时期越长,指标数值越大。将不同时期的指标数值相加之和是有意义的,表示更长一段时期现象的总量。时期数列中各时期指标数值往往是通过连续登记的办法获取的。如表 8.1 中的货物进出口总额数列和社会消费品零售总额数列。

2. 时点数列

时点数列是反映现象在各个时点(天)达到的总量,其指标数值的大小与资料所属的时点之间的时间长短没有关系,且不同时点的指标数值相加没有意义。时点数列中各指标数值是采取一次性调查取得的。如表 8.1 中的年末移动电话用户数时间数列。

时点数列按照编制的时点是否连续可分为连续时点数列和间断时点数列。连续时点数列按照时间是否分组,分为未分组的连续时点数列和已分组的连续时点数列。间断时点数列按照相邻两个时点之间的间隔是否相等,分为等间隔的间断时点数列和不等间隔的间断时点数列。

(1) 未分组的连续时点数列。该数列连续按天编制,且不作任何分组。例如,某企业某车间某月 1~10 日的职工人数时间数列,见表 8.2。

表 8.2 某企业某车间职工人数

时间 指标	1日	2日	3日	4日	5日	6日	7日	8日	9日	10日
职工人数/人	100	100	101	101	101	103	103	103	104	104

(2) 已分组的连续时点数列。该数列连续按天编制,并按时间进行分组。例如,某企业某车间某月 1~10 日的产品存量时间数列,见表 8.3。

表 8.3 某企业某车间产品存量

时间 指标	1~2日	3~5日	6~10日
产品存量/件	400	408	412

(3) 等间隔的间断时点数列。该数列在编制时的时点不连续,但相邻的两个时点之间的时间长度均相等,或者每个间隔的时间长度都相等。例如,某企业某年 1 月初~7 月初的职工人数时间数列,见表 8.4。

表 8.4 某企业职工人数

指标＼月初	1月	2月	3月	4月	5月	6月	7月
职工人数/人	1000	1002	1004	1006	1003	1006	1006

（4）不等间隔的间断时点数列。该数列在编制时的时点不连续，相邻的两个时点之间的时间长度也不相等，或者每个间隔的时间长度不等。例如某企业某年月末的原材材料库存量时间数列，见表 8.5。

表 8.5 某企业原材料库存量

指标＼月末	6月	7月	9月	11月	12月
原材料库存量/吨	200	208	196	199	210

（二）相对数时间数列

由相对指标构成的时间数列称为相对数时间数列，反映现象之间相互联系的发展过程。在相对数时间数列中，每一个指标数值都是两个有联系指标的比值，不同时间的指标数值是不能相加的。相对数时间数列又分为静态相对数时间数列和动态相对数时间数列两种。

1. 静态相对数时间数列

由静态相对数构成的时间数列称为静态相对数时间数列。静态相对数是同一时间上两个有联系的指标数值之比，如计划完成程度、结构、比例、比较、强度相对数。由计划完成程度构成的时间数列为静态相对数时间数列，见表 8.6。

表 8.6 某企业第三季度各月商品销售计划完成程度

指标＼月份	7月	8月	9月
销售计划完成程度/%	100	110	120

2. 动态相对数时间数列

由动态相对数构成的时间数列称为动态相对数时间数列。动态相对数是不同时间上同类指标数值之比。例如，2006～2011年社会消费品零售总额环比发展速度时间数列就属于动态相对数时间数列，见表 8.7。

表 8.7 社会消费品零售总额环比发展速度

指标＼时间/年	2006	2007	2008	2009	2010	2011
社会消费品零售总额环比发展速度/%	115.8	118.2	122.7	115.5	118.3	117.1

（三）平均数时间数列

由平均指标构成的时间数列称为平均数时间数列，反映现象总体各单位标志值发展变化的一般水平。平均数时间数列中的指标数值也是不能直接相加的。平均数时间数列又分为静态平均数时间数列和动态平均数时间数列两种。

1. 静态平均数时间数列

由静态平均数构成的时间数列称为静态平均数时间数列。静态平均数是同一时间的总体标志总量与总体单位总量的比值。例如,某企业某年上半年各月平均单位成本数列,见表8.8。

表8.8 某企业某年上半年各月平均单位成本

月份 指标	1月	2月	3月	4月	5月	6月
平均单位成本/(元/件)	80	80.2	80.5	79.5	80	80.4

2. 动态平均数时间数列

由动态平均数构成的时间数列称为动态平均数时间数列。动态平均数是对不同时间上的指标数值计算的一般水平。例如,某企业某年上半年各月平均人数时间数列,见表8.9。

表8.9 某企业某年上半年各月平均人数

月份 指标	1月	2月	3月	4月	5月	6月
平均人数/人	300	301	302	300	303	304

三、时间数列的编制原则

编制时间数列的目的是要通过数列中各时间上的指标数值比较,来研究现象的发展变化及其规律。因此,保证数列中各个指标数值在时间上、范围上、计算方法上以及指标口径上的可比性,是编制数列的基本原则。

(一) 时间上的可比性

在时期数列中,由于各个指标数值的大小与时期长短有直接的关系,因此,一般要求时间数列指标数值包含的时期长度应前后一致。在时点数列中,各个指标数值的大小与时点间隔长短没有直接关系,即使各个指标的间隔时间不等也可以进行比较。但是,为了便于从动态上比较分析,准确地把握现象的发展规律,时点数列中指标数值的时间间隔最好相等。

(二) 总体范围的可比性

绝对数时间数列中各个指标数值的大小与总体范围有密切的关系,为了保证数列中各指标的连续性与可比性,编制绝对数时间数列一般要求各指标应保持总体范围一致。若总体范围在研究过程中发生了变化,应及时调整,否则将缺乏可比性。

(三) 计算方法上的可比性

时间数列中指标的计算方法与计量单位前后应当一致。例如,工业增加值有生产法、收入法、支出法三种计算方法;增值税也有三种计算方法,即消费型、收入型、生产型增值税。理论上,无论哪种方法计算,结果应当相等。但是,由于资料来源不同,各种方法的实际计算结果往往存在差异。所以,在编制时间数列时一定要考虑方法的统一。

(四) 指标口径的可比性

指标口径即指标的涵义和内容,如常住人口指标包含四部分内容:第一,户口在本地,常住在本地的人；第二，户口在本地，因从事务工、经商等活动或以生育为目的离开户籍所在地的人；第三，因婚姻、工作等原因常住在本地，户口未迁入的人；第四，常住在本地，户口待定的人。如果指标的内涵口径不同，就不能混合编制在一个时间数列中。数列中的各指标应当是同一指标在不同时间的取值，这样才能进行比较分析。

第二节 时间数列的水平分析

时间数列的动态分析指标包括两大类：水平指标和速度指标。水平分析是速度分析的基础；速度分析是水平分析的深入和继续。水平指标包括发展水平、平均发展水平、增长量、平均增长量。

一、发展水平

发展水平即时间数列中的每一个具体指标，又称发展量。它反映着现象在不同时间所达到的水平，是计算其他动态分析指标的基础。

发展水平可以是绝对数、相对数或平均数。表8.1中的各个指标如货物进出口总额、年末移动电话用户数、社会消费品零售总额及其增长率均为发展水平。

根据各个发展水平在时间数列中所处的地位与作用不同，发展水平可分为期初水平、期末水平、报告期水平、基期水平。期初水平是时间数列中第一项指标数值；期末水平是数列中最后一项指标数值；报告期水平是在进行动态对比时作为研究时期的指标数值，作为对比基础时期的指标数值称为基期水平。基期与报告期水平的确定取决于研究时间和目的。

二、平均发展水平

平均发展水平又称为序时平均数，是不同时间上发展水平的动态平均数，用以综合反映各期发展水平在一段时间内的一般数量特征。根据不同的时间数列，序时平均数的计算方法不尽相同。

（一）绝对数时间数列的序时平均数

由绝对数时间数列计算序时平均数是最基本的。根据绝对数时间数列最终划分的种类，其序时平均数的计算分以下五种情况。

1. 时期数列的序时平均数

根据时期数列的特点，宜采用简单算术平均法计算其序时平均数。若各期发展水平为 $a_0, a_1, \cdots, a_{n-1}$，$\bar{a}$ 表示序时平均数，则计算公式如下。

$$\bar{a} = \frac{a_0 + a_1 + \cdots + a_{n-1}}{n} = \frac{\sum a}{n}$$

如表8.1中，2006～2011年平均每年的货物进出口总额为：

$$\bar{a} = \frac{\sum a}{n} = \frac{17605 + 21766 + 36959 + 22075 + 29740 + 36421}{6}$$

$$= 27427.7 （亿美元）$$

2. 未分组的连续时点数列的序时平均数

对于未分组的连续时点数列，由于已知每个时点（每一天）的资料，所以适合采用简单算数平均法计算其序时平均数。若各期发展水平为 $a_0, a_1, \cdots, a_{n-1}$，$\bar{a}$ 表示序时平均数，则计算公式如下：

$$\bar{a}=\frac{a_0+a_1+\cdots+a_{n-1}}{n}=\frac{\sum a}{n}$$

如表 8.2 中，该企业某车间某月 1～10 日平均每日职工人数为：

$$\bar{a}=\frac{\sum a}{n}=\frac{100+100+101+101+101+103+103+103+104+104}{10}=102（人）$$

3. 已分组的连续时点数列的序时平均数

已分组的连续时点数列的资料不是逐日变动，只在发生变动时加以登记，适合以每次资料持续不变的时间长度为权数进行加权算数平均来计算数列的序时平均数，计算公式如下。

$$\bar{a}=\frac{\sum af}{\sum f}$$

如表 8.3 中，该企业某车间某月 1～10 日平均每日产品存量为：

$$\bar{a}=\frac{\sum af}{\sum f}=\frac{400\times 2+408\times 3+412\times 5}{2+3+5}=\frac{4084}{10}=408.4（件）$$

4. 等间隔的间断时点数列的序时平均数

对于间隔相等的间断时点数列，假定指标数值在每个间隔的变动是均匀的，先求出每个间隔的平均数，再对每个间隔的平均数进行简单算术平均来计算数列的序时平均数。若各时点的发展水平为 $a_0, a_1, \cdots, a_{n-1}, a_n$，则计算公式如下。

$$\bar{a}=\frac{\frac{a_0+a_1}{2}+\frac{a_1+a_2}{2}+\cdots+\frac{a_{n-1}+a_n}{2}}{n}=\frac{\frac{a_0}{2}+a_1+a_2+\cdots+a_{n-1}+\frac{a_n}{2}}{n}$$

该方法经推导可通过时间数列的首项和末项折半来计算序时平均数，所以又称"首末折半法"。

如表 8.4 中，该企业上半年平均每月职工人数为：

$$\bar{a}=\frac{\frac{a_0}{2}+a_1+a_2+\cdots+a_{n-1}+\frac{a_n}{2}}{n}$$

$$=\frac{\frac{1000}{2}+1002+1004+1006+1003+1006+\frac{1006}{2}}{6}$$

$$=\frac{6024}{6}=1004（人）$$

5. 不等间隔的间断时点数列的序时平均数

对于间隔不等的时点数列，可用每个间隔的平均数作为平均对象，以每个间隔的时间长度（f）为权数，采用加权算术平均法计算数列的序时平均数，计算公式如下。

$$\bar{a}=\frac{\frac{a_0+a_1}{2}f_1+\frac{a_1+a_2}{2}f_2+\cdots+\frac{a_{n-1}+a_n}{2}f_n}{f_1+f_2+\cdots+f_n}=\frac{\sum\frac{a_{i-1}+a_i}{2}f_i}{\sum f}$$

如表 8.5 中，该企业某年下半年平均每月原材料库存量为：

$$\bar{a}=\frac{\sum\frac{a_{i-1}+a_i}{2}f_i}{\sum f}=\frac{\frac{200+208}{2}\times 1+\frac{208+196}{2}\times 2+\frac{196+199}{2}\times 2+\frac{199+210}{2}\times 1}{1+2+2+1}$$

$$=\frac{204+404+395+204.5}{6}=201.25 \text{（吨）}$$

（二）相对数时间数列的序时平均数

这里的相对数时间数列是指静态相对数时间数列。由于相对数时间数列是由两个有联系的绝对数时间数列对比形成的，所以，它的序时平均数的计算需要考虑其分子数列和分母数列，即先计算相对数时间数列的分子数列和分母数列的序时平均数，再用分子数列的序时平均数除以分母数列的序时平均数，便得该相对数时间数列的序时平均数。若相对数时间数列的分子数列和分母数列的序时平均数分别用 $\bar{a}$ 和 $\bar{b}$ 表示，该相对数时间数列的序时平均数用 $\bar{c}$ 表示，则

$$\bar{c}=\frac{\bar{a}}{\bar{b}}$$

1. 由两个时期数列对比形成的相对数时间数列的序时平均数

【例1】 某企业第二季度的商品销售计划完成情况的资料见表8.10。要求计算企业第二季度平均每月的计划完成程度。

表8.10 企业第二季度商品销售计划完成情况

指标＼月份	4月	5月	6月
c 销售计划完成程度/%	100	110	120
a 实际销售额/万元	100	132	180
b 计划销售额/万元	100	120	150

解： $\bar{c}=\dfrac{\bar{a}}{\bar{b}}=\dfrac{\sum a}{n} \div \dfrac{\sum b}{n}=\dfrac{\sum a}{\sum b}=\dfrac{100+132+180}{100+120+150}=111.4\%$

结果表明，该企业第二季度月平均计划完成程度是111.4%。

在实际应用时，只需要已知 a、b、c 三个数列中任意两个即可，通过 $c=a \div b$ 的关系，换算出另一个数列。

2. 由两个时点数列对比形成的相对数时间数列的序时平均数

【例2】 某企业某年第1、2、3、4月份的月初资产负债的资料见表8.11。要求计算该企业第一季度平均每月的资产负债率。

表8.11 企业资产负债情况

指标＼月初	1月	2月	3月	4月
c 月初资产负债率/%	50	45	55	56
a 月初负债总额/万元	500	540	715	700
b 月初资产总额/万元	1000	1200	1300	1250

解： $\bar{c}=\dfrac{\bar{a}}{\bar{b}}=\dfrac{\dfrac{a_0}{2}+a_1+\cdots+a_{n-1}+\dfrac{a_n}{2}}{n} \bigg/ \dfrac{\dfrac{b_0}{2}+b_1+\cdots+b_{n-1}+\dfrac{b_n}{2}}{n}=\dfrac{\dfrac{500}{2}+540+715+\dfrac{700}{2}}{\dfrac{1000}{2}+1200+1300+\dfrac{1250}{2}}=51.2\%$

结果表明,该企业第一季度平均每月的资产负债率是 51.2%。

3. 由一个时期数列和一个时点数列对比形成的相对数时间数列的序时平均数

【例3】 某企业某年第 1、2、3、4 月份的商品销售额和流动资金占用额的资料见表 8.12。要求计算该企业第一季度平均每月的流动资金周转次数。

表 8.12 企业资产负债情况

指标 \ 月份	1月	2月	3月	4月
c 流动资金周转次数/次	1.9	2.1	3.35	2
a 商品销售额/万元	100	120	150	145
b 月初流动资金占用额/万元	50	55	45	52

解:$\overline{c} = \dfrac{\overline{a}}{\overline{b}} = \dfrac{\dfrac{\sum a}{n}}{\dfrac{\dfrac{b_0}{2}+b_1+\cdots+b_{n-1}+\dfrac{b_n}{2}}{n}} = \dfrac{100+120+150}{\dfrac{50}{2}+55+45+\dfrac{52}{2}} = 2.45$(次)

结果表明,该企业第一季度平均每月的流动资金周转次数为 2.45 次。

(三)平均数时间数列的序时平均数

1. 静态平均数时间数列的序时平均数

静态平均数时间数列实质是两个绝对数时间数列的相应项对比形成的,分子数列是标志总量数列,分母数列是总体单位总量数列,因此计算其序时平均数的方法与静态相对数时间数列的相同,即用静态平均数时间数列的分子数列的序时平均数除以分母数列的序时平均数来计算。

【例4】 某企业某年第二季度各月的产品产量和平均单位成本的资料见表 8.13,要求计算该企业第二季度平均每月的单位成本。

表 8.13 企业产品产量和平均单位成本

指标 \ 月份	4月	5月	6月
c 平均单位成本/(元/件)	100	150	170
b 产品产量/件	10000	12000	11800

解:$\overline{c} = \dfrac{\overline{a}}{\overline{b}} = \dfrac{\dfrac{10000 \times 100 + 12000 \times 150 + 11800 \times 170}{3}}{\dfrac{10000 + 12000 + 11800}{3}} = 142.2$(元/件)

结果表明,该企业第二季度平均每月的单位成本为 142.2 元。

2. 动态平均数时间数列的序时平均数

动态平均数时间数列的序时平均数的计算,取决于每个动态平均数所属的时间长度。若所属时间长度均相等,则采用对各个动态平均数进行简单算术平均的方法计算;若所属时间长度不等,则采用加权算术平均的方法计算。

【例5】 某企业某年第二季度各月职工平均人数的资料见表8.14，要求计算该企业第二季度职工平均人数。

表8.14 企业第二季度各月平均职工人数

指标＼月份	4月	5月	6月
月平均人数/人	1000	1005	1004

解：$\bar{a} = \dfrac{\sum a}{n} = \dfrac{1000+1005+1004}{3} = 1003$（人）

结果表明，该企业第二季度职工平均人数1003人。

三、增长量

增长量是时间数列中两个不同时间发展水平之差，用来描述现象在观察期内增长的绝对数量，其计算公式为

增长量＝报告期水平－基期水平

由于所采用的基期不同，增长量分为逐期增长量和累计增长量。逐期增长量是指报告期水平与其前一期水平之差，表明本期比上一期增长的绝对数量；累计增长量是指报告期水平与某一固定基期水平之差，表明本期比某一固定基期增长的绝对数量，即说明现象在某一较长时间内总的增长量。如果时间数列各期发展水平依次为 $a_0, a_1, \cdots, a_{n-1}, a_n$，则两种增长量的计算公式如下。

逐期增长量：$a_1-a_0, a_2-a_1, \cdots, a_n-a_{n-1}$

累计增长量：$a_1-a_0, a_2-a_0, \cdots, a_n-a_0$

逐期增长量与累计增长量的关系是逐期增长量之和等于相应的累计增长量。即

$$(a_1-a_0)+(a_2-a_1)+\cdots+(a_n-a_{n-1}) = a_n-a_0$$

在实际工作中，为了消除季节因素影响，常计算年距增长量。

年距增长量＝本期发展水平－去年同期发展水平

【例6】 我国2006～2011年每年货物进出口总额的资料见表8.15。则货物进出口总额的逐期增长量和累计增长量计算结果见表内。

表8.15 货物进出口总额统计表

指标＼时间/年	2006	2007	2008	2009	2010	2011
货物进出口总额/亿美元	17605	21766	36959	22075	29740	36421
逐期增长量	—	4161	15193	－14884	7665	6681
累计增长量	—	4161	19354	4470	12135	18816

四、平均增长量

平均增长量是说明现象在一定时期内平均每期增长的数量。是逐期增长量时间数列的序时平均数，反映现象的平均增长水平。其计算公式如下。

$$平均增长量 = \frac{\Sigma 逐期增长量}{逐期增长量的个数} = \frac{累计增长量}{时间数列项数-1}$$

例如，表 8.15 中货物进出口总额的平均增长量可按下列方法计算。

$$平均增长量 = \frac{4161+15193-14884+7665+6681}{5} = 3763.2（亿美元）$$

$$或者 = \frac{18816}{6-1} = 3763.2（亿美元）$$

结果说明，2007~2011 年我国平均每年货物进出口总额增长量为 3763.2 亿美元。

第三节 时间数列的速度分析

时间数列的速度分析需借助速度指标。速度指标包括发展速度、平均发展速度、增长速度和平均增长速度四种。

一、发展速度

发展速度就是动态相对数，是两个不同时期发展水平之比，表明了现象发展变化的相对程度。一般用百分数表示，也可以用倍数表示。计算公式如下。

$$发展速度 = \frac{报告期水平}{基期水平} \times 100\%$$

由于采用的基期不同，发展速度可分为环比发展速度和定基发展速度。环比发展速度是报告期水平与其前一期水平之比，说明现象相对于前一期水平发展变化的程度；定基发展速度是报告期水平与某一固定基期水平之比，说明现象报告期水平相对于某一固定基期水平变化的程度。一般地，定基发展速度是在较长时期内形成的，又称总速度。它们的计算公式如下。

环比发展速度：$\frac{a_1}{a_0}, \frac{a_2}{a_1}, \cdots, \frac{a_n}{a_{n-1}}$

定基发展速度：$\frac{a_1}{a_0}, \frac{a_2}{a_0}, \cdots, \frac{a_n}{a_0}$

环比发展速度和定基发展速度之间的关系是：环比发展速度之积等于相应的定基发展速度。即

$$\frac{a_1}{a_0} \times \frac{a_2}{a_1} \times \cdots \times \frac{a_n}{a_{n-1}} = \frac{a_n}{a_0}$$

某期的环比发展速度等于该期的定基发展速度除以其前一期的定基发展速度。即

$$\frac{a_n}{a_{n-1}} = \frac{a_n}{a_0} \div \frac{a_{n-1}}{a_0}$$

在实际工作中，为避免季节因素影响，也可计算年距发展速度。

$$年距发展速度 = \frac{本期发展水平}{去年同期发展水平}$$

二、增长速度

增长速度是各期增长量与基期发展水平之比，用来表明现象在一定时期内提高或降低的

程度。计算公式如下。

$$\text{增长速度} = \frac{\text{增长量}}{\text{基期水平}} = \frac{\text{报告期水平} - \text{基期水平}}{\text{基期水平}} = \frac{\text{报告期水平}}{\text{基期水平}} - 1 = \text{发展速度} - 1$$

发展速度大于1，则增长速度为正数，表示现象报告期比基期增长的程度，又称增长率；反之，如果发展速度小于1，则增长速度为负数，表示现象报告期比基期降低的程度，又称降低率。

增长速度与发展速度相似，由于采用的基期不同，也可分为环比增长速度、定基增长速度和年距增长速度。环比增长速度表示现象逐期的增长速度；定基增长速度表示现象在较长时间内总的增长速度；年距增长速度表示现象比去年同期增长的速度。

$$\text{环比增长速度} = \text{环比发展速度} - 1 = \frac{\text{逐期增长量}}{\text{前一期水平}}$$

$$\text{定基增长速度} = \text{定基发展速度} - 1 = \frac{\text{累计增长量}}{\text{固定基期水平}}$$

$$\text{年距增长速度} = \text{年距发展速度} - 1 = \frac{\text{年距增长量}}{\text{去年同期水平}}$$

环比增长速度与定基增长速度之间没有直接的换算关系，但可根据发展速度与增长速度的关系进行间接换算。

【例7】 2008~2011年某企业产品产量的环比增长速度见表8.16中第二行资料，各年的定基增长速度计算结果见表内。

表8.16 某企业产品产量速度统计表

时间/年 指标	2008	2009	2010	2011
产量的环比增长速度/%	20	25	20	11.11
产量的环比发展速度/%	120	125	120	111.11
产量的定基发展速度/%	120	150	180	200
产量的定基增长速度/%	20	50	80	100

三、平均发展速度和平均增长速度

平均发展速度是各期环比发展速度时间数列的序时平均数，用来说明现象在较长时间内逐期平均发展变化的程度。

平均增长速度是各期环比增长速度时间数列的序时平均数，用来说明现象在较长时间内平均每期递增或递减的程度。

平均增长速度不能通过直接对环比增长速度求平均来计算，而是通过它与平均发展速度的关系推算的，二者的关系如下。

$$\text{平均增长速度} = \text{平均发展速度} - 1$$

平均增长速度有正负之分，正值表示现象平均每期递增的程度，负值表示现象平均每期递减的程度。

显然，平均发展速度和平均增长速度的计算重点在前者。如何计算平均发展速度，取决于环比发展速度的特点。环比发展速度属于动态相对数，由各个环比发展速度构成的时间数列——动态相对数时间数列计算平均发展速度有别于由静态相对数时间数列计算序时平均数。实际中常用的计算方法有几何平均法和方程式法。

（一）几何平均法

由于总速度不等于各期环比发展速度之和，而等于各期环比发展速度之积，所以不适合采用算术平均法，而要用几何平均法计算。如果用 $\bar{x}$ 表示平均发展速度，用 x_1，x_2，…，x_n 表示各期环比发展速度，用 n 表示环比发展速度的项数，平均发展速度的计算公式如下。

$$\bar{x}=\sqrt[n]{x_1 x_2 \cdots x_n}=\sqrt[n]{\frac{a_1}{a_0}\times\frac{a_2}{a_1}\times\cdots\times\frac{a_n}{a_{n-1}}}=\sqrt[n]{\frac{a_n}{a_0}}$$

按照该方法计算的结果表明，从最初水平 a_0 开始，各期按照平均发展速度发展，经过 n 期，最末水平达到 a_n，即 $a_0 \bar{x}^n = a_n$，所以又称水平法。

【例8】 某企业利税总额2005年比2002年增加30%，2005～2012年平均年增长速度为10%。

要求：① 计算该企业2002～2012年利税总额的年平均发展速度。

② 若2002年的利税总额为500万元，试计算该企业2013年的利税总额。

设2002年的利税总额为 a_0，2012年的为 a_{10}，2013年的 a_{11}。则有下列等式成立。

$$a_0=500\text{万元} \quad \frac{a_3}{a_0}-1=30\% \quad \sqrt[7]{\frac{a_{10}}{a_3}}=1+10\%=110\%$$

解：① $\sqrt[10]{\dfrac{a_{10}}{a_0}}=\sqrt[10]{\dfrac{a_{10}}{a_3}\times\dfrac{a_3}{a_0}}=\sqrt[10]{1.1^7\times 1.3}=109.74\%$

② $a_{11}=500\times 1.0974^{11}=1389.9$（万元）

计算结果说明，该企业2002～2012年平均发展速度为109.74%，2013年的利税总额预计达到1389.9万元。

（二）方程式法

方程式法是通过建立关于平均发展速度的高次方程来计算平均发展速度的一种方法。该高次方程建立的基本思路是：以最初水平为基础，每期按照平均发展速度发展，各期理论发展水平之和等于各期实际发展水平的累计数。由于该方法侧重考察发展水平的累计数，故而又称累计法。

如果用 a_0 表示最初水平，用 $\bar{x}$ 表示平均发展速度，则有下列高次方程成立。

$$a_0[\bar{x}+\bar{x}^2+\bar{x}^3+\cdots+\bar{x}^n]=a_1+a_2+\cdots+a_n$$

整理得

$$\bar{x}+\bar{x}^2+\bar{x}^3+\cdots+\bar{x}^{n-1}+\bar{x}^n=\frac{a_1+a_2+\cdots+a_{n-1}+a_n}{a_0}=\frac{\sum a}{a_0}$$

借助计算机求得该方程的正实数解，就是累计法平均发展速度。实际中，根据事先编制的《平均发展速度查对表》进行计算。累计法平均发展速度查对表分为递增速度和递减速度两部分，递增速度查对表的部分内容见表8.17。

表 8.17　五年平均发展速度累计法查对表

平均发展速度 $\bar{x}$/%	五年发展水平总和与基期的比 $\sum a \div a_0$	平均发展速度 $\bar{x}$/%	五年发展水平总和与基期的比 $\sum a \div a_0$
101	515.2	108	633.59
102	530.80	109	652.56
103	546.84	110	671.56
104	563.31	111	691.27
105	580.19	112	711.51
106	597.54	113	732.28
107	615.33	114	753.53

【例 9】 某企业 2005 年基本建设的投资额为 600 万元，"十一五"期间的投资额分别是 630 万元、670 万元、680 万元、700 万元和 850 万元。要求计算该企业"十一五"期间投资额的年平均递增速度。

解：

(1) 计算 $\sum a \div a_0$ 的值，即五年的投资额之和与基期（2005 年）投资额之比

$$\frac{\sum a}{a_0} = \frac{630+670+680+700+850}{600} = \frac{3530}{600} = 588.33\%$$

(2) 根据 $\frac{\sum a}{na_0}$ 判断速度是递增还是递减

因为 $\frac{\sum a}{na_0} = \frac{588.33\%}{5} = 117.76\% > 100\%$，所以应在查对表中递增速度部分查找平均发展速度。

(3) 根据 $\sum a \div a_0$ 的值在相应的查对表中查找平均发展速度

在表中 588.33% 介于 580.19% 与 597.54% 之间，则对应的平均发展速度应当在 105% 与 106% 之间，用插值法按比例推算结果如下。

$(597.54\% - 580.19\%) : (106\% - 105\%) = (588.33\% - 580.19\%) : (\bar{x} - 105\%)$

$$\bar{x} - 105\% = \frac{(588.33\% - 580.19\%) \times (106\% - 105\%)}{(597.54\% - 580.19\%)}$$

$\bar{x} = 105\% + 0.47\% = 105.47\%$

计算结果表明，该企业"十一五"期间投资额每年平均递增 5.47%。

计算平均发展速度时应注意方法的选择。一般而言，当现象的发展水平比较稳定地逐期上升或逐期下降时适合采用几何平均法；当现象的发展水平不是有规律地逐期上升或下降时适合采用方程式法。

利用平均发展速度和平均增长速度进行速度分析时，应注意与分段平均发展速度和发展速度结合起来。因为平均发展速度虽然代表了发展速度的一般水平，但是它掩盖了现象不同阶段的实际速度，如果现象的发展周期较长，速度波动较大，用发展速度和分段平均发展速度补充说明总平均发展速度，才能准确而全面地反映现象的发展状态和速度。

第四节　时间数列的趋势分析

一、时间数列影响因素的分解

事物变化过程往往受到众多因素的影响，致使在不同时间上的指标数值普遍存在着差

异。例如，商品销售量的变化一般会受到居民购买力、商品质量、顾客喜好、季节变换、社会习俗以及其他因素的影响。这些因素对销售量的影响是不同的，其中，居民购买力和商品质量称为基本影响因素，对销售量起着决定性、持久性的影响，使销售量持续上升或下降或保持平稳；季节交替变换、社会习俗称为季节影响因素，可能引起销售量在不同季节的不同变化，如冷饮夏季销售量大，冬季销售量小，每年都重复着这样的变动规律。其他因素如突发、偶发事件和不明原因等称为偶然影响因素，对销售量的影响无法预知。以上三类因素影响会使时间数列呈现不同的变化趋势。

(一) 长期趋势

长期趋势是指现象在相当长的时间内持续保持的一种规律性发展态势，由基本因素影响所引起。如居民购买力强、商品质量好，会导致商品销售量持续上升；反之，使销售量持续下降。现象的长期趋势可以通过数学模型模拟其变动方向和变动态势。

(二) 季节变动

季节变动是指现象在一年内由于季节更替或者社会习俗的影响，形成的每年周而复始的一种周期性变动。季节变动的周期较为固定，一般在一年之内。有时可以不局限于此，凡是在一个较短时间内呈现出周而复始的变动，也可视为季节变动。

(三) 不规则变动

不规则变动即非趋势性、非周期性的随即波动，由偶然因素影响所引起。

此外，现象可能还存在循环变动。循环变动是现象在较长时间内呈现的一种近乎规律性的周期变动，是由现象的内在客观规律制约而形成。循环变动的周期一般不是十分明显，周期的长度也往往不够固定。

研究时间数列的发展趋势，不仅有利于开展有效经营管理、合理安排生产销售，而且也有利于预测和决策。这里重点介绍长期趋势和季节变动的分析。

二、时间数列长期趋势分析

时间数列的长期趋势分析，就是消除季节因素、偶然因素的影响，探求基本因素影响下现象的变化规律，为预测奠定基础。常见的长期趋势分析方法有时距扩大法、移动平均法、最小平方法。

(一) 时距扩大法

时距扩大法是将原时间数列中若干项发展水平进行简单算术平均，得到时间距离扩大后的序时平均数所形成的时间数列来反映长期趋势的一种方法。时距扩大后的平均数，可以有效地消除原数列中因时距较短而受到的偶然因素和季节因素影响所引起的波动，明显的表现原数列是否存在长期趋势。

【例10】某企业去年各月产品销售额见表8.18第一、二行资料，判断该企业产品销售额是否存在长期趋势。

表8.18 企业产品销售额统计表　　　　　　　　　　单位：万元

月份	1	2	3	4	5	6	7	8	9	10	11	12
月销售额	330	340	370	340	410	440	500	460	470	520	450	550
三项平均	1季度月均销售额			2季度月均销售额			3季度月均销售额			4季度月均销售额		
	346.7			396.7			476.7			506.7		

观察表 8.18 第一、二行资料,该企业的月销售额时间数列中,月与月之间的销售额有交替升降的现象,趋势不太明显。采用三项平均扩大时距来消除季节变动和偶然因素影响。

计算结果见表 8.18 第三行。通过计算三项平均数,形成各季度平均月销售额时间数列,明显地显示出了销售额的上升发展趋势。

(二) 移动平均法

移动平均法是按固定项数,将时间数列各期的发展水平边移动边平均,用顺次计算的序时平均数形成的时间数列反映长期趋势的方法。在这个由序时平均数形成的新的时间数列中,短期偶然因素引起的变动被削弱,即可据此揭示长期趋势。现仍以表 8.18 资料来说明移动平均法的计算方法和应用。

设 a_i 为第 i 月的销售额,$\bar{a}_i$ 为第 i 月的移动平均销售额,n 为移动平均的项数,则采用三项移动平均和五项移动平均的平均数计算公式分别如下。

三项移动平均数 $\bar{a}_i = \dfrac{a_{i-1} + a_i + a_{i+1}}{3}$

五项移动平均数 $\bar{a}_i = \dfrac{a_{i-2} + a_{i-1} + a_i + a_{i+1} + a_{i+2}}{5}$

具体计算过程见表 8.19。

由表 8.19 可以看出,移动平均数把短期的偶然因素引起的不规则变动加以削弱,显示出销售额的变化趋势。移动平均的项数越多对原数列中不规则变动削弱的程度越强,如五项移动平均后的数列比三项移动平均后的数列更能显示销售额上升的趋势。移动平均的项数越多得到的新数列的项数越少。如果移动平均的项数为偶数,计算的序时平均数的位置与时间序号不相对应,需要再进行两项移动平均移正。

(三) 最小平方法

最小平方法是反映长期趋势的最常用方法。它是根据最小平方法对原时间数列配合一条最佳的趋势线来显示现象的长期发展趋势的。最小平方法的原理是要求时间数列的实际值 y 与趋势值 $\hat{y}$ 离差平方和达到最小。

表 8.19 企业产品销售额统计表

月份	销售额/万元	三项移动平均数/万元	五项移动平均数/万元
1	330	—	—
2	340	346.7	—
3	370	350	358
4	340	373.3	380
5	410	396.7	412
6	440	450	430
7	500	466.7	456
8	460	476.7	478
9	470	483.3	480
10	520	480	490
11	450	506.7	—
12	550	—	—

现象的长期发展趋势种类复杂,有直线型也有曲线型。究竟配合的趋势线为直线还是曲线,可以根据绘制的散点图来确定。若散点图分布在一条直线附近,则应配合一条直线,即

求出对应的直线方程来揭示现象的长期趋势；若散点图分布在一条曲线附近，则应配合一条曲线，即求出对应的曲线方程以反映现象的长期趋势。除用散点图来确定趋势线的类别外，还可按以下原则来确定：若时间数列的逐期增长量大体相等，则其趋势线为直线；若时间数列的二级增长量（在逐期增长量的基础上再求逐期增长量）大体相等，则其趋势线为抛物线；若时间数列的环比发展速度大体相等，则其趋势线为指数曲线。这里简要介绍直线趋势方程的配合。

设拟配合的直线趋势方程为 $\hat{y}=a+bt$，其中 t 为时间变量，a 和 b 为待定参数，$\hat{y}$ 为时间数列的趋势值。如果 a 和 b 能够确定，该直线趋势方程就完全确定了。

根据最小平方法的要求，$\sum(y-\hat{y})^2=$ 最小值，分别对 a、b 求偏导数，可得到关于 a、b 的联立方程组及求解，如下。

$$\begin{cases} \sum y = na + b\sum t \\ \sum ty = a\sum t + b\sum t^2 \end{cases} \quad 即 \begin{cases} b = \dfrac{n\sum ty - \sum t \sum y}{n\sum t^2 - (\sum t)^2} \\ a = \dfrac{\sum y}{n} - b\dfrac{\sum t}{n} \end{cases}$$

式中，y 表示各期发展水平，n 表示时间数列的项数，a 表示直线的截距，b 表示斜率。b 的意义是指时间变量 t 每增加一个单位，y 平均增减的绝对额。若 b 为正数，表明现象直线上升趋势；若为负数，表明现象直线下降趋势。

时间变量 t 可用原数列中的真实取值，也可用假定值。因为时间变量仅仅表示发展水平的先后顺序，并无其他用意，所以，为了简化计算，t 的取值应保证 $\sum t=0$，按以下原则取值可满足这一要求：当时间数列的项数为奇数时，可把中间一项对应的 t 值取为 0，即时间取值分别为 $\cdots,-3,-2,-1,0,1,2,3,\cdots$；当时间数列的项数为偶数时，则时间取值分别为 $\cdots,-5,-3,-1,1,3,5,\cdots$。这样，上述联立方程组可简化为

$$\begin{cases} \sum y = na \\ \sum ty = b\sum t^2 \end{cases} \quad 即 \begin{cases} b = \dfrac{\sum ty}{\sum t^2} \\ a = \dfrac{\sum y}{n} \end{cases}$$

【例 11】 某企业 2003～2011 年的总产值见表 8.20 第一、二列资料，要求测定其总产值的直线趋势方程。

表 8.20　某企业总产值统计表

年份	总产值 y/万元	时间序号 t	ty	t^2	$\hat{y}$/万元
2003	1100	−4	−4400	16	1084.68
2004	1180	−3	−3540	9	1166.01
2005	1250	−2	−2500	4	1247.34
2006	1340	−1	−1340	1	1328.67
2007	1330	0	0	0	1410.00
2008	1490	1	1490	1	1491.33
2009	1580	2	3160	4	1572.66
2010	1670	3	5010	9	1653.99
2011	1750	4	7000	16	1735.32
合计	12690	0	4880	60	12690.00

解：在表 8.20 中分别取好 t 值，并求出计算 a、b 所需要的数据资料。其中 $\sum t=0$，$\sum y=12690$，$\sum ty=4880$，$\sum t^2=60$，$n=9$，代入公式得

$$\begin{cases} b = \dfrac{\sum ty}{\sum t^2} = \dfrac{4880}{60} = 81.33 \\ a = \dfrac{\sum y}{n} = \dfrac{12690}{9} = 1410 \end{cases}$$

将 a、b 值代入直线方程式，得 $\hat{y} = 1410 + 81.33t$。由 $b = 81.33$ 可知该企业总产值发展趋势是直线上升的，且年平均增加 81.33 万元。若把各年 t 值代入上述方程式，可得各年总产值的趋势值 $\hat{y}$，如表 8.20 最后一列所示。

三、时间数列季节变动分析

时间数列的季节变动分析，就是消除偶然因素、长期趋势的影响，寻求季节因素影响之下现象的变化规律，以便于合理安排生产生活，为预测奠定基础。季节变动的分析方法主要分为两种：一是同期平均法；二是长期趋势剔除法。

（一）同月（季）平均法

同月（季）平均法是指不考虑长期趋势的影响，直接求出不同年份各月（季）的平均数，再与总的月（季）平均数相比计算季节比率，通过季节比率反映各月（季）的季节变动规律。当时间数列中长期趋势不明显或者不存在时，适宜采用该方法测定季节变动。

同月（季）平均法测定季节变动的关键是计算季节比率。若用 s_j 表示季节比率，用 $\overline{x}_j$ 表示不同年份各月（季）的平均数，用 $\overline{x}$ 表示不同年份各月（季）的总平均数，则季节比率的计算公式如下。

$$s_j = \dfrac{\overline{x}_j}{\overline{x}}$$

当季节比率 $s_j > 100\%$ 时，表明现象在此时处于旺季；当季节比率 $s_j < 100\%$ 时，表明现象此时处于淡季。季节比率的具体计算步骤如下。

（1）对不同年份同月（季）发展水平进行简单算数平均，求出月（季）平均数 $\overline{x}_j$。
（2）对所有月（季）发展水平进行简单算术平均，求出总的月（季）平均数 $\overline{x}$。
（3）计算季节比率 s_j。

【例 12】某商场近三年各月商品销售额见表 8.21 前两列资料，要求计算各月的季节比率。

表 8.21　某商场商品销售额统计表

月份	销售额 x/万元			三年同月销售额合计 $\sum x$/万元	三年同月销售额平均数 $\overline{x}_j$ 和总平均数 $\overline{x}$/万元	季节比率 s/%
	第1年	第2年	第3年			
1	800	900	1100	2800	933.33	184.21
2	730	800	1000	2530	843.33	166.45
3	600	560	650	1810	603.33	119.08
4	400	390	430	1220	406.67	80.26
5	210	200	220	630	210	41.45
6	60	70	50	180	60	11.84
7	40	30	20	90	30	5.92
8	30	40	50	120	40	7.89
9	100	110	140	350	116.67	23.03
10	820	800	900	2520	840	165.79
11	900	950	1100	2950	983.33	194.08
12	840	1000	1200	3040	1013.33	200.00
合计	5530	5850	6860	18240	506.67	1200.00

解：按照上述计算步骤和公式，具体结果见表 8.21 中的最后一列。通过观察季节比率可得出以下结论：该商场商品销售额存在明显的季节变动，销售旺季在每年的一、四季度，淡季在二、三季度。为争取最大利润，在一、四季度应安排充足的货源。

此外，若计算精确，各月季节比率之和应等于 1200%，季度的季节比率之和应等于 400%。

（二）长期趋势剔除法

长期趋势剔除法是先剔除时间数列的长期趋势影响，再计算季节比率来测定季节变动的一种方法。它适合长期趋势影响较明显的时间数列或季节变动测定要求较准确的现象。

时间数列各期发展水平受长期趋势、季节变动、不规则变动和循环变动四个因素共同作用，在短期内循环变动不明显时，时间数列的各期发展水平可简化表达为下列等式。

时间数列的各期发展水平＝长期趋势影响×季节变动影响×不规则变动影响

该等式便是长期趋势剔除法的理论依据。将等式做简单变形可得下列等式。

季节变动影响×不规则变动影响＝时间数列的各期发展水平÷长期趋势影响

等式右边已经将时间数列的长期趋势予以剔除，左边包括季节变动和不规则变动的影响，只需要再消除不规则变动即可得到季节变动。

长期趋势剔除法计算季节比率的一般步骤如下。

(1) 计算现象的长期趋势 $\hat{y}$。

长期趋势值可根据需要采用移动平均法、最小平方法计算等。

(2) 计算长期趋势剔除值 u_j。

$$u_j = \frac{y}{\hat{y}}$$

其中 y 为时间数列各期的实际发展水平，$\hat{y}$ 为长期趋势值。二者相比即可剔除长期趋势的影响。

(3) 计算不同年份同月（季）u_j 的简单算术平均数 $\bar{u}_j$。

(4) 计算所有 u_j 的简单算术平均数 $\bar{u}$。

$\bar{u}$ 有两种计算方法。一种是根据所有的 u_j，通过简单算术平均来计算；另一种是根据 $\bar{u}_j$ 来计算，公式如下。

$$\bar{u} = \frac{\sum \bar{u}_j}{12(4)}$$

(5) 计算各月（季）的季节比率 s_j

$$s_j = \frac{\bar{u}_j}{\bar{u}}$$

【例 13】 某企业 2008～2012 年各季度产品销售量见表 8.22 中前三列资料。要求采用长期趋势剔除法测定季节变动。

表 8.22　某企业产品销售量统计表

年份	季度	销售量 y/吨	四项移动、移正平均趋势 $\hat{y}$/吨	长期趋势剔除值 u_j/%
2008	3	16	—	
	4	18	—	

续表

年份	季度	销售量 y/吨	四项移动、移正平均趋势 $\hat{y}$/吨	长期趋势剔除值 u_j/%
2009	1	7	12.13	57.71
	2	8	12.25	65.31
	3	15	12.50	120.00
	4	20	12.75	156.86
2010	1	7	13.50	51.85
	2	10	14.25	70.18
	3	19	14.63	129.87
	4	22	14.63	150.38
2011	1	8	14.63	54.68
	2	9	15.00	60.00
	3	20	15.00	129.03
	4	24	16.38	146.52
2012	1	10		
	2	14		—

解：采用四项移动平均计算长期趋势，并计算两项移正平均趋势值，见表 8.22 中第四列；同时，计算长期趋势剔除值，见第五列。在长期趋势剔除值 u_j 的基础上计算季节比率，结果见表 8.23。

表 8.23 某企业产品销售量季节比率计算表

年份 \ 季度	一	二	三	四	合计
2009	57.71	65.31	120.00	156.86	399.88
2010	51.85	70.18	129.87	150.38	402.28
2011	54.68	60.00	129.03	146.52	390.23
合计/%	164.24	195.49	378.90	453.76	1192.39
平均数/%	54.75	65.16	126.30	151.25	397.46
季节比率/%	55.10	65.58	127.10	152.22	400.00

由表 8.23 表明，该企业的产品销售量在三、四季度处于销售旺季，一、二季度处于销售淡季，四个季度的季节比率之和等于 400%。

本章小结

本章介绍了时间数列的概念、分类、编制原则，以及时间数列的水平分析、速度分析以及趋势分析，为读者进行动态分析提供了基本方法。

时间数列是将同一指标在不同时间上的数值按照时间顺序排列而成的数列，又称动态数列。时间数列按照统计指标的性质不同可分为绝对数时间数列、相对数时间数列和平均数时间数列。绝对数时间数列又分为时期数列和时点数列。时点数列按照编制的时点是否连续可分为连续时点数列和间断时点数列。连续时点数列按照时间是否分组，分为未分组的连续时点数列和已分组的连续时点数列。间断时点数列按照相邻两个时点之间的间隔是否相等，分为等间隔的间断时点数列和不等间隔的间断时点数列。相对数时间数列分为静态相对数时间数列和动态相对数时间数列。平均数时间数列分为静态平均数时间数列和动态平均数时间数列。时间数列的编制应保证时间上的可比性、总体范围的可比性、计算方法上的可比性和指标口径的可比性。

时间数列的水平分析指标包括发展水平、平均发展水平、增长量和平均增长量；增长量分为逐期增长量和累计增长量，逐期增长量之和等于相应的某个累计增长量。时间数列的速度分析指标包括发展速度、增长速度、平均发展速度和平均增长速度；发展速度分为环比发展速度和定基发展速度，环比发展速度的乘积等于某一个定基发展速度。平均发展速度的计算方法包括几何平均法和方程式法，当现象的发展水平稳定地逐期上升或逐期下降时适合采用几何平均法；当现象的发展水平不是有规律地逐期上升或下降时适合采用方程式法。时间数列的趋势分析主要包括长期趋势和季节变动分析。长期趋势的分析方法常用的有时距扩大法、移动平均法和最小平方法；季节变动的分析方法常见的有同期平均法和长期趋势剔除法。

思考与练习

1. 何谓时间数列？其构成要素有哪些？
2. 时间数列按指标的性质不同如何分类？
3. 简述时期数列和时点数列的特点。
4. 简述时点数列的分类。
5. 时间数列的编制应遵循哪些原则？
6. 动态分析指标包括哪些？
7. 平均发展水平有哪些计算方法？
8. 简述间断时点数列平均发展水平计算的假定条件。
9. 由等间隔时点数列如何计算平均发展水平？
10. 由不等间隔时点数列如何计算平均发展水平？
11. 由静态相对数时间数列如何计算平均发展水平？
12. 由静态平均数时间数列如何计算平均发展水平？
13. 由动态平均数时间数列如何计算平均发展水平？
14. 增长量有几种？它们的关系如何？
15. 平均增长量是对哪一种增长量计算的平均数？如何计算？
16. 发展速度有几种？它们的关系如何？
17. 平均发展速度是对哪一种发展速度计算的平均数？如何计算？
18. 计算平均发展速度的几何平均法为什么又称为水平法？
19. 计算平均发展速度的方程式法为什么又称为累计法？
20. 平均增长速度是对哪一种增长速度计算的平均数？如何计算？
21. 简述时距扩大法和移动平均法测定时间数列的长期趋势的实质。

22. 简述最小平方法的基本原理。

23. 简述直线趋势方程中 b 的含义。

24. 简述同期平均法和长期趋势剔除法测定季节变动的应用场合。

25. 某商场某年各月商品销售额的资料如下表。

月份	销售额/万元	月份	销售额/万元	月份	销售额/万元
1月	110	5月	130	9月	150
2月	100	6月	110	10月	160
3月	120	7月	130	11月	150
4月	120	8月	140	12月	170

要求：(1) 计算该商场各季度平均每月销售额。(2) 计算该商场全年平均每月销售额。

26. 某金融机构上年末的存款余额为980万元，本年各月末存款余额资料如下表。

月末	1	2	3	4	5	6	8	11	12
存款余额/万元	900	950	990	980	1000	990	1000	990	980

要求：(1) 计算该金融机构本年上半年平均每月存款余额。(2) 计算该金融机构本年全年平均每月存款余额。

27. 某企业某年第二季度各月末销售人员和全体员工的资料如下表。

月 末	3	4	5	6
销售人员/人	800	810	820	815
全体员工/人	1000	980	1030	1010
销售人员所占比重/%	80.00	82.65	79.61	80.69

要求：计算该企业第二季度销售人员占全体员工的平均每月比重。

28. 某企业某年上半年各月的产品产量及单位成本资料如下表。

月 份	1	2	3	4	5	6
产量/万件	12	16	18	20	22	24
单位成本/(元/件)	6.00	5.00	5.50	5.20	5.00	4.90

要求：计算该企业上半年平均每月单位成本。

29. 某商场某年各月营业额资料如下表。

月份	1	2	3	4～5	6～8	9～12
平均每月营业额/万元	120	160	100	200	322	500

要求：(1) 计算该商场第一季度平均每月营业额。(2) 计算该商场全年平均每月营业额。

30. 某企业 2006～2011 年的产值资料如下表。

年 份	2006	2007	2008	2009	2010	2011
产值/万吨	665	712	763	784	805	860

要求：(1) 计算该企业 2006~2011 年的逐期增长量和累计增长量。(2) 计算该企业 2006~2011 年的环比发展速度和定基发展速度。(3) 计算该企业 2006~2011 年的平均发展速度和平均增长速度。

31. 某地区城镇居民 2007~2011 年的人均收入与商品销售额的资料如下表。

年 份	2007	2008	2009	2010	2011
人均收入/百元	16	30	40	65	84
商品销售额/百万元	11	15	13	17	20

要求：(1) 用最小平方法测定人均收入时间数列的长期趋势。(2) 用最小平方法建立人均收入与商品销售额的回归方程。

32. 某商场商品销售数据如下表。

时间/年	一季度	二季度	三季度	四季度
2008	5	8	13	18
2009	6	10	14	18
2010	8	12	16	22
2011	15	17	19	25

要求：(1) 不考虑长期趋势测定季节变动规律。(2) 考虑长期趋势影响测定季节变动规律。

第九章 统计预测与决策

学习目标

统计预测与决策是统计学中一个重要的研究领域,也是统计职能得以充分发挥的重要方面。通过本章学习,要求了解统计预测和决策的概念、种类、原则等;掌握预测和决策方法,并能进行正确应用。

第一节 统计预测

一、统计预测的意义及分类

(一)统计预测的意义

统计预测是以实际统计资料为基础,根据事物的内在联系及其发展规律,运用统计方法,预测所研究现象在未来的某一时间上可能达到的规模和水平。

统计预测由三个要素构成,即预测基础、预测手段、预测依据。统计预测是以大量的统计资料为基础,通过对过去和现在的数据资料的深入研究,分析事物的演变规律,推测未来发展变化状况,并用数学模型模拟出来;数学模式的建立必须以经济理论为依据,如果缺乏对事物发展的相互联系和内在经济规律的认识,建立的模型也就失去了模拟经济现象的作用。所以,实际统计资料是统计预测的基础,经济理论是预测的依据,数学模型是预测的手段。

统计预测作为一种科学的认识方法,有着极其重要的作用。首先,统计预测使统计的职能得到更充分的体现。开展统计预测,使得统计工作从单纯地对历史资料的描述这一传统领域扩展到了面向未来的统计推断领域,大大提高了统计认识能力。把统计工作做在事前,充分利用各种数据和信息及预测结果,使统计服务功能得到进一步的发挥,丰富了统计工作内涵。其次,统计预测可为编制计划和进行决策提供科学依据。从宏观角度上讲,只有建立在科学的统计预测基础上的社会发展计划和宏观调控,才能有效地根据我们的目标来解决供求矛盾、地区矛盾等,使得整个国民经济处于良性循环的发展状态;从微观角度看,只有掌握准确的市场信息并做出科学的推测,才能制定合理的计划,提高经营效益,使企业处于良性循环状态,在激烈地市场竞争中得以生存和发展。

(二)统计预测的分类

由于统计研究范围及研究对象的广泛性、复杂性,导致统计预测方法的多样性。

1. 按预测的范围划分,统计预测分为宏观预测和微观预测

宏观预测是以整个国民经济部门或地区的经济活动为考察对象,综合预测宏观经济活动中各项指标之间的联系和发展变化。例如，预测社会物价总水平的变动幅度及对市场商品供需状况的影响；预测整个国民经济 GDP 的规模、速度和结构的变化等。宏观预测的主要任务是为政府部门制定方针政策、编制和检查计划、调整经济结构提供参考和依据。

微观预测是以基层单位生产经营活动为考察对象，单项预测微观经济活动中各项指标之间的联系和发展变化。例如，对某企业的生产经营状况进行的预测；对某公司的获利前景的分析预计等。微观预测的主要任务是为基层单位的经营决策、编制和检查计划提供依据和参考。

2. 按预测结果的表现形式划分，统计预测分为定性预测和定量预测

定性预测是根据所掌握的历史与现在资料，凭借预测者个人的工作经验和分析能力，对事物未来发展方向和属性做出的判断与推测。定性预测适用于缺乏历史资料、数据较少，或者无法进行定量分析的对象。如对投资方向的预测、对消费者需求倾向的预测等。定性预测简便易行，但缺乏客观标准，受预测者经验、知识和能力的局限，带有一定的主观性。

定量预测是以统计数据为基础，利用数学模型和统计方法对事物未来发展的数量方面所进行的预测。如对消费者支出结构的预测、产品销售量的预测等。定量预测通常根据模型进行预测，有一定的标准，受预测者主观因素影响较小，但比较机械，难以预测事物的性质变化。

3. 按预测时间划分，统计预测分为短期预测、中期预测和长期预测

短期预测是指对预测对象未来 2 年以下的预测，如某部门日常业务活动情况的预测；中期预测是指对预测对象未来 3~5 年的预测，如社会需求预测、物质生产条件预测等；长期预测是指对预测对象未来 5 年以上的预测，如社会经济发展方向的预测。

事物的未来具有很大的不确定性，对不确定的未来进行预测必然会有误差。而且，预测的时间越长，预测结果的准确性就越差。因此，预测的关键在于选择科学适宜的方法，使误差减到最小。短期预测的时间比较短，不确定因素较少，方法可简便灵活。中期预测的不确定因素较多，要求有比较完善的预测方法，有时还必须多种方法结合运用。长期预测由于许多因素很难确定和预料，因此在经过初步预测后，还要分阶段根据新的信息或数据对预测结果进行补充和修正。

二、统计预测的原则

（一）连贯原则

所谓连贯原则是指在事物未发生质变的情况下，它的发展具有一定的继承性和连贯性，使事物未来的发展与其过去和现在的发展没有什么根本不同。在统计预测中遵循连贯原则，就是要按照事物发展的这种继承性和连续性，从事物的过去、现在推测未来。连贯原则是预测的依据，不能违背。否则，预测的科学性和可能性也就失去了保证。但是，社会是复杂的，由于各种偶然因素的存在，即使事物保持其发展规律不变，还是有可能发生与过去不一致的情况。因此，在运用连贯原则进行预测时，一要掌握规律，二要研究偏离，并做出适当的修正，才能使预测结果更符合实际。

（二）类推原则

所谓类推原则是依据事物结构的稳定性及其变化模式，类比现在、预测未来。事物的变动不是杂乱无章，而是常常具有稳定的结构。对结构稳定的事物，可根据积累的历史资料，运用数学模式进行模拟类推预测事物的未来。对于经常出现突然变化、结构不稳定的事物，则就不方便预测了。例如，由于随机因素影响，我国居民的衣、食、住、行等项支出费用各不相同，但由国情决定的消费结构是相对稳定的，可以根据类推原则预测未来的消费情况。

类推原则也适用于事物之间，即所谓的"由此及彼"。如研究发达国家某些产品的生命周期，可以类推预测我国同类产品的发展前景；研究某地区社会经济发展中出现的问题，可以类推预测条件相似地区将来可能出现的类似情况等。

（三）相关原则

相关原则就是利用事物发展过程的相关关系进行预测。任何事物的发展变化都不是孤立的，与其他事物存在着千丝万缕的联系。相关关系有多种表现形式，其中因果关系是事物之间普遍联系和作用的形式之一。一定的原因，导致一定的结果，两者之间一般具有类似函数关系的密切关系，这就为建立数学模型进行预测奠定了基础。

依据相关原则预测时，首先，需要确定两个事物之间是否相关。不具备相关关系，或相关关系不密切，即使建立了模型，预测结果也会失真。其次，要考虑相关的条件。因为事物之间的相关关系是在一定范围内存在的，当条件变化超出了相关范围，则利用历史资料建立的数学模型就会失效。

三、统计预测的步骤

一个完整的统计预测过程大致需要以下五个步骤。

（一）确定预测目的

确定预测目的，就是从管理和决策的需要出发，明确预测要解决的问题。目的明确，才能制定行之有效的预测方案。预测方案是对统计预测工作的方方面面所做的准备和计划，需要反复分析研究才能确定下来，包括预测对象、范围、项目、经济指标、预测方法、预测进程及期限、经费预算、组织实施等。

（二）搜集整理历史资料

准确的统计资料是预测的基础。一方面，根据预测目的要全面、系统、准确地搜集预测对象本身的历史资料、各种影响因素的相关资料，以及未来条件可能变化的资料等。另一方面，还要对资料进行审核、加工整理。首先审核资料是否真实、完整。剔除某些偶然的、不实的、甚至是虚假的数据，保证资料准确无误；对不能直接得到的数据资料，要通过必要的推算、间接得到，保证资料的完整性。其次，注意调整不同时期、不同条件下的资料的口径，使之具有可比性。最后，编制统计图表，分析资料分布特征，为下一步选择预测模型提供依据。

（三）选择预测方法和模型

在预测目的明确，数据资料完整的基础上，选择适当的预测方法和建立预测模型是预测准确与否的关键步骤。

预测方法多种多样，适用的条件各有差异。预测方法的选择要根据预测对象的特点、所掌握的资料多少、所要求的准确程度、预测手段等实际条件来确定。一般而言，当掌握的资料不够完备、准确程度较低时，可采用定性预测法；反之，可采用定量预测法。如果确定进行定量预测，还需要根据掌握的资料和分析要求再做选择。当只掌握预测对象的某种指标的时间数列资料，且只要求进行简单的动态分析时，可选择时间数列预测法。当掌握与预测对象有关的、多种相互联系的经济指标的资料,并要求进行较复杂的依存关系分析时,可选择回归预测法。由于客观事物是复杂多变的,预测方法不应拘泥一格。不同的预测方法,其意义、作用和应用条件各有特点。因此,方法的选择应通盘考虑,必要时根据具体情况和需要把各种方法互相结合与渗透,使预测更科学、更全面、更深刻。

进行定量预测时,一般要建立预测模型,以反映事物过去和未来之间及因素之间的相互关系及变动规律。建立模型需要在掌握大量数据的基础上对事物进行反复的定性与定量分析,根据其本质特点和基本趋势来具体确定。预测模型只能对真实事物在一定程度上加以模拟,并不是客观事物本身。所以在构造预测模型时必须关注研究的主题,始终把握主要矛盾,把无关紧要的因素尽可能精简到最低限度,以简化模型公式和计算。

(四)推算并评价预测结果

在预测方法和模型确定后,根据给定的变量值,经过运算即可得到预测值,这是求得预测结果的实际步骤。

预测结果往往作为统计决策的重要依据,如果结果不可信,直接影响着决策效果,因此,应及时对预测结果的可信度进行评价。评价内容包括预测误差的大小、产生误差的原因、依据理论的合理性、预测方法得当与否等。如果误差增大或超出了允许范围,应及时分析查找问题所在。如果属于预测方法不科学,模型不完善,则要改进完善模型;若属于不确定因素干扰,则应在控制分析的基础上进行必要的调整和估算;若情况发生重大变化,原来的预测方法和模型不能如实反映现象变化的规律,则要修改方法和模型以利于提高预测质量。

(五)提出预测报告

通过预测获得的最终结果应制做成文件或报告向有关部门上报,或者以提供和发布预测信息的形式供有关部门、企业决策时参考和应用。应用预测结果进行决策时,必须考虑和分析社会、政治、经济以及自然等各种可控和不可控因素的影响,既不能毫无分析的迷信预测结果,也不能毫无根据地否定预测结果的实用价值。

四、定性预测方法

定性预测的方法很多,如德尔菲法、厂长经理评判法、销售人员估计法等。

(一)德尔菲法

德尔菲法是根据有专门知识的人的直接经验,对研究问题进行判断、预测的一种方法。它是美国兰德公司于1964年首先用于预测领域的。

德尔菲法一般需要经过征求专家意见,汇总反馈结果等步骤。首先预测者设计好要征询的问题,以书面形式通知事先选定的专家,请他们各抒己见。专家接受通知后,根据自己的经验和判断,对所预测事物未来的发展趋势提出自己的意见,并反馈给预测者。预测者收到专家意见后,将答案综合整理,计算出平均数和离差。对于不同意见分别说明理由和依据,但不署名,以免受权威人士的影响。其次,将综合整理的结果再寄给各位专家,再次征求专家意见,并进行汇总整理。这样,经过多次征求意见、汇总反馈,如果专家们的意见趋于一致,则预测者可将全部资料综合整理出预测结论;如果意见仍对立或分散,则德尔菲法预测无结果。

德尔菲法的关键是选择适当的专家,充分发挥专家的集体智慧来预测事物的未来。

该方法具有反馈性、匿名性的特点,从而避免了预测的主观性和片面性。德尔菲法的优点在于:可以加快预测速度和节约预测费用;可以获得各种不同但有价值的观点和意见;适用于长期预测和对新产品的预测,在历史资料不足或不可控因素较多的长期预测中尤为适用。

【例1】 某公司研制出一种新兴产品,现在市场上还没有相似产品出现,因此没有历史数据可以获得。公司需要对可能的销售量做出预测,以决定产量。于是,该公司成立专家小组,聘请业务经理、市场专家、销售人员等8位专家。8位专家提出个人判断,经过三次反馈得到的结果见表9.1。要求预测全年可能的销售量。

表 9.1　专家判断汇总表

专家编号	第一次判断/千件			第二次判断/千件			第三次判断/千件		
	最低销售量	最可能销售量	最高销售量	最低销售量	最可能销售量	最高销售量	最低销售量	最可能销售量	最高销售量
1	500	750	900	600	750	900	550	750	900
2	200	450	600	300	500	650	400	500	650
3	400	600	800	500	700	800	500	700	800
4	750	900	1500	600	750	1500	500	600	1250
5	100	200	350	220	400	500	300	500	600
6	300	500	750	300	500	750	300	600	750
7	250	300	400	250	400	500	400	500	600
8	260	500	500	350	400	600	370	410	610
平均数	345	500	725	390	550	775	415	570	770

(1) 按最后一次判断结果进行简单算术平均预测销售量。一般而言,最后一次判断是综合前几次的反馈做出的,比较准确,所以常常作为预测的依据。

$$\text{全年预测销售量} = \frac{415+570+770}{3} = 585 (\text{千件})$$

(2) 按最后一次判断结果进行加权算术平均预测销售量。其中权数分别为最低销售量为0.2、最可能销售量为0.5、最高销售量为0.3。

$$\text{全年预测销售量} = \frac{415 \times 0.2 + 570 \times 0.5 + 770 \times 0.3}{02+0.5+0.3} = 599 (\text{千件})$$

(二) 厂长经理评判法

厂长经理评判法是由企业负责人把与市场有关或者熟悉市场情况的各种负责人和中层管理部门的负责人召集起来,让他们对未来市场发展形势或者某一重大市场问题发表意见,做出判断。之后,将各种意见汇总,进行分析研究和综合处理,最后得出市场预测结果。

厂长经理评判法的优点是:不需要依据大量的统计资料和进行复杂的计算,预测费用较低,可以发挥集体智慧预测未来,若市场发生变化,可以立即进行修正。缺点是:预测结果容易受主观因素影响,对市场变化和顾客愿望等问题了解不细,预测结果的可靠性一般。

【例2】 某纺织厂厂长召集主管销售、计划财务、生产部门的负责人,对下一年度某纺织品的销售前景做出估计。几个部门负责人的初步判断见表9.2。要求预测下一年度的销售量。

表 9.2　各部门负责人判断表

部门	各种销售量估计	销售量/件	概率	期望值 （销售量×概率）/件
销售部门 负责人	最低销售量	1600	0.2	320
	最可能销售量	1800	0.6	1080
	最高销售量	3000	0.2	600
	总期望值		1.0	2000
计财部门 负责人	最低销售量	1500	0.2	300
	最可能销售量	1800	0.5	900
	最高销售量	2000	0.3	600
	总期望值		1.0	1800
生产部门 负责人	最低销售量	1200	0.3	360
	最可能销售量	1700	0.5	850
	最高销售量	2000	0.2	400
	总期望值		1.0	1610

各部门负责人的判断意见提出后，有以下两种综合处理的方法。

（1）简单算术平均

$$下年度销售量的预测值 = \frac{2000+1800+1610}{3} = 1803.3（件）$$

（2）加权算术平均

根据各部门负责人对市场情况的熟悉程度以及他们在以往的预测判断中的准确程度，分别给予不同部门负责人预测结果权数，如销售部门一般比较熟悉市场情况，其预测估计的可靠性较高，权数可以定为2，其他部门定为1，则最终预测结果如下。

$$下年度销售量预测值 = \frac{2000 \times 2 + 1800 + 1610}{2+1+1} = 1852.5（件）$$

（三）销售人员估计法

销售人员估计法是召开本企业所有销售人员（包括代理商、经销商和分支机构的销售人员）座谈会，对未来市场发展形势或者某一重大市场问题发表意见，做出判断。之后，将各种意见汇总，进行分析研究和综合处理，最后得出预测结果。

销售人员估计法优点是：不需要进行复杂计算，预测费用较低，预测结果比较可靠。因为销售人员熟悉市场，对原有顾客和潜在顾客的情况心中有数。缺点是：预测结果容易受主观因素影响，特别是在企业把销售业绩与销售人员薪酬挂钩情况下，预测结果可能偏低，不够准确。

五、定量预测方法

（一）回归分析预测法

回归分析预测法是研究变量与变量之间相互关系的一种数理统计方法。根据模拟变量之间的一般数量关系的回归方程，由给定的自变量的数值预测因变量的可能值。回归分析预测具体包括一元线性回归分析预测法，多元线性回归预测法等，在第七章已经详细介绍过，这里不再赘述。

（二）时间数列预测法

时间数列预测法是利用变量以往的时间数列统计资料，对其变化规律进行模拟，通过建立的数学模型来预测未来的一种方法。包括移动平均预测法、指数平滑预测法、趋势外推预测法、季节预测法等。这里重点介绍移动平均外推预测法、一次指数平滑预测法、直线趋势外推预测法和季节比率预测法。

1. 移动平均外推预测法

移动平均外推预测法的基本思想是用距离预测期较近的 n 个发展水平的简单算术平均数作为预测期的预测值。当最近一期的发展水平得到后,立即把这个发展水平考虑进去,而去掉最早一期的发展水平,用同样的项数计算出一个新的平均数作为下一期的预测值,以此类推。

假定时间数列各期发展水平为 $x_1, x_2, \cdots, x_t$,预测期为 $t+1$,移动项数为 n,第 $t+1$ 期的预测值为 $\hat{x}_{t+1}$,则有下列公式成立。

$$\hat{x}_{t+1} = \frac{x_t + x_{t-1} + \cdots + x_{t-n+1}}{n}$$

【例3】 某企业某年1~11月份的销售额见表9.3中的前两列资料,要求采用三项移动平均和五项移动平均外推预测法预测当年12月份的销售额。

表 9.3 某企业销售额统计表

月份	销售额/万元	三项移动平均预测值/万元	五项移动平均预测值/万元
1	46	—	—
2	50	—	—
3	59	—	—
4	57	51.67	—
5	55	55.33	—
6	64	57.00	53.40
7	55	58.67	57.00
8	61	58.00	58.00
9	45	60.00	58.40
10	49	53.67	56.00
11	46	51.67	54.80
		46.67	51.20

解:

三项移动平均预测值 $\hat{x}_{12} = \dfrac{x_{11} + x_{10} + x_9}{3} = \dfrac{46 + 49 + 45}{3} = 46.67$(万元)

五项移动平均预测值 $\hat{x}_{12} = \dfrac{x_{11} + x_{10} + x_9 + x_8 + x_7}{3}$

$$= \frac{46 + 49 + 45 + 61 + 55}{3} = 51.20 \text{(万元)}$$

计算结果表明,12月份三项移动平均预测值为46.67万元,五项移动平均预测值为51.20万元。其他月份的三项移动平均和五项移动平均的预测值分别见表9.3中第三、四列数据。

移动平均外推预测法的优点是计算简单,不足之处有三:一是每计算一次移动平均数都需要 n 个最近发展水平,当预测项数较多时,要占据相当大的储存数据。二是移动项数 n

不易确定。一般认为,偶然因素、随机因素影响较大时,移动项数适宜多些,以便于较大限度的消除由此带来的偏差;反之,移动项数可少一些。三是未考虑不同时期发展水平对预测值的不同影响。事实上,距离预测期越近的发展水平对预测值的影响越大,远离预测期的发展水平对预测值的影响越小,而移动平均外推预测法却把各期发展水平对预测值的影响同等看待,这种处理不符合实际。

2. 一次指数平滑预测法

(1) 一次指数平滑预测法的模型

一次指数平滑预测法实际上是从移动平均外推预测法演变而来。是通过对当期的实际水平和其预测值进行加权算术平均来计算下一期的预测值的一种方法。

由移动平均外推预测法的计算公式推导,可得到一次指数平滑预测法的计算公式。

$$\hat{x}_{t+1} = \frac{1}{n}(x_t + x_{t-1} + \cdots + x_{t-n+1})$$

$$= \frac{1}{n}(x_t + x_{t-1} + \cdots + x_{t-n+1} + x_{t-n} - x_{t-n})$$

$$= \frac{1}{n}x_t + \frac{1}{n}(x_{t-1} + x_{t-2} + \cdots + x_{t-n}) - \frac{1}{n}x_{t-n}$$

因为:

$$\hat{x}_t = \frac{1}{n}(x_{t-1} + x_{t-2} + \cdots + x_{t-n})$$

所以:

$$\hat{x}_{t+1} = \frac{1}{n}x_t + \hat{x}_t - \frac{1}{n}x_{t-n}$$

在没有历史资料的情况下,远期的发展水平 x_{t-n} 可用 $\hat{x}_t$ 代替,上式即可表示为:

$$\hat{x}_{t+1} = \frac{1}{n}x_t + \hat{x}_t - \frac{1}{n}\hat{x}_t = \frac{1}{n}x_t + \left(1 - \frac{1}{n}\right)\hat{x}_t$$

此式表明:$t+1$ 期的预测值是 t 期的实际水平 x_t 与预测值 $\hat{x}_t$ 的加权算术平均数。其中,权数分别为 $\frac{1}{n}$ 和 $\left(1 - \frac{1}{n}\right)$,权数之和等于 1。若把权数改换为一般形式 α 和 $1-\alpha$,称权数 α 为平滑系数,且 $0 < \alpha < 1$,则有

$$\hat{x}_{t+1} = \alpha x_t + (1-\alpha)\hat{x}_t$$

该公式为一次指数平滑预测法的一般表达式。显然,它不需要更多的历史数据,只要具有本期实际发展水平和本期的预测值,以及选定的权数,即可预测下一期的可能值。

为了更好地理解一次指数平滑预测法的意义,把上式展开,并按公式递推,结果如下。

$$\hat{x}_{t+1} = \alpha x_t + (1-\alpha)\hat{x}_t$$

$$= \alpha x_t + (1-\alpha)[\alpha x_{t-1} + (1-\alpha)\hat{x}_{t-1}]$$

$$= \alpha x_t + \alpha(1-\alpha)x_{t-1} + (1-\alpha)^2 \hat{x}_{t-1}$$

$$\cdots$$

$$= \alpha x_t + \alpha(1-\alpha)x_{t-1} + \alpha(1-\alpha)^2 x_{t-2} + \cdots + \alpha(1-\alpha)^t x_1 + (1-\alpha)^t x_0$$

当 t 很大时,上式最后一项 $(1-\alpha)^t x_0$ 接近于 0,可以略去不计,因而有:

$$\hat{x}_{t+1} = \alpha x_t + \alpha(1-\alpha)x_{t-1} + \alpha(1-\alpha)^2 x_{t-2} + \cdots + \alpha(1-\alpha)^t x_1$$

该式表明了一次指数平滑预测法的实质,即第 $t+1$ 期的预测值 $\hat{x}_{t+1}$ 等于时间数列各期发展水平 x_t,x_{t-1},x_{t-2},…,x_1 的加权算术平均数,其权数分别为 α,$\alpha(1-\alpha)$,$\alpha(1-\alpha)^2$,…,$\alpha(1-\alpha)^t$。距离预测期越近的发展水平,权数越大;反之之权数越小。因权数是等比级数,且公比 $(1-\alpha)<1$,故权数之和趋近于1。由于权数符合指数规律,平均数又具有修匀平滑数列的功能,因而此方法称为指数平滑法。

(2) 平滑系数取值的确定

应用指数平滑法进行预测,其预测结果是否准确,关键要素之一是平滑系数的取值。从公式可以看出,α 越大,预测值越倚重近期发展水平,因为各期权数按 $1-\alpha$ 的速度衰减,所以远期发展水平的影响就比较小了,由此可以得到选择 α 的一般原则:即如果预测目标的时间数列资料波动较大,且在预测中要及时地把这种波动反映出来,就应该选择较大的 α 值,以加重对近期资料的依赖;反之,则选择较小的 α 值,以减轻对近期资料的依赖。

如果原始资料不足,初始值的选取较为仓促,应选择较大的 α 值,以增加对以后逐步得到的近期资料的依赖,较快地逼近实际过程。

如果 α 值不易确定,一般可选择几个值分别进行预测,然后对比预测误差,择优选定。评定误差的指标可用平均绝对误差或者估计标准误差。公式为

$$\text{平均绝对误差} = \frac{\sum |x_i - \hat{x}_i|}{n} \qquad \text{估计标准误差} = \sqrt{\frac{\sum (x_i - \hat{x}_i)^2}{n}}$$

(3) 初始值的确定

应用指数平滑法进行预测的另一个关键要素是初始值的确定。指数平滑预测法是一个迭代计算过程,是从第一期的实际水平 x_1 与第一期的预测值 $\hat{x}_1$ 开始的。从理论上讲,第一期的预测值 $\hat{x}_1$ 应该是时间数列起点以前所有历史资料的平均数,并作为预测开始时期的初始值进入运算过程的。然而,这种初始值的确定办法往往是不现实的,实际常用的方法有两种:一种是将已知时间数列分为两部分,用前一部分数据估计初始值(如取数列的前3~5个数据的平均数为初始值),用后一部分数据进行平滑预测;另一种是直接把时间数列的第一个数据作为初始值。在 α 已经确定的条件下,随着 t 值的增大,$(1-\alpha)^t$ 越来越小,初始值的影响也越来越小;如果时间数列项数不多且 t 值不大,则初始值的大小对于预测结果的影响就不容忽视。

【例4】 某公司近16个月的销售额见表9.4前两列资料。平滑系数分别为 $\alpha=0.1$,$\alpha=0.3$,$\alpha=0.9$。要求选择适宜的平滑法预测第17个月的销售额。

表9.4 某公司各月销售额统计表

时间/月	销售额/万元	$\alpha=0.1$		$\alpha=0.3$		$\alpha=0.9$	
		$\hat{x}_t$	$|x_t-\hat{x}_t|$	$\hat{x}_t$	$|x_t-\hat{x}_t|$	$\hat{x}_t$	$|x_t-\hat{x}_t|$
1	97	—	—	—	—	—	—
2	95	97.00	2.00	97.00	2.00	97.00	2.00
3	95	96.80	1.80	96.40	1.40	95.20	0.20
4	92	96.62	4.62	95.98	3.98	95.02	3.02
5	95	96.16	1.16	94.79	0.21	92.30	2.70
6	95	96.04	1.04	94.85	0.15	94.73	0.27

续表

时间/月	销售额/万元	$\alpha=0.1$		$\alpha=0.3$		$\alpha=0.9$	
		$\hat{x}_t$	$\vert x_t-\hat{x}_t \vert$	$\hat{x}_t$	$\vert x_t-\hat{x}_t \vert$	$\hat{x}_t$	$\vert x_t-\hat{x}_t \vert$
7	98	95.94	2.06	94.90	3.10	94.97	3.03
8	97	96.14	0.86	95.83	1.17	97.70	0.70
9	99	96.23	2.77	96.18	2.82	97.07	1.93
10	95	96.51	1.51	97.03	2.03	98.81	3.81
11	95	96.36	1.36	96.42	1.42	95.38	0.38
12	96	96.22	0.22	95.99	0.01	95.04	0.96
13	97	96.20	0.80	95.99	1.01	95.90	1.10
14	98	96.28	1.72	96.30	1.70	96.89	1.11
15	94	96.45	2.45	96.81	2.81	97.89	3.89
16	95	96.21	1.21	95.97	0.97	94.39	0.61
合计		—	25.58	—	24.78	—	25.71

解：初始值用第1个月的销售额代替。根据公式 $\hat{x}_{t+1}=\alpha x_t+(1-\alpha)\hat{x}_t$，可以计算出从第2个月开始到第16个月的预测值和平均绝对误差，见表9.4。如当 $\alpha=0.1$ 时，第2个月、3个月的预测值和平均绝对误差如下。

$\hat{x}_2=\alpha x_1+(1-\alpha)\hat{x}_1=0.1\times 97+(1-0.1)\times 97=97$，$\vert x_2-\hat{x}_2 \vert=\vert 95-97 \vert=2$

$\hat{x}_3=\alpha x_2+(1-\alpha)\hat{x}_2=0.1\times 95+(1-0.1)\times 97=96.8$，$\vert x_3-\hat{x}_3 \vert=\vert 95-96.8 \vert=1.8$

为选择较适宜的 α 值，需要计算预测平均误差，具体如下。

$\alpha=0.1$，预测平均误差 $=25.58/15=1.71$

$\alpha=0.3$，预测平均误差 $=24.78/15=1.65$

$\alpha=0.9$，预测平均误差 $=25.71/15=1.71$

因为 $\alpha=0.3$ 时，误差最小，所以取0.3进行指数平滑预测较好。据此，第17个月销售额的预测值如下。

$$\hat{x}_{17}=\alpha x_{16}+(1-\alpha)\hat{x}_{16}=0.3\times 95+(1-0.3)\times 95.97=95.68(万元)$$

3. 直线趋势外推预测法

是根据时间数列的直线趋势模型（直线方程）和时间取值对现象未来的可能值进行的预测。如第八章的例11，经过模拟，时间数列的长期趋势为直线上升趋势，其对应的趋势方程为 $\hat{y}=1410+81.33t$，若要预测2014年的总产值，则将该年对应的 t 值代入趋势方程即可。

2014年对应的 t 值等于7，其总产值的预测值 $\hat{y}=1410+81.33\times 7=1979.31$ 万元。

4. 季节比率预测法

是根据时间数列的季节比率和以往实际水平，按比例外推预测现象未来的可能值。如第八章的例13，经过测算，每年第二、三、四季度的季节比率分别为65.58%、127.10%和152.22%，若已知2012年第二季度的销售量为14吨，则当年第三、四季度的预计销售量计算如下。

$$第三季度预计销售量=\frac{14}{65.58\%}\times 127.10\%=27.13(吨)$$

$$第四季度预计销售量 = \frac{14}{65.58\%} \times 152.22\% = 32.49(吨)$$

第二节 统计决策

一、统计决策的意义

从统计预测的分析中可知，对经济现象和经济活动采取不同的预测方法，可以取得不同的预测方案。对于预测者来说，其预测目的就是要从各种预测方案中选择最优方案。为此，就需要进行决策。

（一）统计决策的概念

统计决策就是人们为了实现特定的目标，运用统计方法和统计信息，对影响目标实现的诸因素进行准确计算和判断选优，对未来行动作出决定的过程。统计决策有广义和狭义之分。广义的统计决策包括制定行动方案和选择行动方案两个环节，狭义的统计决策仅包含选择行动方案。

统计决策是由目标到达结果的桥梁，是人们发挥自身的聪明才智和主观能动性对影响目标的环境因素进行分析，在众多方案中择优实施，以避免盲目性、减少失误的一个系统工程。这一系统需要四个要素构成，即决策主体、决策目标、决策环境、决策结果。

（1）决策主体。是决策责任的承担者，可以是一个人、一个公司、一个政府机构。决策者进行决策的客观条件是他必须具有判断、选择和决断能力，承担决策后果的法定责任。

（2）决策目标。决策是围绕着目标展开的，决策的开端是确定目标，终端是实现目标。决策目标既体现决策主体的主观意志，又反映了客观现实，没有决策目标就没有决策。

（3）决策环境。是决策主体围绕决策目标开展决策活动所依赖的决策理论、决策方法、数据信息，以及影响决策目标的各种因素等。

（4）决策结果。是决策活动的预期成果，是决策者意图、决策方案预期目标、操作方法和实施程序的体现。

（二）统计决策与统计预测的关系

统计决策与统计预测存在着必然联系。由于决策是对未来行动做出的决定，所以就离不开对未来行动的环境、状态等信息的收集，否则作出的决策就不能适应未来发展变化的情况。而科学的预测是获得有关未来多种信息的重要手段。因此，决策要以预测为基础和依据，而预测如果脱离了现实决策的需要，就失去了预测的意义。

统计决策与预测具有三个显著特征。其一是时间性。决策是在实践活动之前就已经形成的，从本质上说它是属于未来的，即直接与时间有关。预测必须从某一特定的时间开始，如果改变了这个时间的起点和长度，往往会改变预测的性质。其二是信息性。历史的、现实的，尤其是未来的信息是预测与决策的基础。若没有充足的、可靠的、及时的、多种可供选择的信息数据，预测与决策系统就不能正常运转，更不可能得到科学的预测成果及最优决策方案。其三是不确定性。客观事物的发展变化总要受到许多复杂因素的影响，这些影响往往又带有很大的随机性，而我们今天的科学技术还难以完全认识它们的规律。所以，一切预测都带有近似性，一切决策都带有局限性。而成功的预测与决策必须依靠预测者和决策者对各种方法的深刻理解和灵活运用，依靠他们的智慧、经验、胆识及综合判断能力。

二、统计决策的步骤

一个完整的统计决策过程必须经历以下六个步骤。

（一）确定决策目标

确定决策目标是决策的重要一步，没有决策目标，也就不存在决策。所谓决策目标是指在一定的环境和条件下，在预测的基础上所希望达到的结果。确定目标首先要确定问题的特点、范围，其次要分析问题产生的原因，同时还应搜集与确定目标相关的信息，然后确定合理的目标。

合理的决策目标常能满足以下要求。第一，含义准确，便于把握，易于评估；第二，尽可能将目标数量化，并明确目标的时间约束条件；第三，目标应有实现的可能性，并富于挑战性。例如，我国经济发展的战略目标是到 2020 年国内生产总值翻两番；某公司年度销售利润计划实现 1000 万元等。

（二）拟定备选方案

目标确定后，紧接着要分析目标实现的可能途径，即拟定备选方案。拟定备选方案应以准确、全面、及时、适用的信息为依据。在充分占有资料的基础上，为使决策优化应拟定几个可供选择的方案。例如，投产一种新产品，拟定三个备选方案：一是贷款构建先进生产线，进行大批量生产；二是自筹资金对现有设备更新改造，进行中批量生产；三是租赁必要的设备，进行小批量生产。这里的"大批量生产、中批量生产、小批量生产"就是所谓的备选方案。这些方案应满足两个条件：第一，整体详尽性。即在可能的条件下拟定出所有可能的重要方案。第二，相互排斥性。即不同的备选方案之间必须相互排斥，不能同时被执行。

（三）列出自然状态

所谓自然状态是指决策时面临的各种自然状况或者客观条件。如前面新产品投产一例中，无论选择哪种方案，将会面临"畅销""一般""滞销"三种可能的销售状况。这里的"畅销""一般""滞销"就是新产品生产销售面临的自然状态。各种自然状态是随机发生、相互排斥的，它们之中有一个且只有一个状态发生。到底发生哪种状态，决策者无法控制，但在拟定备选方案时又必须考虑不同状态对决策目标的影响。

（四）计算损益值

损益值是用来评价选取方案优劣的基础，是在某种情况下决策者应得到的净利益（或损失）的测度。可将各种损益值归纳成损益表或损益矩阵，它显示了决策者所选择的每一方案与所发生的每一个状态共同形成的结果。损益值的个数，等于状态和方案个数的乘积。如上例中方案和状态各包括 3 个，其损益值的数量是 $3 \times 3 = 9$ 个。

（五）选择最优方案

选择最优方案是指对几种可行备选方案进行评价比较和选择，形成一个最佳行动方案的过程。在评价分析中，要根据预定的决策目标和所建立的价值标准，确定方案的评价要素、评价标准和评价方法，有时还要做一些敏感性分析。

此外，在选择方案时，除备选方案原型以外，也可以是某一方案的修正方案，或综合几个备选方案而得出的新方案。在条件允许时，评价过程应尽可能进行典型实验或运用计算机对有关方案进行模拟实验。

（六）付诸实施方案

方案确定后，应当组织人力、物力、财力资源，实施决策方案。在决策实施过程中，决策机构必须加强监督，及时将实施过程的信息反馈给决策制定者，当发现偏差时，应及时采取措施予以纠正。如果决策实施情况出乎意料，或者环境状态发生重大变化，应暂停实施决策，重新审查决策目标及决策方案，通过修正目标或者更改决策方案来适应客观形势的变化。

三、统计决策的分类

（一）按决策涉及的范围分为宏观决策和微观决策

1. 宏观决策

也称战略决策或者全面决策，是指全局性和长期性决策。这类决策一般由较高层或最高层集团做出，涉及的范围大、因素多、关系复杂、随机性大、带有明显的目标性。这就要求决策者纵观全局，依靠大量可靠的信息并选用先进科学的方法技术，进行准确的定量分析和定性判断。

2. 微观决策

也称战术决策或局部决策。是指基层的、具体的决策。这类决策的范围较小，比较容易掌握所含因素之间的数量关系，一般偏重定量分析。

宏观决策和微观决策存在密切的关系，前者是后者的指南，后者是前者的构成要素，实践中常常把二者结合起来使用。

（二）按决策的自然状态条件分为确定型决策、不确定型决策和风险型决策

1. 确定型决策

是在决策者已经完全确定将要发生哪种自然状态的条件下进行的决策。例如，一投资者进行投资，假定市场上只有证券投资这一条投资途径，且各种债券的到期时间和风险相同，年利率不同但已知，问如何投资才能获得最大回报。这一决策实质上是一个确定型决策。因为决策者面对的自然状态即投资途径只有一个，是确定的，即只有通过购买年利率最高的证券来投资，才能实现最大的投资回报。确定型决策常用的方法有线性规划、非线性规划、投入产出数学模型等，由于这些方法在其他学科中已有介绍，故而本书不再赘述。

2. 不确定型决策

又称无概率决策。是决策者在不能确定将要发生哪种自然状态，以及各种状态出现的概率也不能确定的条件下进行的决策。不确定型决策往往取决于决策者的品格素质。一般可遵循乐观准则、悲观准则、后悔值准则、α 系数准则等进行决策。

3. 风险型决策

又称有概率决策。是决策者在不能确定将要发生哪种自然状态，但可预先估计确定各种状态出现的概率的条件下进行的决策。这种决策结果无论选择了哪种方案，都要承担一定的风险，故而也称风险型决策。风险型决策常用的方法有期望值标准决策法、最大可能标准决策法和灵敏度分析决策法等。

四、不确定型决策

（一）不确定型决策的条件

对于这类决策，一般需要满足以下四个条件才能进行决策。

第一，存在着决策者希望达到的目标，如利益最大、损失最小、质量最高。从不同的目的出发，往往有不同的决策标准。

第二，存在着两个或两个以上可供选择的方案。

第三，存在着两个或两个以上的自然状态。

第四，不同方案在各种自然状态下的损益值可以计量。

（二）不确定型决策的方法

对于不确定型决策，因其各种备选方案的风险性无法进行合理的推算，故而只能根据决策人的品格素质和经验来判断和估计，并按人为制定的原则进行决策，这就不可避免地带有某种程度的主观随意性。然而，这一过程毕竟是在决策者占有一定信息的基础上，充分考察和研究了事物存在、变动的环境和条件，并把定性分析和定量分析有机结合起来进行的决策。所以，也具有一定程度的科学性和适用性，即成为一类较简单易行的决策方法。主要有乐观准则决策法、悲观准则决策法、α 系数准则决策法、后悔值准则决策法。

1. 乐观准则决策法

乐观准则决策法就是充分考虑可能出现的最大利益（或最小损失），在各个最大利益中选取最大者（或在各最小损失中选择最小者），将其对应的方案作为最佳方案。这种决策准则的客观依据就是所谓的天时、地利和人和，决策者感到前途乐观，有信心取得每一决策方案的最佳结果，又称"好中求好"准则决策法。

"好中求好"准则决策法的一般步骤如下。

第一，从每一个方案的损益值中选出一个最大的收益值或最小的损失值。

第二，从被选出的收益值中再选出最大者，或者从被选出的损失值中再选出最小者，其对应的方案即为最优方案。

【例5】 某企业准备生产一种新产品。面对瞬息万变竞争日趋激烈的市场，预测产品可能会遇到畅销、一般和滞销三种市场需求状态。根据企业现有生产条件和资金状况，可制定三种生产方案：A_1 是贷款构建先进生产线，进行大批量生产；A_2 是自筹资金对现有设备更新改造，进行中批量生产；A_3 是租赁必要的设备，进行小批量生产。估算这三种生产方案在不同的市场需求状态下，可能获得的利润见表 9.5。如果决策者对未来持乐观态度，应如何决策。

表 9.5 利润表   单位：万元

利润＼状态＼方案	畅销	一般	滞销
A_1 大批量生产	50	20	−18
A_2 中批量生产	30	25	0
A_3 小批量生产	10	9	8

解：根据题意，应按乐观准则进行决策。

首先，从各个方案中选择最大利润，如下：

方案 A_1 大批量生产的最大利润值为 50 万元。

方案 A_2 中批量生产的最大利润值为 30 万元。

方案 A_3 小批量生产的最大利润值为 10 万元。

其次，从以上三个最大利润中再选择最大值 50 万元，其对应的方案 A_1 即为最佳方案。也就是说，该企业应构建先进生产线，进行大批量生产。

2. 悲观准则决策法

悲观准则决策法是从各方案的最小收益中，选取受益最大的方案为最优方案。这种决策准则的客观依据是未来形势对决策者不利，决策者没有理由希望获得最理想的结果，因此比较悲观地从每一方案的最坏处着眼，只求在所有最不利的收益中选取一个收益最大的方案，因此又称"坏中求好"准则决策法。

"坏中求好"准则决策法的一般步骤如下。

第一，从每一个方案的损益值中选出一个最小收益值或者最大的损失值。

第二，从被选出的收益值中再选出最大者，或者从被选出的损失值中再选出最小者，其对应的方案即为最优方案。

在例 5 中，如果决策者对未来比较悲观，应采用悲观准则进行决策。

首先，从各个方案中选择最小利润，如下：

方案 A_1 大批量生产的最小利润值为 -18 万元。

方案 A_2 中批量生产的最小利润值为 0 万元。

方案 A_3 小批量生产的最小利润值为 8 万元。

其次，从以上三个最小利润中再选择最大值 8 万元，其对应的方案 A_3 即为最佳方案。也就是说，该企业应租赁必需设备，进行小批量生产。

3. α 系数准则决策法

α 系数准则决策法是介于乐观准则和悲观准则之间的一种折衷的决策方法。这种决策准则的客观依据是：决策者对未来的估计既不太乐观，也不太悲观，而是持一种折衷态度，这种折衷态度可以用 α 系数来衡量。通常情况下，$0<\alpha<1$。当 $\alpha=0.5$ 时，说明决策者对未来喜忧参半。当 $0.5<\alpha<1$，说明决策者对未来比较有信心；当 $\alpha=1$ 时，α 系数准则决策法转化为乐观准则决策法。当 $0<\alpha<0.5$，说明决策者对未来比较悲观；当 $\alpha=0$ 时，α 系数准则决策法转化为悲观准则决策法。可见 α 系数的确定是关键，这取决于决策者的经验和对未来的态度。

α 系数准则决策法是从各方案的折衷收益值中，选择最大折衷收益值对应的方案作为最优方案。其一般步骤如下。

第一，从各方案中分别选出最大收益值和最小收益值，并确定 α 的值。

第二，计算各方案的折中收益值。

$$折中收益值 = \alpha \times 最大收益值 + (1-\alpha) \times 最小收益值$$

第三，从各方案的折中收益值中选出最大者，其对应的方案即为最优方案。

在例 5 中，如果采用 α 系数准则进行决策，设 $\alpha=0.6$，决策结果如下。

方案 A_1 的折中收益值 $= 0.6 \times 50 + (1-0.6) \times (-18) = 22.8$ 万元

方案 A_2 的折中收益值 $= 0.6 \times 30 + (1-0.6) \times 0 = 18$ 万元

方案 A_3 的折中收益值 $= 0.6 \times 10 + (1-0.6) \times 8 = 9.2$ 万元

取最大折中收益值 22.8 万元，其对应的方案 A_1 为最优方案。这表明该企业应构建先进生产线，进行大批量生产。

如果设 $\alpha=0.4$，决策结果截然不同，具体计算如下。

方案 A_1 的折中收益值＝$0.4\times50+(1-0.4)\times(-18)=9.2$ 万元

方案 A_2 的折中收益值＝$0.4\times30+(1-0.4)\times0=12$ 万元

方案 A_3 的折中收益值＝$0.4\times10+(1-0.4)\times8=8.8$ 万元

取最大折中收益值 12 万元，其对应的方案 A_2 为最优方案。这表明该企业应自筹资金对现有设备更新改造，进行中批量生产。

4. 后悔值准则决策法

在不确定型决策中，虽然各种自然状态的出现概率无法估计，但是决策一经做出并付诸实施，必然处于实际出现的某种自然状态之中。如果选择的不是该自然状态下的最优方案，决策者就会因此而后悔。所谓后悔值，就是所选方案的收益值与该状态下真正的最佳方案的收益值之差。显然，后悔值越小，决策者的后悔就越小，所选方案就越接近最优方案。

后悔值准则决策法就是从各方案的最大后悔值中，选择最小后悔值所对应的方案作为最优方案。其一般步骤如下。

第一，分别确定每种状态下各个方案的最大收益值。

第二，计算后悔值。后悔值等于某种状态下最大收益值减去该状态下各个方案的收益值。

第三，选择各方案的最大后悔值。

第四，在最大后悔值中选择最小后悔值对应的方案作为最优方案。

在例 5 中，如果决策者属于遇事经常后悔的品格，就可按后悔值准则进行决策。具体过程如下。

先确定各自然状态下的最大收益值，见表 9.6。

表 9.6　利润表　　　　　　　　　　　　　　　　单位：万元

利润＼状态＼方案	畅销	一般	滞销
A_1 大批量生产	50	20	-18
A_2 中批量生产	30	25	0
A_3 小批量生产	10	9	8
最大利润	50	25	8

再计算后悔值。如在畅销状态下各个方案的后悔值为该状态下的最大收益值 50 万元分别减去各方案在畅销状态下的收益值，即 $50-50=0$，$50-30=20$，$50-10=40$。其他状态下的后悔值同理可得，见表 9.7 前四列。

表 9.7　后悔值表　　　　　　　　　　　　　　　单位：万元

利润＼状态＼方案	畅销	一般	滞销	最大后悔值
A_1 大批量生产	0	5	26	26
A_2 中批量生产	20	0	8	20
A_3 小批量生产	40	16	0	40

最后，确定各方案的最大后悔值，见表 9.7 最后一列。在最大后悔值中选择最小后悔值对应的方案 A_2 为最佳方案。这表明该企业应自筹资金对现有设备更新改造，进行中批量生产。

以上四种不确定型决策方法对同一个决策问题，得到的结果并非完全一致，且难以判断谁好谁坏。这是因为它们之间没有一个确定的评价标准，也缺少一个统一客观的权衡尺度，都是以决策者的素质及其对各种自然状态的看法而定。因此，实际工作中究竟采用哪一种决策方法，还带有相当程度的主观随意性。一般认为：乐观准则决策法适应那些对未来发展充满信心，富于冒险精神的决策者；悲观准则决策法适应那些比较保守且害怕承担风险，愿意采取稳妥措施的决策者；α 系数准则决策法适应那些对形势判断既不乐观也不悲观的决策者；后悔值准则决策法适应于重视因决策失误而产生机会损失的决策者。

为了较科学地运用这些决策方法，就要求决策者必须把握决策所处的环境，尽可能地搜集信息、慎重论证各方案的实施条件，广泛听取各方意见，并结合自己经验合理选择决策方法以得到最佳效果。

五、风险型决策

（一）风险型决策的条件

对于这类决策，一般需要满足以下五个条件才能开展决策活动。

第一，存在着决策者希望达到的目标。

第二，存在着两个或两个以上可供选择的方案。

第三，存在着两个或两个以上的自然状态。

第四，决策者根据经验和科学理论可以预先估计和计算自然状态的概率。

第五，不同方案在各种自然状态下的损益值可以计量。

（二）风险型决策的方法

风险型决策的目的就是在捉摸不定的条件下，选择不同的标准，对行动方案作出抉择。实践中经常应用的标准有期望值标准、等概率标准和最大可能标准等。

1. 期望值标准决策法

是以收益或损失矩阵为依据，分别计算各个备选方案的期望值，并以期望值为标准，选择其中期望收益值最大（或期望损失值最小）的方案作为最优方案。

期望值标准决策法的一般步骤如下。

第一，根据掌握的资料，找出可能出现的各种自然状态 ϑ_j $(j=1, 2, \cdots, n)$，并确定各种自然状态出现的概率 $p(\vartheta_j)=p_j$，且 $\sum_{j=1}^{n} p(\vartheta_j)=1$。其中，$p(\vartheta_j)$ 表示第 j 种自然状态 ϑ_j 出现的概率。

第二，列出各个备选方案 A_i $(i=1, 2, \cdots, m)$，编制损益表。

第三，计算各个备选方案的期望损益值，公式为

$$E(A_i) = \sum_{j=1}^{n} a_{ij} p_j$$

第四，选择期望收益值最大（或期望损失值最小）的方案为最优方案。

【例6】 某房地产公司准备建设一幢楼房，拟定了三种不同规模的建筑方案：A_1 是小套型建 6 层 30 个单元；A_2 是中套型建 12 层 60 个单元；A_3 是大套型建 18 层 80 个单元，而建筑规模的选择会直接影响公司的经营状况。经专家预测，各方案的收益值见表 9.8。该公司为慎重决策，专门组织市场调查，认为房产市场需求旺盛的可能性有 40%，中等的可能性有 30%，低迷的可能性有 30%。按照期望值标准应如何进行决策。

表 9.8 收益表　　　　　　　　　　　　　　　　　　　单位：千万元

收益值　　　　　状态　　方案	需求旺盛	需求中等	需求低迷
A_1 小套型	10	9	7
A_2 中套型	14	8	5
A_3 大套型	20	10	−8

解：根据已知条件编制损益值、概率矩阵，见表 9.9。

表 9.9 收益表

收益值　　　状态　　　概率　方案	需求旺盛 0.4	需求中等 0.3	需求低迷 0.3
A_1 小套型	10	9	7
A_2 中套型	14	8	5
A_3 大套型	20	10	−8

计算各方案的期望收益值：

A_1 小套型的期望收益值 $=10\times0.4+9\times0.3+7\times0.3=8.8$（千万元）

A_2 中套型的期望收益值 $=14\times0.4+8\times0.3+5\times0.3=9.5$（千万元）

A_3 大套型的期望收益值 $=20\times0.4+10\times0.3+(-8)\times0.3=8.6$（千万元）

计算结果显示，A_2 中套型的期望收益值最大，为 9.5 千万元。按期望值标准该公司建设中套型应作为最优方案。

期望值标准决策法实质是把各状态的概率作为权数，把各个方案的损益值作为平均对象而计算的加权平均数。就例 6 而言，每个方案的期望收益是一种可能获得的平均收益，具有一定的代表性，同时也具有一定的风险性。所以，以期望值为依据选定的最优方案，实际执行时未必是效果最好的方案。但是，鉴于我们遵循并利用的统计规律，使这种决策成功率仍占大多数，比直观的经验决策要合理得多，因此是一种有效而常用的决策方法。

2. 等概率标准决策法

在风险型决策中，有时各种自然状态出现的概率无法预测，也无历史概率，就需要假定状态概率相等，然后求出各方案的期望损益值，把期望收益最大（或期望损失最小）的方案作为最优方案。这种借助等概率的假定来进行决策的方法，称为等概率标准决策法。

在例 6 中，如果无法预知房产市场需求旺盛、中等、低迷的可能性有多大，可以假定三种状态发生的概率均等，即各为 1/3，按等概率标准进行决策。具体如下。

A_1 小套型的期望收益值 $=(10+9+7)/3=8.67$（千万元）

A_2 中套型的期望收益值 $=(14+8+5)/3=9.0$（千万元）

A_3 大套型的期望收益值＝(20＋10－8)/3＝7.33（千万元）

计算结果表明，建设中套型楼房的收益值最大，为 9 千万元，因此，建设中套型楼房是最优方案。这与以期望值标准决策的结论相同。

3. 最大可能标准决策法

最大可能标准决策法是以事件出现的最大可能性作为选择方案的标准。根据概率论，一个事件的概率越大，事件发生的可能性就越大。基于这种思想，可以选择一个概率最大的自然状态，然后再选择该状态下收益最大的方案作为最优方案。

在例 6 中，如果应用最大可能标准进行决策，需求旺盛这一状态出现的概率最大，为 40％，在这种状态下建设大套型楼房的收益最大，为 20 千万元，最优方案应选建设大套型楼房。

最大可能标准决策法的优点是确定最优方案简便易行。缺点是只考虑出现概率最大的自然状态，而忽视其他状态的存在，这样处理的本身就承担了一定风险。特别是在各状态的概率比较接近时，承担的风险会非常大。因此，只有在某一自然状态出现的概率比其他状态大得多时，才适合使用该方法选择最优方案。

4. 灵敏度分析决策法

风险型决策的一般择优标准是期望值，而期望值的大小取决于状态概率和损益值的大小。状态概率通常是根据过去的经验或对未来的预测估计出来的，不可能十分精确可靠。一旦状态概率发生变化，据以确定的最优方案是否依然为最优方案？是决策者关注的关键问题，这就产生了对方案的灵敏度分析。

(1) 灵敏度分析的概念

灵敏度分析就是检验分析最优方案对状态概率和损益值发生变化时的敏感程度。更详细地讲，就是分析当状态概率或者损益值发生变化时，是否影响到原最优方案的选择。为了深入分析最优方案对状态概率的反应，这里假定每一方案在自然状态下的损益值确定不变，仅研究状态概率的变化影响。

(2) 转折概率的概念及计算

所谓转折概率就是使原最优方案转化为劣势方案的临界点概率。在风险型决策中，各个自然状态实际出现的概率是无法事先确定的，人们只能进行估计，并根据估计的概率计算期望值。当状态概率变化时，必定引起期望值的变化，进而影响到最佳方案的选择。那么，状态概率变化到什么程度会引起一个最优方案转化为非最优方案，这就是转折概率所要反映的含义。

设转折概率为 p_0，可按照下列解不等式或者不等式组的方法确定 p_0，即

最优方案的期望值≥各个备选方案的期望值

(3) 灵敏度分析

设 p 为原来最优方案的某一状态概率，计算 p 与转折概率 p_0 的绝对离差 $|p-p_0|$。若 $|p-p_0|$ 越大，说明原来最优方案对状态概率变动的反应不灵敏，即该方案比较稳定，决策的可靠性较大；反之，若 $|p-p_0|$ 越小，说明状态概率稍加变动最优方案就可能变成劣

势方案，灵敏度较高，即该方案不太稳定，决策的可靠性较小，有必要进一步改进方案。

灵敏度分析决策法的一般步骤如下。

第一，计算各方案的期望损益值，确定最优方案。

第二，计算转折概率，确定状态概率变动的允许范围。

第三，计算$|p-p_0|$，进行灵敏度分析，以便确定所做决策的可靠性或稳定性。

下面简要介绍两状态两方案和两状态三方案的灵敏度分析决策。

【例7】 某公路工程队签订一份赴外地施工的合同，由于出发之前有一段必要的准备时间，故而当前面临着决定是否在下月开工的决策问题。如果开工后天气好，则当月可顺利完工，获得利润12.5万元；如开工后天气差，则将造成各种损失4.8万元。若决定下月不开工，即就地待命，那么，天气好可临时承包一些零星工程，获得利润6.5万元；天气差则付出损失费（主要是窝工费）1.2万元。根据气象预测，下月天气好的概率为65％，天气差的概率为35％。试确定最优方案，并对最优方案的灵敏性和可靠性进行分析。

解： 根据已知条件，列出损益、概率矩阵，见表9.10前三列。

表9.10　各方案期望值表

利润＼状态 方案	天气好	天气差	期望利润/万元
概率	0.65	0.35	
下月开工	12.5	−4.8	$12.5×0.65+(−4.8)×0.35=6.445$
下月不开工	6.5	−1.2	$6.5×0.65+(−1.2)×0.35=3.805$

第一，计算各方案的期望利润（见表9.10第四列），确定最优方案。

由表9.10第四列可知，选择下月开工可获得利润最大，应确定为最优方案。

第二，计算转折概率，确定状态概率变动的允许范围。

设天气好的概率为p，则不好的概率为$1-p$，为保证原最优方案仍为最优，下式应成立，即

$$12.5p+(-4.8)×(1-p) \geqslant 6.5p+(-1.2)×(1-p)$$

整理并计算得：$p \geqslant 37.5\%$

这说明转折概率$p_0=37.5\%$。即当下月天气好的概率大于37.5％时，始终能保证"下月开工"为最佳方案；当天气好的概率等于37.5％时，下月开工和不开工这两个方案没有优劣之分；当天气好的概率小于37.5％时，原最优方案——"下月开工"已不占优势，而转化为劣势方案。

第三，计算$|p-p_0|$，进行灵敏度分析，确定最优方案的稳定性。

$|p-p_0|=0.65-0.375=0.275$，可以看出，即使天气好的概率由65％降到37.5％，下降27.5％，下月开工的期望利润仍然大于不开工的期望利润。这说明天气好的概率下降空间比较大，向下稍微变动并不影响"下月开工"仍为最优方案，或者说原最优方案相对于天气好的概率的变化不太敏感。如果综合气象部门的意见，能判断出下月天气好的概率不低于37.5％，则原最优方案的稳定性是可靠的。

【例8】 某出版社得到出版一本新小说、一种杂志和一本科技读物的机会。但由于出版任务已趋于饱满，只能选择其一出版。若是成功之作，小说可期望赚20万元，杂志可赚14万元，科技读物可赚8万元；若是失败之作，小说将损失8万元，杂志可赚5万元，科技读

物可赚7万元。经有关专家审读后，预测它们成功的可能性均为60%。试利用灵敏度分析决策法，确定出版方案。

解：根据已知条件，列出损益、概率矩阵，见表9.11前三列。

表9.11　各方案期望值表

损益 / 方案	状态 成功 概率 0.6	失败 0.4	期望利润/万元
出版小说	20	−8	20×0.6+(−8)×0.4=8.8
出版杂志	14	5	14×0.6+5×0.4=10.4
出版科技读物	8	7	8×0.6+7×0.4=7.6

第一，计算各方案的期望利润（见表9.11第四列），确定最优方案。

由表9.11第四列可知，选择出版杂志可获得利润最大，应确定为最优方案。

第二，计算转折概率，确定状态概率变动的允许范围。

设成功的概率为 p，则失败的概率为 $1-p$，为保证出版杂志一直为最优方案，下列不等式组应成立，即

$$\begin{cases} 14p+5\times(1-p) \geqslant 20p-8\times(1-p) \\ 14p+5\times(1-p) \geqslant 8p+7\times(1-p) \end{cases}$$

整理并计算得：

$$25.0\% \leqslant p \leqslant 68.4\%$$

这说明转折概率 p_0 有两个值，分别为25.0%和68.4%。即当成功概率在25.0%～68.4%之间时，出版杂志能始终保证为最佳方案。当成功概率等于25.0%时，出版杂志和出版科技读物获利相等（7.25万元），二者无优劣之分，此时出版小说损失1万元；同理，成功概率等于68.4%时，出版杂志和出版小说获利相等（11.12万元），也无优劣之分，而此时出版科技读物可盈利7.68万元。当成功概率小于25%或大于68.4%时，出版杂志将不再是最优方案。

第三，计算 $|p-p_0|$，进行灵敏度分析，确定最优方案的稳定性。

由于 p_0 有两个值，所以 $|p-p_0|$ 同样可得两个结果，即35.0%和8.4%。这说明成功概率由60%向下下降到25%，还有35%的相当大的下降空间，即成功概率稍微下降不影响出版杂志仍为最优方案。但是成功概率由60%向上上升至68.4%，仅有8.4%的上升空间，即成功概率稍微有所上升就有可能导致出版杂志不再是最优方案。所以，综合考察，出版杂志作为最优方案并不稳定。

本章小结

本章主要介绍了统计预测和决策的意义、分类、步骤，以及预测和决策的常用方法，为读者进行简单的预测和决策提供了最基本的方法。

统计预测就是依据实际统计资料和统计方法，对现象未来的规模和水平做出的估计和推算。分为宏观预测和微观预测、定性预测和定量预测，以及短期预测、中期预测和长期预测。统计预测包括确定预测目的、搜集整理历史资料、选择预测方法和模型、推算并评价预测结果和提出预测报告五个步骤。定性预测主要介绍了德尔菲法、厂长经理评判法、销售人员估计法等。定量预测包括回归分析预测和时间数列预测法。时间数列

预测法主要介绍了移动平均外推预测法、一次指数平滑预测法、直线趋势外推预测法和季节比率预测法。

统计决策就是运用统计方法和统计信息，对未来行动作出决定的过程。它与统计预测关系密切。统计决策需要经历六个步骤：确定决策目标、拟定备选方案、列出自然状态、计算损益值、选择最优方案、付诸实施方案。常见的统计决策分类有宏观决策和微观决策，确定型决策、不确定型决策和风险型决策等。其中不确定型决策的方法主要有乐观准则、悲观准则、后悔值准则和 α 系数准则决策法；风险型决策的主要方法有期望值标准、等概率标准和最大可能标准决策法，以及灵敏度分析决策法。

思考与练习

1. 何谓统计预测？统计预测的原则有哪些？
2. 统计预测是如何分类的？
3. 简述统计预测的步骤。
4. 简述定性预测和定量预测的优缺点。
5. 定性预测和定量预测各有哪些主要方法？
6. 简述德尔菲法的主要内容。
7. 简述一次指数平滑法的意义和实质。
8. 何谓统计决策？它与统计预测的关系如何？
9. 统计决策需要经历哪些步骤？
10. 举例说明自然状态及其特性。
11. 按统计决策所处的自然状态的条件如何划分统计决策。
12. 简述不确定型决策的条件。
13. "好中求好"准则决策法是如何进行决策的？什么情况下应用？
14. "坏中求好"准则决策法是如何进行决策的？什么情况下应用？
15. α 系数准则决策法是如何进行决策的？什么情况下应用？
16. 后悔值准则决策法是如何进行决策的？什么情况下应用？
17. 简述风险定型决策的条件。
18. 按期望值标准如何进行决策？
19. 简述灵敏度分析决策法。
20. 某地区城镇居民 2007~2011 年的人均收入与商品销售额的资料如下表。

年份	2007	2008	2009	2010	2011
人均收入/百元	16	30	40	65	84
商品销售额/百万元	11	15	13	17	20

要求：(1) 用最小平方方法测定人均收入趋势方程，并预测 2012 年的人均收入。(2) 用最小平方方法建立人均收入与商品销售额的回归方程。(3) 依据 2012 年居民收入的预测值，以 90% 的概率估计该年的商品销售额。

21. 某商场商品销售数据如下表。

时间	一季度	二季度	三季度	四季度
2008	5	8	13	18
2009	6	10	14	18
2010	8	12	16	22
2011	15	17	19	25

要求：(1) 不考虑长期趋势影响，计算季节比率。(2) 若已知2012年第三季度商品销量为20吨，预测第四季度的商品销售量。

22. 某企业某年前10个月产品的销售利润如下表。

时间/月份	1	2	3	4	5	6	7	8	9	10
利润/万元	423	467	464	481	472	495	502	540	555	620

平滑系数取值分别为0.4、0.5、0.9。要求选择适当的平滑系数，预测当年11月份的销售利润。

23. 某日用化妆品公司销售化妆品，面临 A_1、A_2、A_3 三种经营方案的选择，这三种方案的年收益值及可能出现的自然状态如下表。

收益值 方案 \ 状态	畅销	一般	滞销
A_1	8	7	4
A_2	12	8	−1
A_3	10	6	3

要求：(1) 说明该公司要进行的是什么类型的决策。(2) 若公司领导勇于冒险，对未来信心百倍，应如何决策。(3) 若公司领导比较保守，希望稳妥，应如何决策。(4) 若公司领导对未来形势判断不乐观也不悲观，应如何决策。(5) 若公司领导担心决策失误产生损失而后悔，应如何决策。

24. 某家电公司为增大电风扇的销量，研究了两种推销方案：一是支付较多的广告费用，通过电视宣传提高产品的知名度吸引顾客；二是支付较少的费用，聘任推销员进行查访招揽顾客。这两种方案都将受气候变化的影响，气温越高电风扇销量就越大。根据历史资料和气象部门预测：7、8、9三个月，该地区大约有炎热天气60天，凉爽天气30天（每个季度按90天计算）。根据专家估算，在各种自然状态下两个方案可能获得的利润如下表。

利润 方案 \ 状态	炎热	凉爽
A_1 广告宣传	100	30
A_2 人员推销	70	45

要求：(1) 说明该公司要进行的是什么类型的决策。(2) 按期望值标准选择最优方案。(3) 用灵敏度分析法评价 (2) 中的决策方案是否稳定。

第十章 常用统计学软件应用

学习目标

本章介绍的三种统计学软件，各有特色，在国内统计学领域中有着最广泛的应用。通过本章学习，掌握这三种统计学软件的基本操作及几种统计分析方法的实现。要求掌握利用 EXCEL 软件产生伪随机数和频数分布图的制作，以及数据分布特征函数的应用。能够掌握利用 SPSS 软件做综合指数的编制、综合数据处理、线性相关分析、简单线性回归、多元线性回归和 Logistics 回归操作，对 R 软件有一定了解和体验，并且能够掌握一些基础操作。

第一节 EXCEL 软件

EXCEL 软件是微软公司开发的一款 Office 办公组件之一，在统计学中有着广泛的应用。其中一个重要的应用是提供统计学的分析对象——数据。从使用者角度来看，数据来源主要有直接数据和间接数据两种渠道：前者是试验和调查获取的一手原始数据；后者是别人或官方公布的数据。

一、产生随机数

对于大多数人来说，获取直接数据需要耗费大量时间和精力，往往不太现实。大多数情况我们都是在利用别人或官方公布的数据。这种间接数据主要来自研究机构、国家和地方的统计部门，可以在报纸、期刊和高校图书馆以及互联网中查找到。统计学学习中，有时需要生成各种分布的随机数做模拟分析，利用 EXCEL 软件可以产生一些常用分布的随机数。EXCEL 中产生随机数有两种方法：一是使用【数据分析】插件，另一种是直接利用函数在单元格中产生。鉴于【数据分析】插件需要软件安装标配基础上额外加载，本节介绍直接利用函数在单元格中产生随机数。

(一)产生均匀分布的随机数

RAND 函数的功能是产生 0~1 之间的服从均匀分布的随机数，语法使用规则是：=RAND（）。该函数语法表达式括号中为空，没有参数，直接在单元格中运行即可。如图 10.1 所示，直接在 A1 单元格中输入"=RAND（）"，敲击回车即可得到一个介于 0~1 之间的均匀分布的随机数。

也可以调用插入函数向导来使用 RAND 函数，如图 10.2 所示。

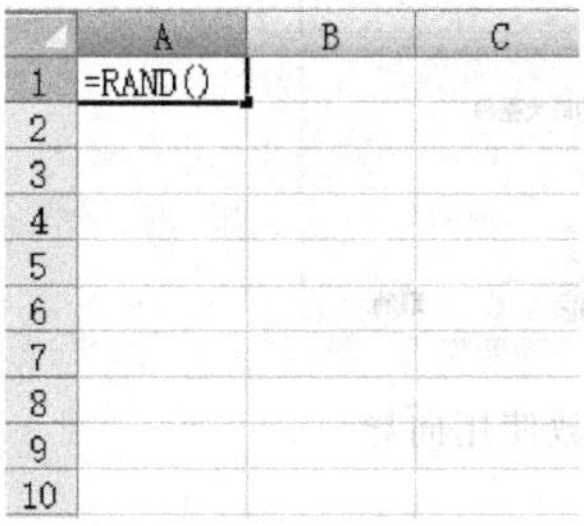

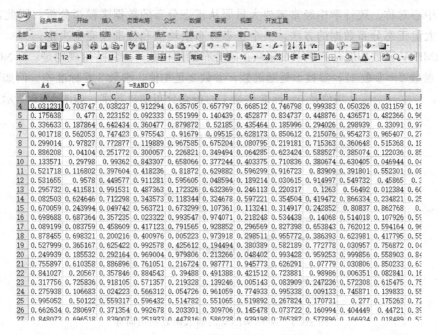

图 10.1　RAND 函数的使用

图 10.2　插入函数向导使用 RAND 函数

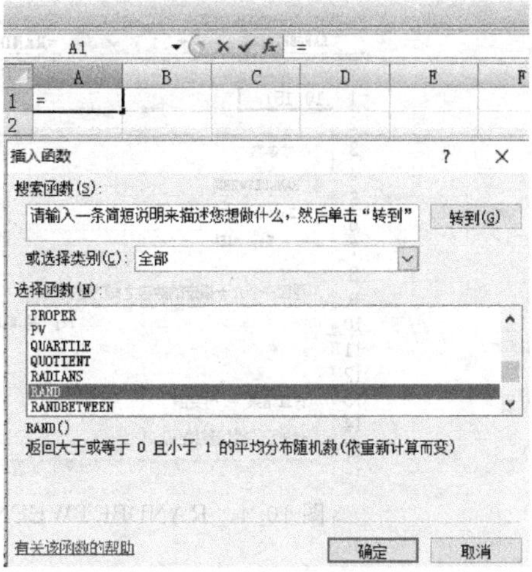

如果想产生多个介于 0～1 之间均匀分布的随机数，可以使用拖动柄，按住鼠标左键进行拖批量产生，见图 10.3。

	A	B	C	D	E	F	G	H	I	J	K	L
4	0.031231	0.703747	0.038237	0.912294	0.635705	0.657797	0.668512	0.746798	0.999383	0.050326	0.031159	0.16
5	0.175638	0.477	0.223152	0.092333	0.551999	0.140439	0.452877	0.834737	0.448876	0.436571	0.482366	0.96
6	0.336633	0.187864	0.642434	0.360477	0.879872	0.52185	0.435464	0.185996	0.294026	0.298939	0.33091	0.97
7	0.901718	0.562053	0.747423	0.975543	0.91679	0.09515	0.628173	0.850612	0.215076	0.954273	0.965407	0.27
8	0.299014	0.97827	0.772877	0.119889	0.967585	0.675204	0.080795	0.219181	0.715363	0.360648	0.515368	0.18
9	0.886208	0.04104	0.251772	0.300057	0.226821	0.349494	0.064285	0.623424	0.588527	0.385074	0.122036	0.85
10	0.133571	0.29798	0.99362	0.843307	0.658066	0.377244	0.403375	0.710836	0.380674	0.630405	0.046944	0.04
11	0.521718	0.116802	0.397604	0.418236	0.81872	0.629882	0.596299	0.916723	0.83909	0.391801	0.552301	0.08
12	0.531655	0.9578	0.449577	0.911281	0.595605	0.048594	0.189214	0.030615	0.914997	0.549732	0.45865	0.3
13	0.295732	0.411581	0.991531	0.487363	0.172326	0.632369	0.246113	0.220317	0.1263	0.56492	0.012384	0.60
14	0.082503	0.624646	0.712298	0.343573	0.118344	0.324678	0.597221	0.354504	0.419472	0.866334	0.234821	0.25
15	0.670059	0.243994	0.049742	0.563721	0.673299	0.107361	0.113241	0.314917	0.242852	0.80837	0.862768	0.
16	0.698688	0.687364	0.357235	0.023322	0.993547	0.974071	0.218248	0.534438	0.14068	0.514018	0.107926	0.59
17	0.089199	0.083759	0.458609	0.417123	0.791565	0.928852	0.296569	0.827398	0.653843	0.762012	0.594164	0.96
18	0.878455	0.698321	0.200216	0.400976	0.005223	0.973918	0.298511	0.955772	0.386393	0.623981	0.417795	0.55
19	0.527999	0.365167	0.625422	0.992578	0.425612	0.194494	0.380389	0.582189	0.772778	0.030957	0.756872	0.04
20	0.249939	0.185532	0.292164	0.969004	0.979806	0.213266	0.048402	0.993428	0.959253	0.999856	0.558903	0.84
21	0.755897	0.610358	0.886896	0.761051	0.216724	0.987771	0.945773	0.626291	0.07779	0.030806	0.850233	0.63
22	0.841027	0.20567	0.357846	0.884543	0.39488	0.491388	0.421512	0.723881	0.98986	0.006351	0.082841	0.16
23	0.317756	0.725836	0.918105	0.571357	0.219328	0.139246	0.005143	0.083909	0.247236	0.572308	0.615475	0.75
24	0.275938	0.106683	0.024223	0.566312	0.054726	0.961059	0.774933	0.995338	0.009133	0.745871	0.139833	0.55
25	0.995052	0.50122	0.559317	0.596432	0.514782	0.551065	0.519892	0.267824	0.170731	0.277	0.175263	0.72
26	0.662634	0.280697	0.371354	0.992678	0.203301	0.309706	0.145478	0.073722	0.160994	0.404449	0.44721	0.39
27	0.848073	0.696518	0.839007	0.251933	0.447816	0.586238	0.939198	0.765387	0.577896	0.166934	0.018489	0.53

图 10.3　RAND 函数批量产生的随机数

RAND 函数只能产生 0～1 的均匀分布的随机数，如果想产生介于任意一个区间的服从均匀分布的随机数，可以使用 RANDBETWEEN 函数，其使用语法规则是：＝RANDBETWEEN（参数 1，参数 2），参数 1 是区间左端点，参数 2 是区间右端点。为避免操作障碍，一般使用插入函数向导来使用含有参数的函数。例如使用插入函数向导产生介于 10～15 之间的均匀分布的随机数，如图 10.4 所示。如果想批量产生大量随机数据，同样可以使用拖动柄，拖动鼠标产生。

图 10.4　RANDBETWEEN 的插入函数使用向导

（二）产生正态分布的随机数

正态分布也称高斯分布，是现实世界中大量存在的分布状态，大多数随机变量的分布都是正态分布，根本原因是某个随机变量的影响因素是众多的，在许多影响因素的作用下，随机变量的分布被多种因素相互作用后"塑造"成了正态分布形状。正态分布的外观形状像一座山，以中心对称。统计学中经常需要大量服从正态分布的数据来模拟分析，因此需要了解一些产生大量正态分布数据的方法。一个正态分布由均值和标准差完全决定。

NORMINV 函数功能是产生一个服从正态分布的随机数，语法适用规则是：＝NORMINV（参数1，参数2，参数3），参数1是随机数，参数2是均值，参数3是标准差。例如利用插入函数向导，产生一个服从均值是0、标准差是1的正态分布随机数字，如图10.5所示。

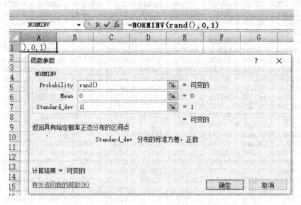

图 10.5　NORMINV 的插入函数使用向导

同样使用拖动柄功能，拖动鼠标可以产生大量的服从正态分布随机数。

二、制作频数分布表和频数分布图

统计学主要是以数据处理为对象的一门学科，经常会面对大量甚至海量的数据，并且人们对信息的理解和接受程度，一般规律是文字不如表格，表格不如图形，因此，将原始数据向表格和图形转化是统计学学习者的必备技能。制作频数分布表和频数分布图是统计学数据分布内容中最基础的实践操作。在面对大量的、看似杂乱无章的数据时，通过制作频数分布表和频数分布图可以非常直观地观察出这些数据的分布状况和特征，从而识别规律，顺利开展进一步分析。频数分布表是频数分布图的基础,首先要制作频数分布表,然后再制作分布图。传统手工制作已经无法满足现实的需要,利用 EXCEL 软件可以快速高效地制作出频数分布表和频数分布图。

(一) 频数分布表的制作

制作频数分布表的过程是:先确定原始数据区间跨度,然后将区间跨度分割成若干个小区间,依次计算原始数据落入到每个小区间的个数(频数),这些小区间和对应的频数就组成了频数分布表。

EXCEL 中的 FREQUENCY 函数用于制作频数分布表,其使用语法规则是:=FREQUENCY(参数1,参数2),参数 1 是一个数据区域,参数 2 是一个分组区域。案例中,数据区域是 A1:W25 共 575 个数据。操作步骤如下:

① 确定原始数据区间跨度。由于数据太多,确定数据跨度靠人工较难,所以使用最大值函数 MAX 和最小值函数 MIN 来快速确定,如图 10.6 所示,数据区间跨度是 [0,1]。

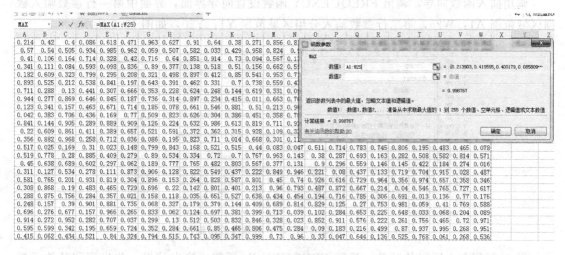

图 10.6 MAX 函数的使用

② 划分适当的小区间,制作分组区域。根据原始数据个数,划分适当的小区间,一般 10 个、20 个、50 个小区间不等。本案例中 575 个数据,[0,1] 划分成 20 个小区间,每个分割点是 0.05 为增量的等差数列,将此数列放在 Y1:Y20 的区域中作为分组区域,如图 10.7 所示。

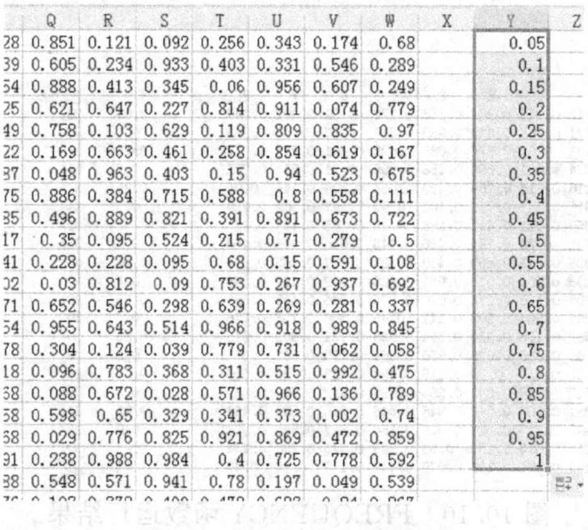

图 10.7 制作分组区域

③ 调用 FREQUENCY 函数。调用 FREQUENCY 函数比较特殊，需要事先选定和分组区域范围一样的区域，见图 10.8，选中 Z1：Z20 区域。

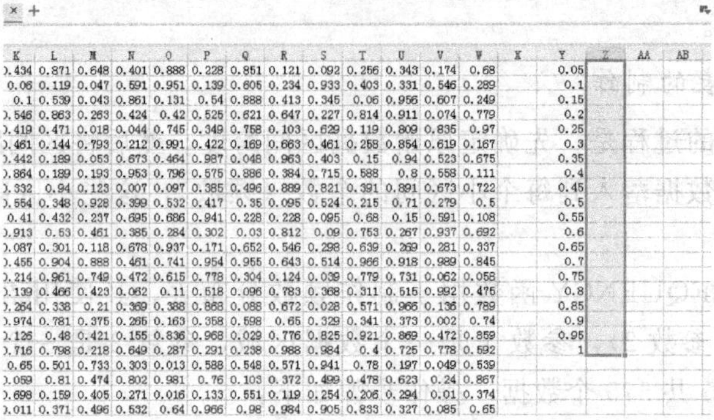

图 10.8 调用 FREQUENCY 函数前的准备

调用插入函数向导，调出 FREQUENCY 函数设置向导界面，界面中第一行参数输入数据区域范围 A1：W25，第二行参数输入分组区域范围 Y1：Y20，如图 10.9 所示。

图 10.9 FREQUENCY 函数参数的输入

④ 计算每个小区间的频数。运行 FREQUENCY 函数，输出结果。此步骤和其他函数用法也不一样，需要同时按下 Shift+Enter+Ctrl 三个键，才能正确输出结果。本案例中运行结果见图 10.10，Z1：Z20 中即为每个小区间的频数。比如 Z1 单元格中的 28，表示原始数据 575 个数字，落入到第一个小区间 [0，0.05] 中的个数是 28 个。Z2 单元格中的 23 表示落入到第二个小区间 [0.05，0.1] 的个数是 23 个，以此类推。最终我们快速高效地得到了数据分布表。

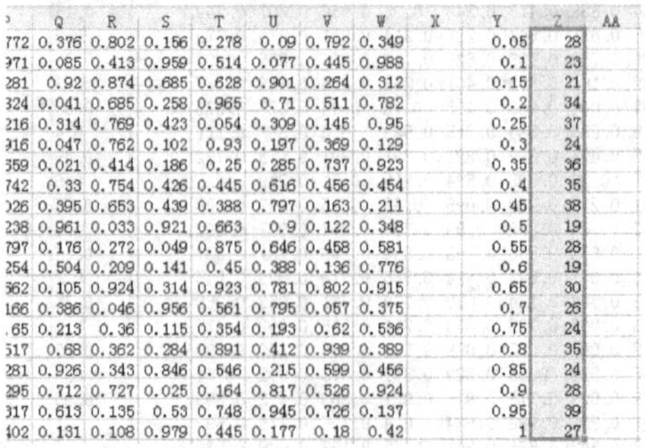

图 10.10 FREQUENCY 函数运行结果

（二）频数分布图的制作

在频数分布表的基础上，就可以绘制频数分布图了。频数分布图的绘制比较简单，就是直接在 EXCEL 中插入图标类型中的柱形图即可。具体操作步骤如下：

① 选中数据分布表。案例中为 Y1：Z20。

Q	R	S	T	U	V	W	X	Y	Z
0.299	0.085	0.613	0.913	0.635	0.147	0.673		0.05	24
0.471	0.691	0.877	0.263	0.362	0.322	0.43		0.1	32
0.091	0.236	0.249	0.817	0.489	0.69	0.865		0.15	28
0.22	0.634	0.735	0.085	0.03	0.472	0.815		0.2	29
0.725	0.188	0.332	0.581	0.007	0.61	0.77		0.25	24
0.343	0.37	0.464	0.956	0.47	0.305	0.41		0.3	34
0.571	0.837	0.52	0.153	0.71	0.289	0.478		0.35	33
0.972	0.096	0.496	0.594	0.495	0.521	0.74		0.4	27
0.415	0.087	0.138	0.263	0.381	0.23	0.819		0.45	18
0.829	0.302	0.67	0.02	0.879	0.716	0.109		0.5	28
0.768	0.585	0.392	0.124	0.39	0.619	0.13		0.55	25
0.355	0.889	0.337	0.2	0.189	0.387	0.638		0.6	19
0.91	0.763	0.403	0.849	0.847	0.022	0.974		0.65	35
0.618	0.796	0.743	0.74	0.785	0.63	0.785		0.7	21
0.638	0.196	0.405	0.001	0.507	0.636	0.777		0.75	30
0.933	0.161	0.145	0.349	0.236	0.753	0.198		0.8	32
0.59	0.65	0.01	0.499	0.729	0.707	0.817		0.85	35
0.834	0.068	0.288	0.751	0.016	0.039	0.311		0.9	36
0.868	0.901	0.422	0.34	0.636	0.069	0.592		0.95	38
0.609	0.009	0.856	0.934	0.949	0.486	0.999		1	27
0.579	0.604	0.169	0.933	0.086	0.152	0.395			
0.613	0.37	0.731	0.6	0.185	0.123	0.714			
0.707	0.869	0.448	0.806	0.991	0.272	0.275			
0.696	0.283	0.302	0.787	0.981	0.911	0.23			
0.668	0.153	0.606	0.356	0.813	0.087	0.543			

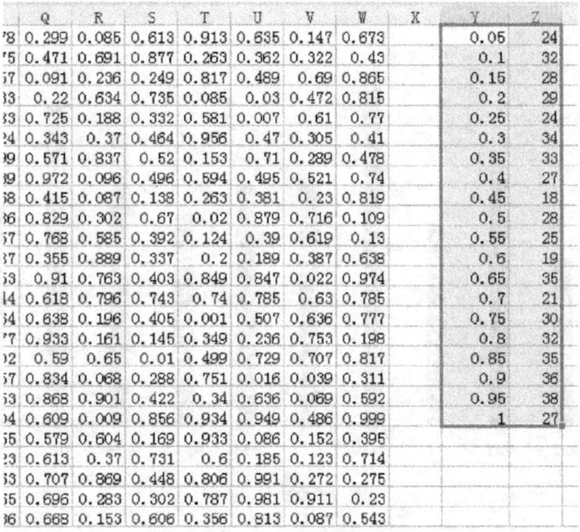

图 10.11　选中频数分布表

② 选择插入【图表】，选中【柱形图】，绘制初始柱状图。初始柱状图还不是频数分布图，因为分类轴不是分组区间，因此还需要进一步调整，如图 10.12 所示。

图 10.12　初始柱状图

③ 调整水平分类轴为分组区间。设置结果如图 10.13 所示。

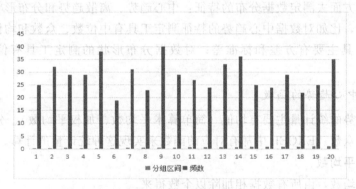

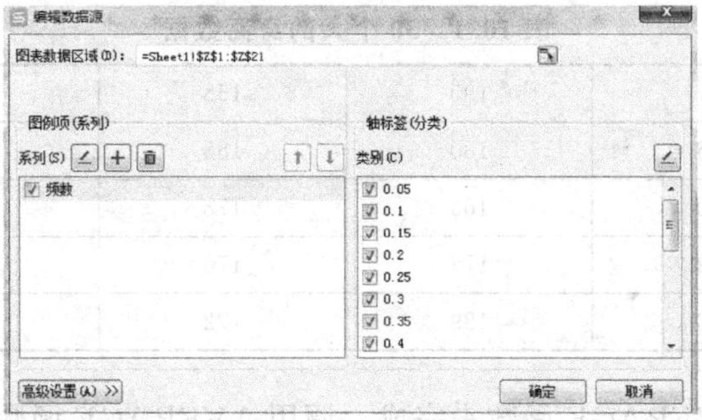

图 10.13　水平分类轴的设置

最终绘制成功后的频数分布图结果如图10.14所示。横坐标是分组小区间的分割点，纵坐标是频数（个数）。比如：横坐标中的第一个0.05表示区间[0，0.05]，柱状图的高度对应着刻度是25，即：原始数据区域575个数据落入到区间[0，0.05]的频数（个数）是25个。

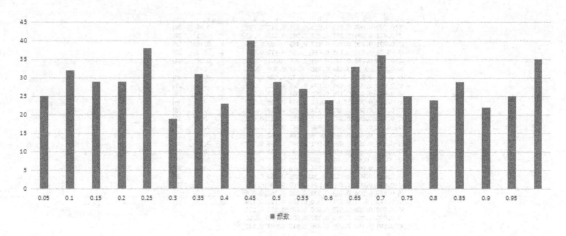

图 10.14 案例数据的频数分布图

三、数据分布特征测定的几种函数应用

我们从三个方面去测定数据分布的特征：中心趋势、离散趋势和分布形状。每种特征的测量工具有多种，比如对数据中心趋势的特征测定工具有中位数、众数和均值等；对数据离散趋势的测定工具主要有方差和标准差；对数据分布形状的测定工具有偏度系数和峰度系数。

（一）测定中心趋势的函数

测定中心趋势的统计量主要有均值（简单算术平均数、加权平均数）、分位数（中位数和四分位数）和众数。EXCEL中都有对应的函数来实现这种统计量的计算。

1. 简单算术平均数

简单算数平均数，由所有数据相加除以个数得来。

【例1】 随机抽取30个在校大学生，得到身高数据如表10.1所示，计算30个人的平均身高。

表 10.1 30个人的身高数据   单位：cm

176	167	190	158	178	168
177	156	180	188	167	179
166	150	163	178	194	188
160	159	178	170	175	174
167	166	189	172	179	169

该样本的均值由AVERAGE函数来完成。调用AVERAGE函数使用向导，设置第一行参数为数据区域A2：F6，即可得到结果，如图10.15所示。

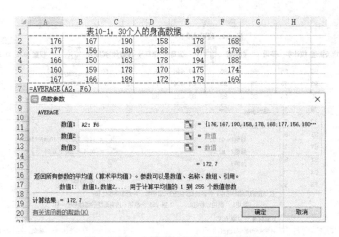

图 10.15　AVERAGE 函数的调用

2. 加权平均数

目前常用的 EXCEL 2007 版本还没有加权平均数的函数，不过可以根据加权平均数的公式利用其他函数计算得来。

【**例 2**】　某班级要评奖学金，奖学金最终由各科成绩总和加总的智育分、德育分和体育分、奖励分四部分组成的综合分数决定，见表 10.2。综合成绩由四部分成绩加权平均而成，权重分别是 0.4、0.2、0.2 和 0.2。按照加权平均法计算加权平均得分。

表 10.2　班级成绩表

姓名	物流管理	统计学	英语	数据库	配送管理	智育分	德育分	体育分	奖励分
王瑞叶	92	85	88	96	87	448	8	10	50
王震	93	75	79	90	67	404	71	12	5
张伟	88	78	86	86	83	421	86	9	67
张梦伟	78	74	70	84	68	374	67	2	57
夏芳芳	72	77	67	85	68	369	21	0	70
吕蒙蒙	91	84	92	94	88	449	77	1	45
沈雪莹	87	79	81	88	76	411	97	22	12
朱娜	81	87	85	90	83	426	92	10	80
王浩浩	84	78	72	82	78	394	7	11	15
何永康	73	69	72	85	75	374	27	5	24

EXCEL 利用 SUMPRODUCT 函数来求向量的内积，也就是加权相乘的计算方法。

首先利用该函数求出第一个同学王瑞叶的加权总分，具体参数设置见图 10.16。该函数向导中第一行参数设置为四部分分数区域 G3：J3，第二行参数为参数区域 M2：P2。

接着求出四部分成绩的总分，然后和上步求出的加权综合分相除，即得到了加权平均得分。

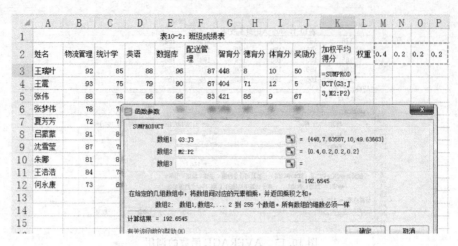

图 10.16　SUMPRODUCT 函数的调用向导

3. 中位数

中位数是将数据按一定顺序排序后，处在中间的某个数据，这个数据可能在原始数据中，也可能不在。

【例 3】　沿用表 10.1 的数据，计算 30 个人身高数据的中位数。

当数据比较少时，手工排序观察就能得到结果，但数据较多时就体现出软件的优越性。EXCEL 中求中位数的函数是 MEDIAN。在 EXCEL 中调用 MEDIAN 插入函数向导即可，见图 10.17，在第一行参数中输入数据区域即可。

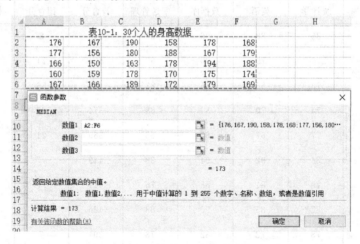

图 10.17　MEDIAN 插入函数使用向导

4. 四分位数

四分位数是将数据排序后，用三个点将数据分成四等份，处在中间的点就是中位数，另外两个点就是四分位数，其中一个是上四分位数，一个是下四分位数。这两个四分位数可能在原始数据中，也可能不在。四分位数多用于绘制箱线图。

EXCEL 中由 QUARTILE 函数来实现计算四分位数。

【例 4】　沿用表 10.1 的数据，求 30 个人身高数据的上四分位数和下四分位数。

图 10.18 中，QUARTILE 插入函数向导，需要输入两行参数。第一行【数组】为原始

数据区域 A2：F6，第二行【四分位数】需要输入该函数返回的数值，0 表示最小值，1 表示上四分位数，2 表示中位数，3 表示下四分位数，4 表示最大值，因此只需要分别输入 1 和 3。例图中输入的是 1，求出的是上四分位数是 166.25，不在原始数据中。下四分位数输入 3 即可求得。

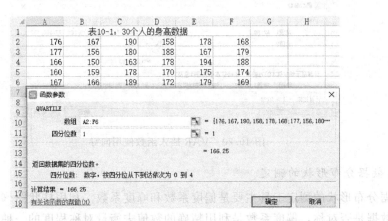

图 10.18　QUARTILE 插入函数使用向导

5. 众数

众数是一组数据中出现次数最多的某个数据。只有在数据比较多的时候，计算众数才有意义。EXCEL 中求众数是由 MODE 函数来实现。

【例 5】 沿用表 10.1 的数据，求 30 个人身高数据的众数。MODE 函数使用比较简单，如图 10.19 所示。

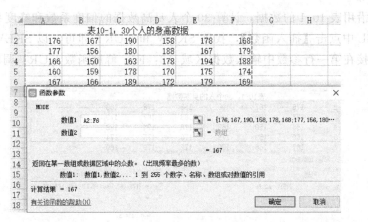

图 10.19　MODE 插入函数使用向导

（二）测定离散趋势的函数

测定数据离散趋势的工具主要是方差和标准差。这里所指的都是样本方差和样本标准差。EXCEL 中计算样本方差和样本标准差的函数是 VAR 和 STDEV。

【例 6】 沿用表 10.1 的数据，求 30 个人身高数据的样本方差。调用插入函数向导如图 10.20 所示。

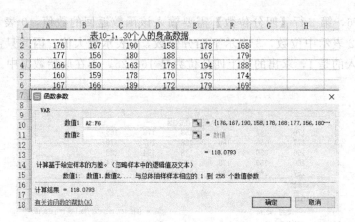

图 10.20 VAR 插入函数使用向导

(三) 数据分布形状的测定

对数据分布形状的测定工具主要是偏度系数和峰度系数。利用柱状图（直方图）可以直观地看出数据是否对称，偏度系数是利用精确的数值去衡量对称程度的一种计算方法。同样利用直方图也可以很直观地观察数据的"高矮胖瘦"，峰度系数是利用精确数值去衡量数据分布是否是"标准身材"。这个标准是标准正态分布。

EXCEL 中利用 SKEW 和 KURT 函数来计算偏度系数和峰度系数。EXCEL 中偏度系数是 0 为分界点，大于 0 为右偏分布，小于 0 为左偏分布，越接近于 0 则分布越对称。峰度系数也是以 0 为分界点，大于 0 为尖峰分布（太高太瘦），小于 0 为扁平分布（太胖太矮），越接近于 0 越标准。

【例7】 沿用表 10.1 的数据，计算 30 个人身高数据的偏度系数和峰度系数。

在 EXCEL 中点击【插入函数】，找到 SKEW 和 KURT 即可。以 SKEW 函数为例，见图 10.21，直接在第一行参数中输入数据区域 A2：F6。峰度函数 KURT 调用方法类似。

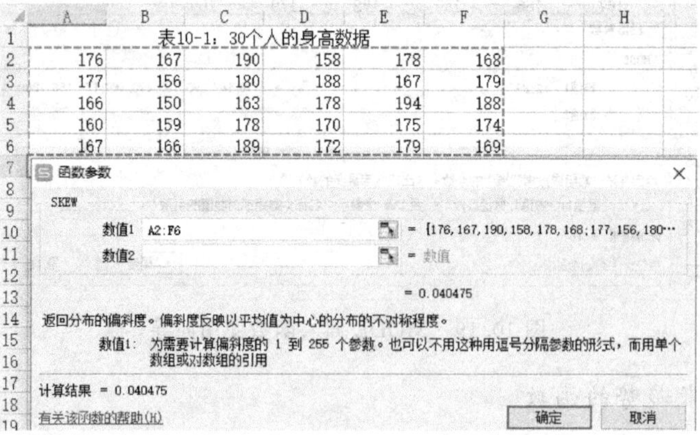

图 10.21 SKEW 插入函数使用向导

第二节 SPSS 软件

SPSS 是世界上最早的统计分析软件，诞生于 1968 年，中文全称是"社会科学统计软件包"，对应的英文是 Solutions Statistical Package for the Social Sciences，SPSS 是其英文首字母缩写的简称。2009 年，IBM 公司收购 SPSS 公司，更名为 IBM SPSS Statistics。SPSS 采用类似 EXCEL 软件表格的方式输入与管理数据，数据接口较为通用，能方便地从其他数据库中读入数据。其统计过程包括了常用的、较为成熟的统计过程，完全可以满足非统计专业人士的工作需要。输出结果十分美观，存储时则是专用的 SAV 格式，可以转存为 HTML 格式和文本格式，兼容性较强。作为统计分析工具，理论严谨，内容丰富，数据管理、统计分析、趋势研究、制表绘图、文字处理等功能，几乎无所不包。本节以 SPSS 18.0 为蓝本，简单介绍它的一些具体使用方法。SPSS 是商业软件，收费较高，免费试用版可以在经管之家（原人大经济论坛）网站中 SPSS 专区下载 http://bbs.pinggu.org/forum-65-1.html。

一、SPSS 软件的基本操作

（一）SPSS 主窗口

SPSS 的主窗口名为 SPSS for Windows，此为窗口的标题栏，当它呈蓝底白字时，表示该窗口为活动窗口，意即用户可对之进行操作。非活动窗口的标题栏呈白底黑字，用户对之不能操作。激活窗口的方法是点击该窗口的标题栏，如图 10.22 所示。

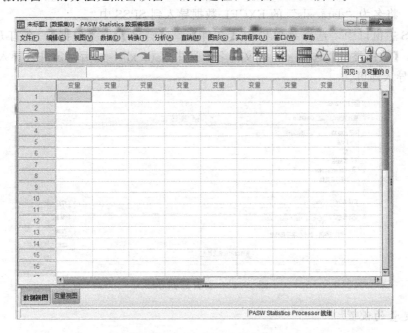

图 10.22　SPSS18.0 的主窗口

标题栏的左侧（即窗口的左上角）为窗口控制钮，点击它选择窗口的还原、移动、大小变换、最小化、最大化、关闭和与其他窗口的切换。标题栏右侧（即窗口右上角）的两个钮：箭头向下的为最小化钮，点击它使窗口缩小为图标（但不是关闭窗口）；箭头向上的为最大化钮，点击它使窗口充满整个屏幕。该窗口的底部为系统状态栏，显示系统即刻的工作状况，这对用户了解系统情况十分有益。

（二）SPSS 的菜单

菜单栏常用的主要有 8 个选项：

① 文件：文件管理菜单，有关文件的调入、存储、显示和打印等；
② 编辑：编辑菜单，有关文本内容的选择、拷贝、剪贴、寻找和替换等；
③ 数据：数据管理菜单，有关数据变量定义、数据格式选定、观察对象的选择、排序、加权、数据文件的转换、连接、汇总等；
④ 转换：数据转换处理菜单，有关数值的计算、重新赋值、缺失值替代等；
⑤ 统计：统计菜单，有关一系列统计方法的应用；
⑥ 图形：作图菜单，有关统计图的制作；
⑦ 窗口：窗口管理菜单，有关窗口的排列、选择、显示等；
⑧ 帮助：求助菜单，有关帮助文件的调用、查寻、显示等。

点击菜单选项即可激活菜单，这时弹出下拉式子菜单，用户可根据自己的需求再点击子菜单的选项，完成特定的功能。

（三）数据的导入

SPSS 数据可以直接录入，也可以从外部数据库导入。为了提高效率，一般从外部数据库导入。SPSS 兼容各种数据库不同格式的数据，一般常用将 EXCEL 中的数据导入到 SPSS 软件中。

【例8】 将名为"data.xls"的 EXCEL 数据导入到 SPSS 中。

在 SPSS 主窗口中，选择菜单栏中【文件】—【打开】—【数据】，在打开数据窗口（图 10.23），【数据类型】选择 xls，【文件名】选中 data.xls，然后确定进入导入数据向导，按步骤依次导入即可。

图 10.23 打开数据界面

（四）变量的设置

SPSS 需要对变量进行设置，主要有"名称""类型""宽度"和"度量标准"等。只有对变量进行正确设置，运行分析时才不会出错。

【例9】 沿用【例7】的数据，对导入的名为 data.xls 的 EXCEL 表中的变量类型进行正确设置。

SPSS 的主窗口提供了两种视图：变量视图和数据视图。对变量设置时需要切换到变量视图。在主窗口左下角，单击【变量视图】即可。该表中有 10 个变量，学号、姓名和成绩【类型】为字符串，【度量标准】为名义，其他变量【类型】为数值，【度量标准】为度量，如图 10.24 所示。

图 10.24　SPSS 主窗口的变量视图

二、SPSS 软件的绘图功能

SPSS 提供了丰富的图形绘制功能，本节介绍直方图、散点图和箱线图三种图形的绘制操作。

（一）直方图的绘制

直方图是一种统计报告图，由一系列高度不等的纵向条纹或线段表示数据分布的情况。在探索数据分布时，经常要绘制直方图，一般用横轴表示数据类型，纵轴表示分布情况。直方图经过归一化处理后，纵轴就表示频率图，可以近似看作概率密度函数图。

【例 10】　为了观察某物流公司近 5 年的日派送快件数的分布情况，绘制其数据的直方图。

在 SPSS 主窗中，选择【图形】—【旧对话框】—【直方图】，进入直方图绘制设置向导界面，如图 10.25 所示，将左侧空白处的名为"某公司近 5 年的日派送快件数"变量，单击 按钮，将其移至【变量】框内，点击【确定】即可直接产生直方图。

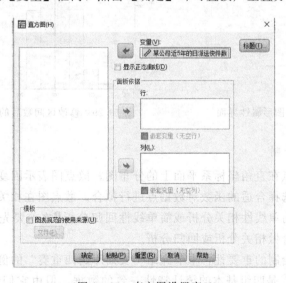

图 10.25　直方图设置窗口

该物流公司的近 5 年的日派件数据，绘制的直方图见图 10.26，可以非常直观地看到其分布情况，近似呈正态分布。

SPSS 绘制直方图时，组距是默认的，也可以自行设置划分间距。选中图形，单击鼠标右键，选择【编辑内容】—【在单独窗口中】，进入【图标编辑器】界面，如图 10.27 所示。

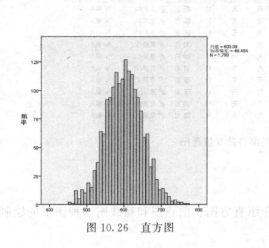

图 10.26　直方图

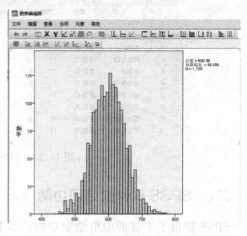

图 10.27　SPSS 的图标编辑器界面

在图表编辑器界面，选中图形单击鼠标右键，选中【属性】窗口，进入【属性】设置界面，如图 10.28 所示。在【属性】窗口，选择【分箱】选项卡，将【X轴】选【定制】，【区间数】设置为 10，结果见图 10.29，直方图的柱形明显变少。具体区间数如何设置，一般需要根据研究需要视情况而定。

图 10.28　图形属性界面

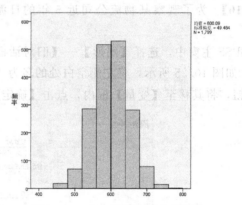

图 10.29　修改区间数后的直方图

（二）散点图的绘制

散点图是指数据点在直角坐标系平面上的分布图，散点图表示因变量随自变量而变化的大致趋势，据此可以选择合适的函数对数据点进行拟合。散点图在相关分析和回归分析中起着重要作用。一般在简单线性相关分析或简单线性回归分析❶之前要先画出两个变量的散点图，依此判断是否适合做相关分析或回归分析。

为了说明散点图绘制的重要性，本节介绍"安斯库姆四重奏"的例子。安斯库姆四重奏（Anscombe's quartet）是四组基本的统计特性一致的数据，但由它们绘制出的散点图则截

---

❶ 多元相关分析和多元回归分析一般无法画出散点图。

然不同。每一组数据都包括了 11 个 (x, y) 点,见表 10.3。这四组数据由统计学家弗朗西斯·安斯库姆(Francis Anscombe)于 1973 年构造,它的目的是用来说明在分析数据前先绘制图表的重要性,以及离群值对统计的影响之大。

表 10.3 安斯库姆四重奏四组数据表

X1	Y1	X2	Y2	X3	Y3	X4	Y4
10.00	8.04	10.00	9.14	10.00	7.46	8.00	6.58
8.00	6.95	8.00	8.14	8.00	6.77	8.00	5.76
13.00	7.58	13.00	8.74	13.00	12.74	8.00	7.71
9.00	8.81	9.00	8.77	9.00	7.11	8.00	8.84
11.00	8.33	11.00	9.26	11.00	7.81	8.00	8.47
14.00	9.96	14.00	8.10	14.00	8.84	8.00	7.04
6.00	7.24	6.00	6.13	6.00	6.08	8.00	5.25
4.00	4.26	4.00	3.10	4.00	5.39	19.00	12.50
12.00	10.80	12.00	9.13	12.00	8.15	8.00	5.56
7.00	4.82	7.00	7.26	7.00	6.42	8.00	7.91
5.00	5.68	5.00	4.74	5.00	5.73	8.00	6.89

这四组数据共有的统计性质如下:

性质	数值
x 的平均数	9
x 的方差	11
y 的平均数	7.50(精确到小数点后两位)
y 的方差	4.122或4.127(精确到小数点后三位)
x 与 y 之间的相关系数	0.816(精确到小数点后三位)
线性回归线	$y = 3.00 + 0.500x$(分别精确到小数点后两位和三位)

从统计性质上来看,这四组数据的相关系数和回归直线基本上是一样的。如果不观察它们的散点图很容易得出错误的结论。绘制四组数据的散点图见图 10.30。

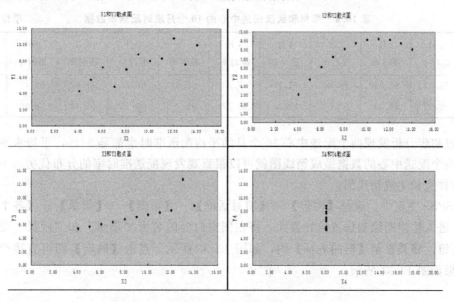

图 10.30 安斯库姆四重奏四组数据的散点图

从图中可以明显看出,四组数据的散点图差别很大。因此,在做统计分析时,先绘制散点图很有必要。

【例11】 利用表10.3中的数据绘制第一组数据的散点图。

在SPSS主窗中,选择【图形】—【旧对话框】—【散点/点状】—【简单分布】,进入散点图绘制设置向导界面。将左侧空白处的名为"X1"变量,单击 按钮,将其移至【X轴】框内,名为"Y1"变量,单击 按钮,将其移至【Y轴】框内,如图10.31所示。点击【确定】即可直接产生散点图,如图10.32所示。

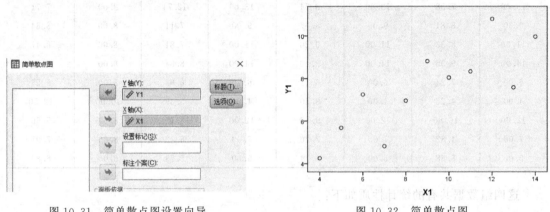

图10.31 简单散点图设置向导　　　　　图10.32 简单散点图

(三) 箱线图的绘制

箱形图(Box-plot)又称为盒须图、盒式图或箱线图,是一种用作显示一组数据分散情况资料的统计图,因形状如箱子而得名。在各种领域也经常被使用,常用于质量监控和管理。

【例12】 某物流公司的郑州和武汉两个配送中心,某年10个月的配送准时率数据,见表10.4。

表10.4 郑州和武汉配送中心的10个月准时配送率数据　　　　单位:%

配送中心	1月准时率	2月准时率	3月准时率	4月准时率	5月准时率	6月准时率	7月准时率	8月准时率	9月准时率	10月准时率
郑州	84.91	95.59	98.86	91.71	97.99	95.61	97.74	88.92	89.47	94.38
武汉	99.07	96.43	99.70	90.37	82.37	92.22	96.56	95.44	96.29	97.79

经过初步分析发现两个配送中心10个月的平均配送准时率都是94%,平均水平没有差异,把两个配送中心的数据做成箱线图就可以很直观发现配送准时率的分布优劣。下面利用SPSS软件直接生成箱线图。

在SPSS主窗中,选择【图形】—【旧对话框】—【箱图】—【简单】—【各个变量的摘要】,进入箱线图绘制设置向导界面。将左侧空白处的名为"郑州"和"武汉"变量,单击 按钮,将其移至【框的表征】内,如图10.33所示。点击【确定】即可直接产生箱线图,结果如图10.34所示。

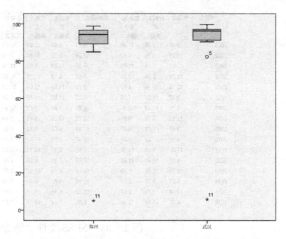

图 10.33　箱线图绘制设置向导界面　　　　图 10.34　郑州和武汉配送中心的数据箱线图

从图 10.34 可以看出，左图为郑州配送中心的准时配送率箱线图，右图为武汉配送中心的准时配送率箱线图。武汉配送中心的准时配送率明显要优于郑州配送中心的准时配送率，因为武汉的箱线图明显比郑州的要短，分布集中，且位置偏上，越向上配送率越高。

三、综合指数编制应用

综合指数是两个总量指标对比形成的指数，在总量指标中包含两个或两个以上的因素，将其中被研究因素以外的一个或一个以上的因素固定下来，仅观察被研究因素的变动，这样编制的指数称为综合指数，它的特点是先综合后对比。

官方统计部门按期公布并且和人民群众密切相关的综合指数有：

① 居民消费价格指数（CPI）：运用居民消费价格总指数，可以观察、分析消费品零售价格和服务项目价格变动对城乡居民实际生活费用支出的影响程度。

② 商品零售价格指数（RPI）：商品零售价格指数是反映城市、农村商品零售价格变动趋势的一种经济综合指数。商品零售价格的调整升降直接影响城乡居民的生活费用节约或多支，直接关系国家财政的收支，直接影响居民购买力和市场商品供需平衡，还影响消费和积累的比例。

本节对 SPSS 软件编制综合指数的操作作简单介绍。首先来看未考虑价格影响的编制方法操作。这种编制方法没有把商品价格相对变化考虑进来，一般用于没有价格因素影响下的综合指数编制。

【例 13】　利用 SPSS 文件"综合指数 1.sav"中提供的数据，见图 10.35，编制 2001~2016 年某地区商品零售价格指数。"建筑材料及五金电料类"权重占 0.2，"燃料类""家用电器及音像类"和"食品类"各占权重 0.1，其他 10 种（类）商品各占 0.06 的权重。

在 SPSS 主窗中，选择【转换】—【计算变量】，进入计算变量设置向导界面。在该界面中，【目标变量】设置为"综合指数 1"，【数字表达式】结合例题要求，直接输入计算公式，详见图 10.36。点击【确定】即可产生编制结果。

年份	食品类	饮料和烟酒类	服装和鞋帽类	纺织品类	家用电器及音像	文化办公用品类	体育娱乐用品类	家具	化妆品类	金银珠宝类	中西药品及医疗	书报杂志及电子	燃料类	建筑材料及五金
2001	9.34	9.28	11.45	10.71	9.80	15.61	10.26	16.82	8.12	6.87	13.04	5.94	8.36	7.46
2002	14.70	8.75	5.03	12.64	6.22	11.40	2.58	11.77	9.05	9.36	10.55	12.71	10.12	9.69
2003	7.61	9.74	11.66	10.67	15.99	9.60	11.74	11.71	7.45	8.22	14.16	2.95	7.38	7.92
2004	11.11	6.20	12.94	7.09	5.13	16.31	15.93	10.46	11.07	11.73	15.51	9.40	.79	12.55
2005	12.34	10.26	4.52	10.20	11.03	12.07	10.07	8.63	11.58	13.35	8.90	13.65	10.51	11.05
2006	9.32	14.26	14.19	10.27	11.82	11.85	8.38	11.06	8.17	12.68	9.00	7.84	9.63	9.10
2007	6.70	11.40	2.14	5.85	7.84	10.77	12.97	6.05	9.06	10.56	13.85	7.93	19.54	8.83
2008	11.55	10.16	10.55	12.71	10.25	9.85	8.83	12.47	11.45	18.29	12.72	6.66	11.30	11.34
2009	9.57	8.74	6.47	11.48	6.64	9.32	8.84	15.65	4.70	11.15	3.51	16.03	8.50	5.70
2010	6.99	8.62	5.20	10.46	5.93	11.61	9.55	8.90	4.91	10.32	9.50	8.75	8.80	7.32
2011	17.62	9.68	10.76	7.50	8.15	14.11	8.04	11.29	10.01	6.55	8.67	9.92	7.48	10.72
2012	6.92	16.81	11.88	10.55	7.25	8.65	8.60	8.35	15.74	11.68	10.25	12.85	7.33	6.92
2013	10.28	11.59	7.90	10.44	8.06	11.25	8.07	11.02	8.70	15.43	10.71	3.54	10.96	11.25
2014	5.51	6.27	8.61	11.19	13.72	4.13	6.98	8.23	10.51	12.80	13.21	9.07	8.69	12.72
2015	10.88	7.76	8.57	12.92	5.15	8.31	9.91	14.57	9.58	13.57	4.14	6.84	6.43	6.86
2016	6.70	11.40	2.14	5.85	7.84	10.77	12.97	6.05	9.06	10.56	13.85	7.93	19.54	8.83

图 10.35　SPSS 文件"综合指数 1.sav"中的数据

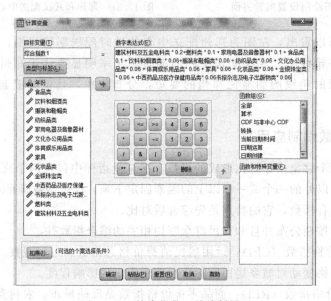

图 10.36　综合指数 1 的编制界面

【例 14】 利用 SPSS 文件"综合指数 2.sav"中提供的数据，见图 10.37（局部），以 2001 年的商品（类）价格为基准价格，编制 2001～2016 年某地区居民消费价格指数。

年份	粮食数量	粮食价格	油脂数量	油脂价格	肉禽蛋类数量	肉禽蛋类价格	水产品数量	水产品价格	菜类数量	菜类价格	鲜类数量	鲜类价格	茶叶和饮料类数量	茶叶和饮料类价格
2001	386.00	3.35	536.00	3.98	13.00	7.91	754.00	5.75	245.00	.06	317.00	1.44	206.00	4.78
2002	622.00	8.07	174.00	6.97	202.00	3.94	970.00	5.17	118.00	4.81	633.00	4.76	718.00	4.58
2003	456.00	4.12	919.00	5.56	63.00	5.99	426.00	7.59	215.00	4.22	769.00	3.56	722.00	.55
2004	692.00	5.70	178.00	.77	745.00	4.16	902.00	2.89	455.00	6.02	297.00	9.44	881.00	5.57
2005	229.00	8.37	364.00	4.10	524.00	6.06	770.00	2.73	33.00	9.34	532.00	2.63	920.00	7.94
2006	606.00	8.43	352.00	2.76	738.00	5.02	640.00	.28	848.00	8.52	276.00	6.02	896.00	4.94
2007	993.00	9.47	529.00	8.59	134.00	.78	303.00	2.30	404.00	3.16	693.00	7.60	305.00	1.14
2008	263.00	9.59	391.00	4.63	481.00	9.19	6.00	6.05	679.00	6.48	589.00	6.76	848.00	5.33
2009	879.00	8.01	921.00	.83	106.00	5.09	32.00	7.11	456.00	6.24	311.00	2.81	193.00	6.86
2010	144.00	7.57	631.00	4.11	694.00	4.62	209.00	1.61	870.00	6.57	609.00	1.25	875.00	3.37
2011	818.00	4.19	996.00	2.56	79.00	.47	811.00	6.34	875.00	3.03	983.00	3.13	675.00	6.88
2012	223.00	9.87	398.00	6.19	251.00	4.08	582.00	1.58	841.00	3.13	297.00	7.07	409.00	3.56
2013	592.00	3.26	722.00	1.45	53.00	2.29	164.00	8.56	516.00	3.72	875.00	8.50	335.00	7.51
2014	712.00	2.38	58.00	4.54	455.00	9.24	190.00	7.55	585.00	6.73	257.00	1.88	500.00	1.56
2015	825.00	4.11	115.00	9.25	609.00	7.34	591.00	1.64	578.00	1.98	102.00	2.65	663.00	4.35
2016	993.00	9.47	529.00	8.59	134.00	.78	303.00	2.30	404.00	3.16	693.00	7.60	305.00	1.14

图 10.37　SPSS 文件"综合指数 2.sav"中的数据（局部）

2001 年 14 种（类）商品的价格分别为 p_{01}，p_{02}，…，p_{014}，数量为 q_{01}，q_{02}，…，q_{014}，设第 i 年的 14 种（类）商品的价格分别为 p_{i1}，p_{i2}，…，p_{i14}，数量为 q_{i1}，q_{i2}，…，q_{i14}，那么，以 2001 年为基准年，该年的居民消费价格指数为：

$$CPI = \frac{p_{01}q_{i1} + p_{02}q_{i2} + \cdots + p_{014}q_{i14}}{p_{01}q_{01} + p_{02}q_{02} + \cdots + p_{014}q_{014}}$$

依据 CPI 的公式，首先计算分子。在 SPSS 主窗中，选择【转换】—【计算变量】，进入计算变量设置向导界面。在该界面中，【目标变量】设置为"综合指数（分子）"，【数字表达式】结合例题要求，直接输入计算公式❶，见图 10.38。点击【确定】得到 CPI 公式的分子计算结果。

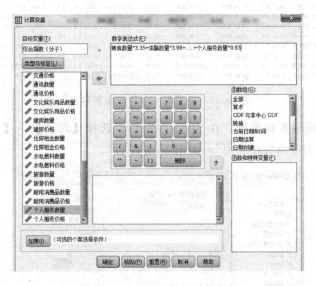

图 10.38　CPI 的分子计算界面

同理可得 CPI 计算公式的分母，然后再进行简单的除法运算就可以得到例题中的 CPI。

四、数据处理的综合应用

在上一节综合指数编制的基础上，再进一步介绍 SPSS 软件在数据处理方面的综合应用。这部分涉及数据重新编码、个案选择、产生新变量、排序个案和公式编辑器的使用等方面的操作，这些操作都是 SPSS 的日常基础操作。下面以案例来讲解这些方法的具体操作和实现。

【例 15】　某高校每学年末要进行综合测评，综合测评分作为评优评先和奖助学金的主要依据。学生的综合测评成绩是将各科的期末成绩加总后的平均分、德育分、体育分、社会实践分、职务分和附加分，共 6 项进行加权求和得来，权重值为 0.5、0.1、0.1、0.1、0.1 和 0.1。某班的数据见图 10.39。

从图中可以看出，数据类型不统一，有的不可以直接进行数值运算，需要重新编码。由于此案例步骤比较多，分为以下几个步骤进行操作。

---

❶ 因变量过多，【数字表达式】内公式作了省略。

	学号	姓名	微积分	线性代数	概率与统	思修	物流信息管理	实习	仓储管...	财经应用文写作	基础会计	统计学	财政金融	国际结算	德育分	体育分	社会实践分	职务分	附加分
1	2010011001	刘海丹	82.00	7.3...	91.00	优秀	82.00	优秀	89.00	90.00	7.5...	76.00	8.5...	8.4...	7.61	5.35	22.03	10.00	.0
2	2010011002	杨亚坤	84.00	8.9...	93.00	良好	93.00	良好	97.00	82.00	9.5...	79.00	7.7...	8.6...	9.28	9.34	28.37	5.00	6.00
3	2010011003	尤娜	79.00	8.3...	85.00	良好	76.00	良好	78.00	92.00	7.5...	88.00	8.6...	9.1...	4.06	9.21	21.55	.0	4.00
4	2010011004	吴松歌	86.00	8.3...	80.00	良好	78.00	良好	77.00	68.00	8.1...	79.00	6.9...	6.4...	9.48	7.51	19.52	8.00	.0
5	2010011005	姚淑芬	87.00	1.0...	83.00	优秀	80.00	优秀	86.00	81.00	9.5...	81.00	6.6...	8.1...	12.17	4.28	24.39	5.00	.0
6	2010011006	郭亚儒	82.00	9.1...	74.00	及格	82.00	不及格	89.00	85.00	8.5...	82.00	8.2...	6.5...	7.67	9.89	17.24	.0	.0
7	2010011007	徐庆伟	79.00	7.9...	74.00	良好	85.00	良好	80.00	80.00	9.3...	78.00	7.6...	7.2...	10.68	2.85	15.49	8.00	.0
8	2010011008	吕兰超	84.00	7.7...	79.00	及格	69.00	优秀	82.00	79.00	8.5...	82.00	7.2...	7.9...	10.02	9.51	20.72	.0	.0
9	2010011009	高秀薇	85.00	8.3...	79.00	优秀	81.00	优秀	86.00	85.00	8.7...	85.00	8.2...	7.4...	7.88	8.84	16.63	.0	.0
10	2010011010	李玉沙	84.00	9.1...	78.00	良好	85.00	良好	81.00	88.00	7.5...	81.00	8.3...	8.4...	9.43	2.99	16.96	.0	.0
11	2010011011	陈珍珍	90.00	9.1...	83.00	良好	89.00	良好	76.00	88.00	8.5...	87.00	8.3...	9.3...	7.90	2.78	19.24	.0	7.00
12	2010011012	张蒙蒙	76.00	7.9...	75.00	优秀	78.00	不及格	81.00	84.00	8.7...	82.00	8.0...	8.7...	8.30	3.33	17.27	10.00	6.00
13	2010011013	王文静	79.00	7.9...	61.00	良好	62.00	良好	82.00	84.00	8.7...	76.00	8.5...	8.8...	11.88	8.48	18.63	.0	5.00
14	2010011014	闫鑫	84.00	8.3...	74.00	良好	69.00	优秀	80.00	80.00	9.3...	76.00	7.6...	7.4...	8.40	6.80	20.74	5.00	4.00
15	2010011015	王亚明	76.00	9.1...	66.00	良好	63.00	良好	67.00	79.00	9.3...	75.00	7.1...	6.8...	6.79	9.08	24.16	.0	3.00
16	2010011016	张玉	77.00	9.1...	72.00	优秀	61.00	良好	64.00	74.00	9.5...	65.00	7.8...	8.0...	9.25	9.44	19.40	5.00	2.00
17	2010011017	郭小闯	77.00	9.1...	76.00	良好	79.00	良好	82.00	86.00	7.5...	78.00	8.5...	7.8...	9.70	4.27	20.34	8.00	.0
18	2010011018	刘骞骞	80.00	7.3...	79.00	优秀	86.00	不及格	71.00	88.00	9.5...	80.00	8.2...	7.1...	12.64	8.31	16.78	.0	.0
19	2010011019	高雪峰	79.00	8.9...	70.00	良好	84.00	良好	93.00	83.00	9.3...	87.00	8.9...	9.1...	8.36	4.84	24.30	5.00	.0
20	2010011020	周凤扬	82.00	7.9...	67.00	良好	70.00	良好	64.00	88.00	8.2...	85.00	8.5...	9.2...	9.47	9.55	21.68	.0	8.00
21	2010011021	孔淑慧	83.00	8.3...	86.00	良好	79.00	良好	83.00	81.00	8.1...	70.00	7.2...	8.0...	12.68	5.80	22.36	.0	.0

图 10.39　某班的一学年成绩数据表

① 对“实习”成绩重新编码。在 SPSS 主窗口，选择【转换】—【重新编码为不同变量】。新变量名为“实习成绩转换值”，如图 10.40 所示。

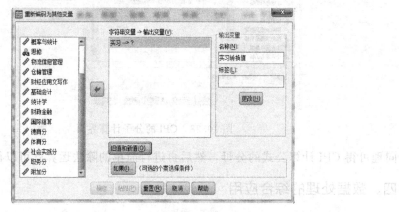

图 10.40　实习成绩转换

② 选择【旧值和新值】，按照图 10.41 所示，进行设置。

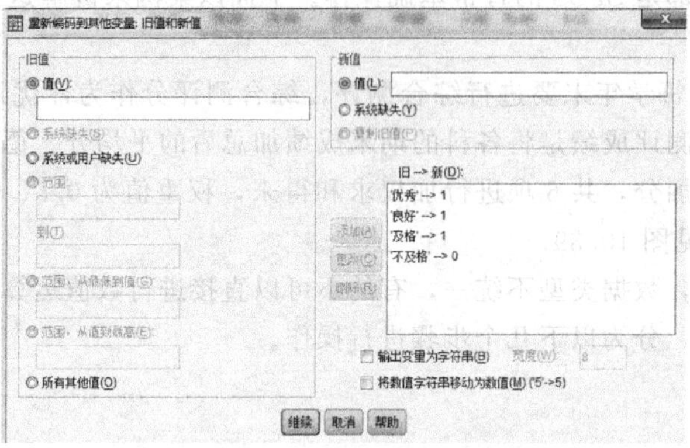

图 10.41　新旧值转换设置

③ 同样操作对"思修"课程的成绩转换成数值型成绩。优秀＝90，良好＝80，及格＝60，不及格＝0，如图10.42所示。

图 10.42 "思修"成绩转换

④ 计算所有数值型课程的平均成绩。即：所有数值型课程的成绩总和除以课程数。选择【转换】—【计算变量】，直接输入计算公式，如图10.43所示。

图 10.43 计算课程平均分

⑤ 按照权重，测算每个同学的综合测评成绩。选择【转换】—【计算变量】，直接输入计算公式，如图10.44所示。

图 10.44 综合测评分数计算

⑥ 排序个案。按照综合得分从高到低排序。在 SPSS 主窗口选择【数据】—【排序个案】，按照综合得分进行排序即可，如图 10.45 所示。

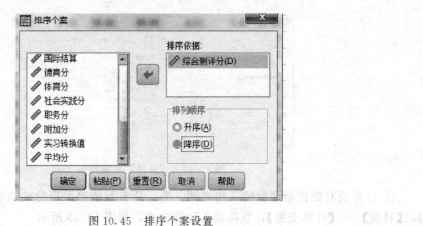

图 10.45 排序个案设置

经过对"综合测评分"从大到小排序，就可以作为评定奖助学金等各类评选活动的主要依据了。

五、相关关系分析应用

相关性是指两个变量之间的变化趋势的一致性，如果两个变量变化趋势一致，那么就可以认为这些变量之间存在着一定的相关性（但必须是有实际经济意义的两个变量才能说有一定的关系）。本书所介绍的相关关系是指线性相关。相关关系分析是研究两个变量之间，是否存在某种线性关系的一种统计学分析方法。相关关系分析也是常用的统计方法，用 SPSS 统计软件操作也非常简单。测度相关关系的计算方法有很多，目前最普遍的方法是皮尔逊相关系数。

（一）双变量的相关关系

双变量的相关关系也称简单线性相关。简单线性相关是两个变量之间线性的不确定的关联关系，又称二元相关、单相关。在简单线性相关情形下，两个变量之间相关关系可能是正相关的或负相关的，或者是无相关的。无相关，亦称零相关或完全不相关，其相反情形是完全相关。

【例 16】 某公司 12 个月的产品销售额和广告费用数据，见表 10.5，利用简单相关关系分析方法，分析二者的相关关系。

表 10.5 某公司 12 个月产品销售额和广告费用表

月份	销售额/万元	广告费用/万元	月份	销售额/万元	广告费用/万元
1	75	2	7	278	28
2	90	5	8	318	30
3	148	6	9	256	22
4	183	7	10	200	18
5	242	22	11	140	10
6	263	25	12	164	12

首先绘制两个变量的散点图，发现二者有着较强的线性相关关系，可以进一步计算二者

的皮尔逊相关系数，如图 10.46 所示。

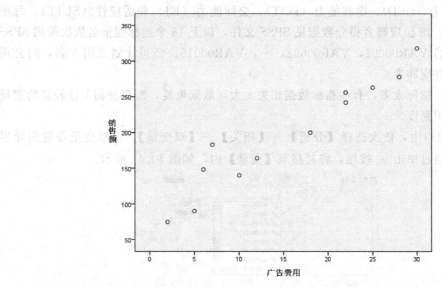

图 10.46　广告费用和销售额的散点图

在 SPSS 主窗中，依次选择【分析】—【相关】—【双变量】，在双变量设置向导界面，如图 10.47 所示，将广告费用和销售额两个变量单击 按钮，将其移至【变量】内，如图 10.48 所示。相关系数计算方法采用默认的"Pearson"方法，点击【确定】计算结果。

图 10.47　调用相关分析界面　　　　　　图 10.48　双变量相关设置向导界面

运行结果显示，二者的相关系数为 0.959，并且通过了显著性水平位 0.01 的显著性检验。该公司的销售额和广告费用具有很强的线性相关关系。

（二）多变量的相关关系

多变量的相关关系是指相互依存的变量有多个，它们之间相互影响。SPSS 同样可以实现多个变量的相关关系分析操作，与双变量相关关系操作相比，过程基本一样，但输出结果比较复杂，具有基本的矩阵基础知识便于理解输出结果。

【例 17】　某公司招聘经理职位，现有 48 位应聘者，公司为他们制订了 15 个指标进行考核：求职信（FL）、外貌（APP）、专业技能（AA）、讨人喜欢（LA）、自信心（SC）、洞察力（LC）、诚实（HON）、推销能力（SMS）、经验（EXP）、驾驶水平（DRV）、事业心（AMB）、理解能力（GSD）、潜在能力（POT）、交际能力（KJ）和适应性（SUIT）。每项指标从 0~10 分。48 位应聘者得分数据见 SPSS 文件，以上 15 个指标变量名依次采用 SPSS 设定的默认变量名 VAR00001，VAR00002，…，VAR00015。公司计划录用 6 名，问公司应该如何挑选这些应聘者？

思路和方法：指标太多，有些指标数据相关太大，数据重复，需要将相关性较高的变量进行合并，提高识别度。

在 SPSS 主窗口中，依次选择【分析】—【相关】—【双变量】，在双变量设置向导界面，将所有变量通过单击 按钮，将其移至【变量】内，如图 10.49 所示。

图 10.49　双变量相关设置向导界面

15 个指标变量经过两两相关分析，得到一个 15×15 的相关系数对称矩阵，如图 10.50 所示，将相关系数大于 0.8 的指标变量进行合并，从而得到几个线性相关不显著的指标变量。然后将每个应聘者在新的指标变量下的得分进行加总后按照从大到小排序，录取前 6 名应聘者即可。

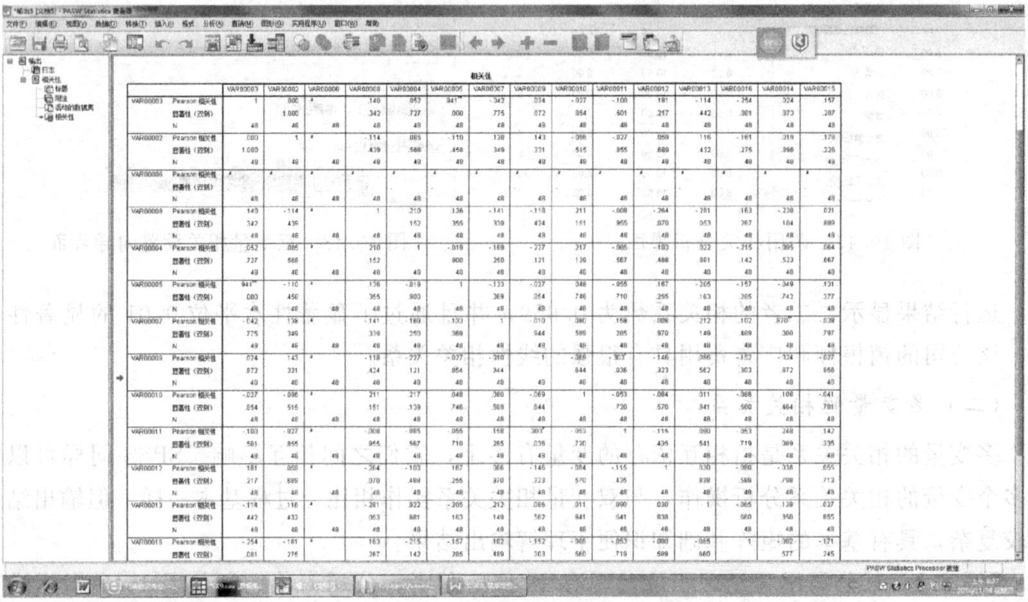

图 10.50　15 个指标变量的相关系数矩阵

六、回归分析应用

在许多实际问题中,常常研究某个因素和另一个重要因素之间的关系。例如,在研究空气质量问题时,PM2.5 是一个重要的指标。这类问题可以归纳为找到 Y 的值是如何随 X 值的变化而变化的规律,其中 Y 称作因变量,X 称作自变量。回归分析是相关分析的延伸,是统计分析基本方法之一。回归分析包含非常丰富的内容,本节介绍简单线性回归分析、多元线性回归分析和 Logistic 回归在 SPSS 中的实现。

(一) 简单线性回归分析

简单线性回归是指仅有一个自变量的回归模型,研究的是一个自变量对因变量的影响。它的模型表达式为:$Y=a+bX+e$。回归分析的过程就是要确定截距 a 和回归系数 b 的具体数值,以及做相应的统计学意义上的检验。

【例 18】 沿用【例 16】的数据,利用回归分析方法找出广告和销售额之间的关系,试分析当广告投入额达 15 万时,预测该产品的销售额。

首先,绘制广告费用和销售额的散点图,结果见图 10.51。观察散点图发现,二者有着较为明显的线性相关关系,可以找到一条最优的直线穿过这些点。

在 SPSS 主窗口中,依次选择【分析】—【回归】—【线性】,进入线性回归分析设置向导界面。将左侧空白处的名为"广告费用"变量,单击 按钮,将其移至【自变量】框内,名为"销售额"变量,单击 按钮,将其移至【因变量】框内,其他采用默认选项,如图 10.52 所示,点击【确定】运行。

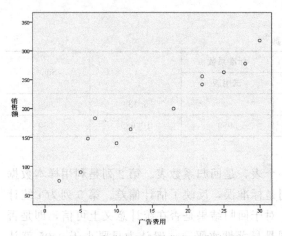

图 10.51 广告费用和销售额的散点图

图 10.52 线性回归设置向导界面

SPSS 的运行回归分析的输出结果比较多:
① 输出结果中第一个文件:

输入/移去的变量[2]

模型	输入的变量	移去的变量	方法
1	广告费用[1]	.	输入

[1] 已输入所有请求的变量。

[2] 因变量:销售额。

该表格输出的是模型的自变量和因变量，被引入或回归方程中被移去的各变量和回归分析采用的方法是"输入"方法。

② 输出结果中第二个文件：

模型汇总

模型	R	R方	调整R方	标准估计的误差
1	.959①	.919	.911	22.763

① 预测变量：(常量)，广告费用。

该表是模型汇总，是对整个模型拟合度的检验，调整R方的值越接近于1说明效果越好。

③ 输出结果中第三个文件：

Anova②

模型		平方和	df	均方	F	Sig.
1	回归	59155.296	1	59155.296	114.164	.000①
	残差	5181.621	10	518.162		
	总计	64336.917	11			

① 预测变量：(常量)，广告费用。
② 因变量：销售额。

该表是方差分析表，只需要观察最后一列【Sig】显著性水平，越接近于零表明线性回归关系的显著性越强，一般认为小于0.05即可。

④ 输出结果中第四个文件：

系数①

模型		非标准化系数		标准系数	t	Sig.
		B	标准误差	试用版		
1	(常量)	79.166	12.791		6.189	.000
	广告费用	7.524	.704	.959	10.685	.000

① 因变量：销售额。

这是线性回归分析输出结果中最重要的一个表，是回归系数表。第2列是利用样本数据估计出来的自变量系数和常数项数值。第3列是标准误，反映了估计偏差。第5列为t统计量，该数值越大越好，说明估计结果越可信。对于回归结果是否在统计意义上可信，即是否通过显著性检验，看第6列就可以了。第6列是显著性水平，一般认为只要小于0.05就认为通过了显著性检验。

从系数表中可以看出，销售额（Y）和广告费用（X）之间的线性关系方程是：

$$Y = 79.166 + 7.54X$$

当广告费用是15万元时，将 $X=15$ 代入方程，即可得到销售额的预测值为192.166万元。

(二) 多元线性回归分析

在回归分析中，如果有两个或两个以上的自变量，就称为多元回归分析。事实上，一种现象常常是与多个因素相联系的，由多个自变量的组合共同来预测或估计因变量，比只用一个自变量进行预测或估计更有效,更符合实际。因此多元线性回归比一元线性回归的实用意义更大。

【例 19】 为研究中国客运总量的影响因素,收集了全国客运总量(KY)、全国人口数(RK)、人均 GDP(RJ)、铁路运营里程(TL)、公路和水路运营里程(GS)的数据,如表 10.6 所示。试以全国客运总量(KY)为因变量,以全国人口数(RK)、人均 GDP(RJ)、铁路运营里程(TL)、公路和水路运营里程(GS)为自变量,利用多元线性回归分析方法研究它们之间的关系。

表 10.6 1995～2003 年的相关数据

年份	KY/10 亿人次	RK/亿人	RJ/千元	TL/万千米	GS/万千米
1995	11.72596	12.1121	4.854	5.97	126.75
1996	12.45356	12.2389	5.576	6.49	129.66
1997	13.26094	12.3626	6.054	6.6	133.62
1998	13.73787	12.4761	6.308	6.64	138.88
1999	13.94413	12.5786	6.551	6.74	146.82
2000	14.78573	12.6743	7.08574	6.87	152.2
2001	15.34122	12.7627	7.651437	7.01	181.95
2002	16.0815	12.8453	8.214022	7.19	188.68
2003	15.87484	12.9227	9.084038	7.3	193.38

注:数据来源:张晓峒,《应用数量经济学》,机械工业出版社,2009 年。

在 SPSS 主窗口中,依次选择【分析】—【回归】—【线性】,进入线性回归分析设置向导界面。将左侧空白处变量 KY,单击 按钮,将其移至【因变量】框内,RK、RJ、TL、GS 变量,单击 按钮,将其移至【自变量】框内,其他采用默认选项,如图 10.53 所示。

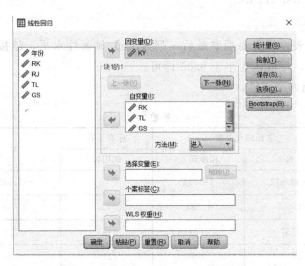

图 10.53 多元线性回归分析设置

点击【确定】后,SPSS 的运行回归分析的输出结果:
① 输出结果中第一个文件:

输入/移去的变量[2]

模型	输入的变量	移去的变量	方法
1	GS,TL,RK[1]	.	输入

[1] 已输入所有请求的变量。
[2] 因变量：KY。

该表格输出的是模型的自变量和因变量，被引入或回归方程中被移去的各变量和回归分析采用的方法是"输入"方法。

② 输出结果中第二个文件：

模型汇总

模型	R	R方	调整R方	标准估计的误差
1	.992[1]	.984	.975	.240

[1] 预测变量：(常量)，GS，TL，RK。

该表是模型汇总，是对整个模型拟合度的检验，调整R方的值越接近于1说明效果越好。

③ 输出结果中第三个文件：

Anova[2]

模型		平方和	df	均方	F	Sig.
1	回归	17.996	3	5.999	104.457	.000[1]
	残差	.287	5	.057		
	总计	18.283	8			

[1] 预测变量：(常量)，GS，TL，RK。
[2] 因变量：KY。

该表是方差分析表，只需要观察最后一列【Sig】显著性水平，越接近于零表明线性回归关系的显著性越强，一般认为小于0.05即可。

④ 输出结果中第四个文件：

系数[1]

模型		非标准化系数		标准系数	t	Sig.
		B	标准误差	试用版		
1	(常量)	−40.958	13.733		−2.983	.031
	RK	4.005	1.521	.735	2.633	.046
	TL	.557	.851	.148	.654	.542
	GS	.007	.009	.120	.746	.489

[1] 因变量：KY。

这是回归系数表。第1列是常量和自变量名称。第2列是利用样本数据估计出来的自变量系数和常数项数值。第3列是标准误，反映了估计偏差。第5列为t统计量，该数值越大越好,说明估计结果越可信。第 6 列是显著性水平,一般认为只要小于 0.05 就认为通过了检验。从系数表可以看出,变量 TL 和 GS 的估计系数,显著性水平检验值分别为 0.542 和 0.489,已经非常大了,没有通过显著性检验,不具有统计学意义上的显著影响意义。但是,结合实际我们知道铁路运营总量(TL)、公路和水路运营总量(GS)显然是影响中国客运总量(KY)的重要影响因素。将 TL 和 GS 排除在 KY 的影响因素之处显然是不正确的。该多元回归分析模型需要进一步诊断和修正,比如检验多重共线性、内生性等问题,具体操作超出本教材范围。

(三)Logistic 回归分析

线性回归分析方法一般假设因变量是连续的并且服从正态分布,但现实中许多需要研究的因变量并不满足上述条件,比如研究多种环境因素对植物的生长是否起到基因变异的作用,此时因变量只有两个取值:是和否。因此需要将传统的线性回归分析方法进一步扩充,将概率论中的多种随机变量的分布引入到回归分析当中。现实中许多因变量的结果是二元的,即是或不是,非此即彼。Logistic 回归方法就是将二项分布引入到回归分析方法中得来的,它被模型化某个事件(因变量)发生的概率,或者说它用来模型化 0-1 二元结果或因变量。因变量的哪一方面被定义为 0 或 1 完全是随意的,一般将研究关注的那一方面定义为 1。

1. Logistic 回归分析产生的原因

社会科学研究中,有时候要关注某个社会现象发生的概率 p 的大小,比如一种改革措施的成功或失败的概率,以及需要讨论影响该社会现象的因素有哪些,作用如何等。这种特殊的研究对象不能直接用线性回归模型来研究,原因如下:

首先,概率 p 的取值范围是 0~1,这样就很难用线性模型来描述,自变量的取值加上系数的作用不会正好使因变量的取值都处在 0~1 之间;

再者,概率 p 的取值在 0 和 1 附近时,一般的线性模型也很难发现其微小变化,但这种微小的变化对于概率值来说是绝对不能忽视的。

为了克服以上两个困难,要在概率 p 的表达方式上做文章。

2. Logistic 回归建模思路

考虑:$Q=\dfrac{1}{p(p-1)}$,该式在 p 处于 0 和 1 附近就变化非常敏感。为了保证它与 p 的变化方向保持一致,应满足 $\dfrac{dQ}{dp}$ 与 $\dfrac{1}{p(p-1)}$ 成正比:$\dfrac{dQ}{dp}=k\dfrac{1}{p(p-1)}$,$k$ 为某个正实数。

解此微分方程,得到最简单的表达式为:$Q=\ln\dfrac{p}{1-p}$

$$p \xrightarrow{变换} \ln\dfrac{p}{1-p},称为 Logit 变换。$$

根据上述思想,当因变量是一个二元变量,取值只有 0 和 1 的时候,因变量取值为 1 时的概率 $p(y=1)$ 就是所要研究的对象。现在有 k 个自变量作为影响因素:x_1,x_2,…,x_k,这些影响因素中既有定性的,也有定量的,它们满足一个重要的线性方程:

$$\ln\dfrac{p}{1-p}=b_0+b_1x_1+b_2x_2+\cdots+b_kx_k$$

利用 SPSS 软件程序计算出来 Logisitic 回归与多元回归的系数,在现实解释是不相同的。软件计算出来的 Logisitic 回归系数，是比较某个事件发生与不发生的概率比。因变量我们关注的方面发生的概率是 p，那么优势概率比为：

$$\frac{p}{1-p}=e^{b_0+b_1x_1+b_2x_2+\cdots+b_kx_k}$$

估计的系数为 $(b_0, b_1, \cdots, b_k)$，反映的是优势比率的变化。如果 b_i 是正的，它的指数值一定大于 1，则优势比率会增大，反之，b_i 是负的，优势比率会减小。

以上所介绍的 Logisitic 回归模型，是常用的二分类 Logisitic 回归模型，即：因变量只有两个分类水平 0 和 1。现实中两种分类水平很多时候是不够用的，比如对顾客满意度的研究中，把满意度搞一刀切是不妥当的，需要根据现实把满意度划分成多个水平，比如：非常满意，满意，基本满意，一般，不满意，非常不满意。这种多于 2 种分类的情况需要通过特殊方法来进行分析，即：通过拟合一种叫作广义 Logisitic 模型的方法来进行。

比如，因变量有三个分类水平 a、b、c，选定 a 为参照水平，可以得到两个 Logisitic 函数：一个是 b 和 a 相比，另一个是 c 和 a 相比。

$$\text{logit}P_a = \ln\frac{P_a}{P_a} = 0$$

$$\text{logit}P_b = \ln\frac{P(Y=b)}{P(Y=a)} = \alpha_b + \beta_{11}X_1 + \cdots + \beta_{1p}X_p$$

$$\text{logit}P_c = \ln\frac{P(Y=c)}{P(Y=a)} = \alpha_c + \beta_{21}X_1 + \cdots + \beta_{2p}X_p$$

并且 $P_a + P_b + P_c = 1$。

如果要比较 b 和 c，由于二者基于参照水平一样，因此直接把 $\text{logit}P_b$ 和 $\text{logit}P_c$ 相减即可。

3. Logistic 回归在 SPSS 中的实现

以案例来介绍 SPSS 中 Logistic 回归的操作过程。

【例 20】 采用多元 Logistic 模型定量分析学生对国家助学金满意度的影响因素。学生对国家助学金满意度设置为 5 个分类变量，即：满意（y_1）、基本满意（y_2）、不关心（y_3）、不满意（y_4）、非常不满意（y_5）。选用 5 分类的 Logistic 回归模型来分析满意度与影响因素之间的关系。选择"不关心（y_3）"作为参照水平，建立模型如下：

$$\text{logit}\frac{y_1}{y_3} = \ln\frac{P(Y=y_1)}{P(Y=y_3)} = \alpha_1 + \sum_{i=1}^{p}\beta_i x_i$$

$$\text{logit}\frac{y_2}{y_3} = \ln\frac{P(Y=y_2)}{P(Y=y_3)} = \alpha_2 + \sum_{i=1}^{p}\beta_i x_i$$

$$\text{logit}\frac{y_4}{y_3} = \ln\frac{P(Y=y_4)}{P(Y=y_3)} = \alpha_3 + \sum_{i=1}^{p}\beta_i x_i$$

$$\text{logit}\frac{y_5}{y_3} = \ln\frac{P(Y=y_5)}{P(Y=y_3)} = \alpha_4 + \sum_{i=1}^{p}\beta_i x_i$$

其中，α_i 是回归常数项；β_i 是第 i 个影响因素的回归系数；$P(Y=y_i)$ 是学生满意度选 y_i 时的概率，用所选人数占总人数的比率来表示。选出 18 个影响因素且都是分类变量，见表 10.7。

表 10.7　国家助学金满意度影响因素

影响因素	取值范围
所在年级	1;大一;2;大二;3;大三;4;大四
你的家庭年均收入约为/万元	0;不清楚;1;0.5～1;2;1～1.5;3;1.5～2;4;2～2.5;5;2.5～3;6;大于3
你是从何种途径了解到的助学金政策	0;不知道;1;所在高中;2;所在大学;3;周围的人;4;其他途径
你觉得所在大学对助学金政策宣传力度如何	1,2,3,4,5,6,7,8,9,10(数字越大代表宣传力度越好)
你了解或熟悉所在学校的助学金评定流程吗	1;不知道;2;知道一点;3;完全清楚
你是否申请过助学金	1;是;2;否
你是否申请并获得助学金资助	1;是;2;否
你是否觉得有的学生家庭条件不错而获得助学金	1;有;2;没有;3;不清楚
你觉得获得助学金和是否是学生干部有关系吗	1;有;2;没有;3;不清楚
你认为所在大学助学金评定时是否存在黑箱	1;有;2;没有;3;不清楚
你是否主动找过辅导员或其他领导谈话说明自身情况以争取获得助学金	1;有;2;没有
你认为评定过程公平吗	1;公平;2;不公平
你有超过1000元的电子设备吗	1;有;2;没有
你的家庭来自哪里	1;农村;2;城市市区;3;城乡结合部;4;其他
你如何评价助学金资助金额	1;远远不够;2;不够;3;基本够用;4;够用;5;不清楚
你认为助学金资助名额够吗	1;远远不够;2;不够;3;基本够用;4;够用;5;不清楚
你对现行的助学金分配方式评价如何	1;非常不满意;2;不满意;3;基本满意;4;不关心;5;满意;6;非常满意
你认为现行的助学金分配方式应该改进吗	1;应该;2;不应该;3;不清楚
请你从总体上为国家助学金的资助满意度做出评价	1;非常不满意;2;不满意;3;不关心;4;基本满意;5;满意

进入 SPSS 主窗口，选择【分析】—【回归】—【多项 Logistic】，进入 Logistic 回归分析界面，如图 10.54 所示。

图 10.54　进入多项 Logistic 回归选项

所在年级、你的家庭年均收入等 18 个影响因素均作为【因子】进入软件模块运行，即：

它们都是作为分类变量。当影响因素是连续型变量时才进入【协变量】模块，如图 10.55 所示。

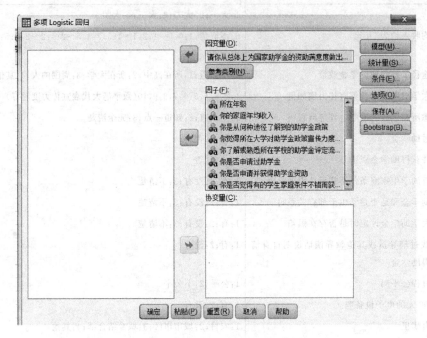

图 10.55　多项 Logistic 回归设置界面

【参考类别】的设置是最关键的一步。因为选取因变量取值是"不关心"作为参考类别，其取值是 3，因此按照图 10.56 所示的操作进行参考类别设置。

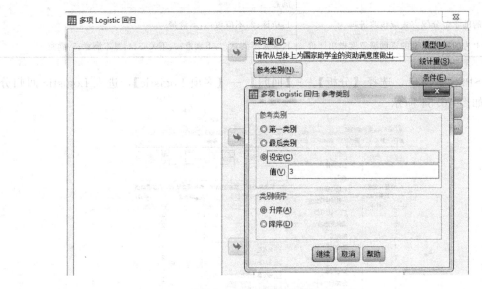

图 10.56　参考类别的设置

SPSS18.0 运行后输出结果较多，下面作分别说明。表 10.8 所示的是整个模型设定的检验结果，显著性水平为 0.027（小于 0.05），从统计学意义上来说这个模型整体上是可信的。

表 10.8　模型拟合信息

模型	模型拟合标准	似然比检验		
	－2倍对数似然值	卡方	df	显著水平
仅截距	44.728			
最终	231.000	1244.728	91	.027

但模型的各项似然比检验中，由于原始数据量大，且多是取值范围 0 和 5 之间的自然数，这样就造成了原始数据矩阵出现多重共线性，即：许多指标从线性代数角度来看有着较强的相关性，应该剔除、修改或合并。似然比检验指标见表 10.9，各自变量的对数似然值、卡方统计量和自由度都是零，显著性水平不能从统计学意义上给出结论。经过研究，认为这 18 个影响因素缺少哪一个都合适，因此为了克服这种问题，采取加大自变量选项的数字间隔空间，尽量避免多重共线性问题。比如：各个自变量选项不再统一设置为 1、2、3 等自然间隔数。所在年级设置为 1、2、3，你的家庭年收入设置为 4、5、6，其他自变量同理。

表 10.9　似然比检验

效应	模型拟合标准	似然比检验		
	简化后的模型的－2倍对数似然值	卡方	自由度	显著水平
截距	.000	.000	0	.
所在年级	.000	.000	0	.
你的家庭年均收入约为/万元	.000	.000	0	.
你是从何种途径了解到的助学金政策	.000	.000	0	.
…	…	…	…	…
你如何评价助学金资助金额	.000	.000	0	.
你认为助学金资助名额够吗	.000	.000	0	.
你对现行的助学金分配方式评价如何	.000	.000	0	.
你认为现行的助学金分配方式应该改进吗	.000	.000	0	.

这是一项烦琐的过程，经过自变量选项数据处理，最终使得模型的似然比正常化。

表 10.10　似然比检验

效应	模型拟合标准	似然比检验		
	简化后的模型的－2倍对数似然值	卡方	自由度	显著水平
截距	.000	.000	0	.
所在年级	.000	.000	0	.
你的家庭年均收入约为/万元	.000	.000	0	.
你是从何种途径了解到的助学金政策	.000	.000	0	.
…	…	…	…	…
你如何评价助学金资助金额	.000	.000	0	0.2114
你认为助学金资助名额够吗	.000	.000	0	.
你对现行的助学金分配方式评价如何	.000	.000	0	0.3019
你认为现行的助学金分配方式应该改进吗	.000	.000	0	.

从表 10.10 中可以看出，除"你如何评价助学金资助金额""你认为评定过程公平吗"和"你对现行的助学金分配方式评价如何"三项之外，其余的自变量印象因素的显著性水平基本为零，从统计学上说，是助学金学生满意度的显著影响因素。这说明本例中构建的助学金满意度的影响因素是合理和科学的。

进一步分析影响因素对助学金满意度的影响方向和大小。因为模型设定中选取满意度因变量中的"不关心"作为参照分类变量，完全不影响其他因变量的对比分析。SPSS 软件运行结果中参数估计见表 10.11。

表 10.11 助学金满意度模型的参数估计表

变量	取值	非常不满意(满意度=1)		不满意(满意度=2)		基本满意(满意度=4)		非常满意(满意度=5)	
		系数	显著性	系数	显著性	系数	显著性	系数	显著性
常数项		5.06	0.00	7.96	0.00	6.45	0.00	3.20	0.00
所在年级	1	2.32	0.00	8.50	0.00	5.33	0.00	0.99	0.00
	2	3.38	0.00	7.79	0.03	2.89	0.00	1.11	0.00
	3	5.89	0.04	3.14	0.00	4.87	0.00	2.11	0.00
你的家庭年均收入约为/万元	1	1.45	0.19	4.87	0.08	0.33	0.32	5.78	0.09
	2	2.33	0.22	5.68	0.06	0.19	0.54	7.88	0.03
	3	2.93	0.09	9.73	0.04	3.56	0.08	5.46	0.00
你是从何种途径了解到的助学金政策	1	56	0.24	7.99	0.11	4.55	0.17	7.65	0.08
	2	4.34	0.32	9.38	0.21	6.32	0.06	6.89	0.00
	3	2.32	0.10	2.87	0.00	0.45	0.08	9.02	0.00
	4	38	0.11	2.35	0.07	0.78	0.00	4.33	0.00
...	...	...	...	...	...	...	...	...	...
你认为助学金资助名额够吗	1	3.45	0.28	2.20	0.00	3.56	0.19	0.88	0.50
	2	5.43	0.00	1.83	0.12	3.22	0.00	1.99	0.18
	3	3.65	0.41	6.90	0.08	5.03	0.22	1.06	0.31
	4	7.90	0.16	3.53	0.18	3.49	0.00	1.72	0.07
你认为现行的助学金分配方式应该改进吗	1	4.35	0.16	1.11	0.15	0.88	0.27	3.66	0.00
	2	4.33	0.00	1.63	0.00	1.29	0.18	10.11	0.15
	3	7.08	0.08	5.19	0.24	2.05	0.09	19.44	0.33

可以看出，尽管模型整体检验比较理想，各项软件运行指标通过检验，但对 15 个影响因素分别进行单独检验时，发现："你的家庭年均收入""从何种途径了解到的助学金政策""所在大学对助学金政策宣传力度如何""所在大学助学金评比过程是否公平""有超过 1000 元的电子设备吗""助学金资助名额够吗""现行的助学金分配方式应该改进吗" 7 个影响因素的各个显著性水平大多数都大于 0.05 的临界值，因此从统计学角度认为它们不是学生助学金满意度的显著性影响因素。

第三节　R 软件

目前的统计分析人士需要从广泛的数据源（数据库管理系统、文本文件、统计软件以及电子表格）获取数据，将数据片段融合到一起，对数据做清理和标注，用最新的方法进行分析，以有意义有吸引力的图形化方式展示结果，最后将结果整合成令人感兴趣的报告并向利益相关者和公众发布。通过下面的介绍你会看到，R 正是一个适合完成以上目标的理想而又功能全面的软件。

一、R 简介与使用

R 语言在统计领域广泛使用，它诞生于 1980 年的 S 语言的一个分支，是 S 语言的一种实现。S 语言是由 AT&T 贝尔实验室开发的一种用来进行数据探索、统计分析、作图的解释型语言。最初 S 语言的实现版本主要是 S-PLUS。S-PLUS 是一个商业软件，它基于 S 语言，并由 MathSoft 公司的统计科学部进一步完善。Auckland 大学的 Robert Gentleman 和 Ross Ihaka 及其他志愿人员开发了一个 R 系统。R 的使用与 S-PLUS 有很多类似之处，两个软件有一定的兼容性。S-PLUS 的使用手册，只要经过不多的修改就能成为 R 的使用手册。所以有人说：R 是 S-PLUS 的一个"克隆"。

（一）R 的下载和安装

在 R 的官方网站上，选择网站镜像 http://cran.r-project.org/mirrors.html 进行下载。R 官方网站提供了 Linux、Windows 和 MacOS X 等平台下的不同版本。用户可以根据自己的操作系统平台进行选择下载，最为普遍的是 Windows 版本，如图 10.57 所示。

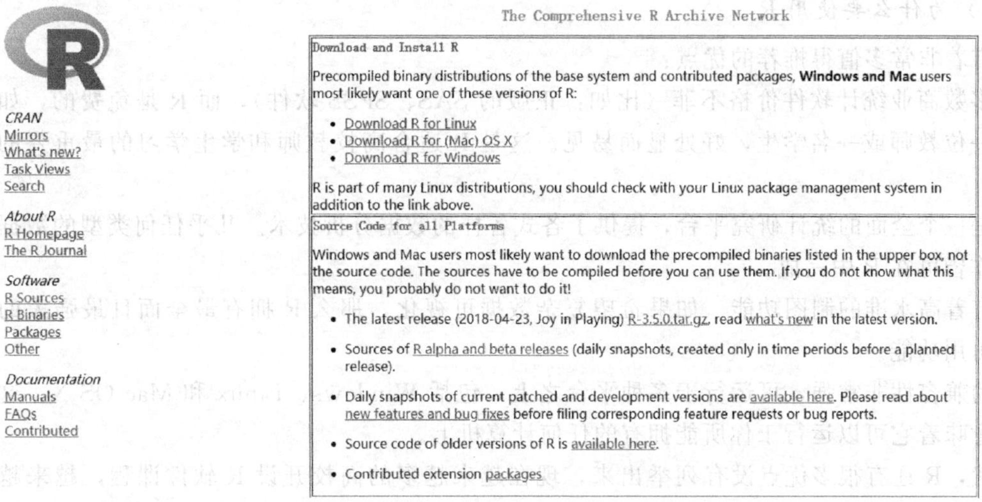

图 10.57　R 软件的官方下载镜像文件界面

R 软件安装非常简单，一般不建议安装到默认的系统盘，可以指定 D 盘或 E 盘。R 提供了安装向导，用户只需要设定好安装路径后就可以直接点击"下一步"操作，完成安装。安装完成后，从"开始"菜单中的"安装程序"中启动 R。R 软件的界面比较"不友好"，初学者一般会因它的枯燥界面而放弃学习。

R 的主界面由标题栏、菜单栏、工具栏和控制窗口（R console）组成，如图 10.58 所示，其中控制窗口占据了主窗口的绝大部分空间。R 中的大部分操作都是在 R console 中进行的。

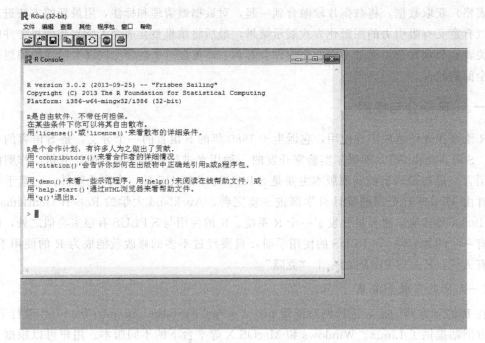

图 10.58　R 的主界面

（二）为什么要使用 R

R 有着非常多值得推荐的优点：

大多数商业统计软件价格不菲（比如：正版的 SAS、SPSS 软件），而 R 是免费的，如果你是一位教师或一名学生，好处显而易见。这是 R 适合高校教师和学生学习的最重要的特点。

R 是一个全面的统计研究平台，提供了各式各样的数据分析技术。几乎任何类型的数据分析工作皆可在 R 中完成。

R 有着高水准的制图功能。如果希望复杂数据可视化，那么 R 拥有最全面且最强大的一系列可用功能。

R 的兼容性非常强，可运行于多种平台之上，包括 Windows、Linux 和 Mac OS X。这基本上意味着它可以运行于你所能拥有的任何计算机上。

当然，R 还有很多优点没有列举出来，现在越来越多的高校开设 R 软件课程，越来越多的学生走进 R 软件的殿堂。

（三）如何使用 R

R 是一种区分大小写的解释型语言。你可以在命令提示符"＜"后每次输入并执行一条命令，或者一次性执行写在脚本文件中的一组命令。R 中有多种数据类型，包括向量、矩阵、数据框以及列表等，我们将在后面专门讨论。

R 语句由函数和赋值构成。R 使用"＜-"，而不是传统的"＝"作为赋值符号。

例如，以下一句简单的语句：x＜-rnorm（50）

它运行后就创建了一个名为 x 的数据向量，它里边包含 50 个来自服从标准正态分布的随机数。对比 EXCEL 软件中，产生 50 个服从标准正态分布随机数的产生方法，就可以体会到 R 是如此的高效。

【例 21】 利用 R 软件产生 1000 个服从正态分布的随机数，这 1000 个数字保存到名为 x 的变量中，绘制这组数据的直方图。

在 R 软件的控制窗口，输入代码 x<-rnorm（1000），如图 10.59 所示。

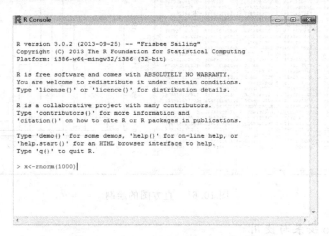

图 10.59　产生 1000 个正态分布随机数

敲击回车键就运行产生结果，在控制窗口输入 x，敲击回车就可以查看结果，如图 10.60 所示。

图 10.60　1000 个正态分布随机数（局部）

R 中绘制图形也非常简单，绘制直方图是 hist 函数。在 R 的控制台输入代码：hist（x），敲击回车就可直接产生这组 1000 个数据的直方图，如图 10.61 所示。

该图由两部分组成，左边是 R 的从控制台，右边是代码 hist（x）运行后，另外产生的图形输出窗口。

由此我们可以体会到 R 软件的简单和高效。简短的两句代码，就可以帮助我们实现在 EXCEL 软件中非常烦琐的操作。

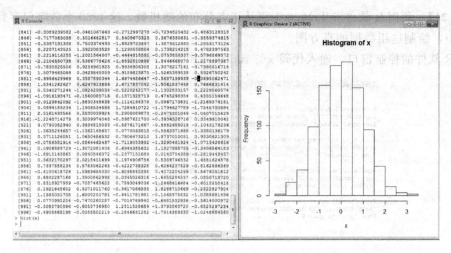

图 10.61　直方图的绘制

（四）R Studio 安装与使用

同 SPSS 软件的强大图形用户界面相比，R 软件的运行主界面显得过于简单，这给初学者造成了不便。目前，R 软件已经出现了很多带有"傻瓜式"菜单功能的图形用户界面"GUI"，例如 R Commander、R Studio 和 Red R 等，极大地方便了用户使用 R 软件。本节主要介绍 R Studio，并且以下后续内容的操作都是在 R Studio 中实现的。

1. R Studio 的安装和启动

在安装 R Studio 之前，需要先安装 R 软件。R Studio 是 R 一个集成开发环境，它本身不进行统计操作，只是指挥 R 软件进行统计操作，使 R 软件操作变得更加容易，并且 R Studio 使得许多重复性运行工作变得更加简便。R Studio 是个免费开源的软件，可以在 http：//www.rstudio.com 网站上下载。R Studio 的安装非常简单，可以根据安装向导直接安装。安装好以后可以直接启动，而不需要先启动 R 软件。

2. R Studio 界面介绍

图 10.62 展示了 R Studio 在 Windows 平台上的界面。

图 10.62　R Studio 界面

(1) R 控制台

R 控制台位于界面的左下角，可以输入指令并查看 R 系统的运行结果，是使用 R Studio 的过程中一个非常重要的工具。控制台展示了一些基本信息：运行的版本、许可信息、文件配置、工作空间以及命令提示符等。作用等同于 R 软件的控制窗口（R Console）。

(2) 代码编辑器

代码编辑器位于界面的左上角，利用它来编写 R 代码，代码编辑器支持多种文件格式，比如：html、C、C++、Javascrpit 文件等。代码编辑器编写完以后可以保存，可以随时进行修改和反复运行使用。

(3) 数据管理器和历史查看器

这部分位于 R Studio 界面的右上角，其中数据管理器功能包括上传、查看和删除数据对象。历史查看器可以看到运行代码的历史记录。

二、R 包的下载安装和加载调用

R 提供了大量开箱即用的功能，但它更多的功能是通过各种"包"的下载和安装实现的。目前有 5000 多个称为包（package）的用户贡献模块可从 http://cran.r-project.org/web/packages 下载。这些包提供了横跨各种领域、数量众多的新功能。包是 R 函数、数据、预编译代码以一种定义完善的格式组成的集合。计算机上存储包的目录称为库（library）函数。函数 library () 则可以显示库中有哪些包。R 自带了一系列默认包（包括 base、datasets、utils、grDevices、graphics、stats 以及 methods）。

（一）R 包的下载

在 R Studio 主界面，依次选择【tools】—【install packages】，进入安装包界面，如图 10.63 所示。在【Packages】中填入所要下载的包名称即可自行下载。

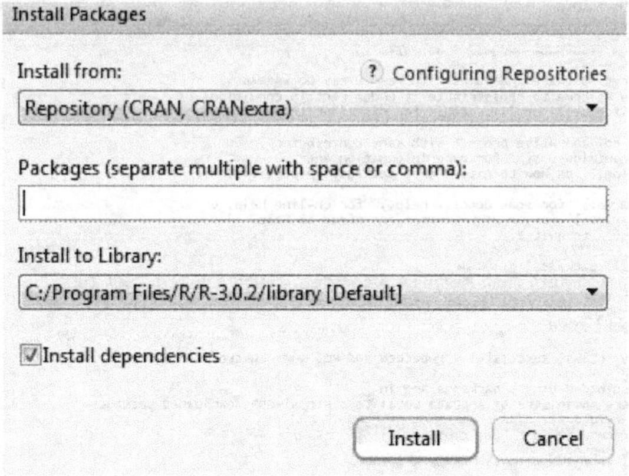

图 10.63　下载包界面

以下载 gclus 包为例，下载后 R Studio 的界面如图 10.64 所示。下载成功后，R Studio 界面左下角的控制台会显示下载并安装成功。

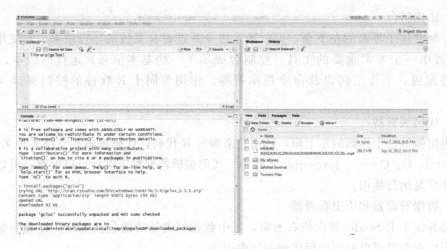

图 10.64 下载 gclus 包成功后的界面

（二）R 包的加载

R 包下载和安装完成以后还不能直接使用，需要在控制台中将 R 包加载到 R 会话中才能使用，使用 library () 命令载入这个包。例如，要使用 gclus 包，执行命令 library (gclus) 即可。在 R Studio 界面左上角的代码编辑器中输入 library (gclus)，点击运行【RUN】按钮，就完成了对 gclus 包的加载，可以使用该包中的函数和方法了，如图 10.65 所示。

图 10.65 加载 gclus 包成功界面

三、数据结构

R 拥有许多用于存储数据的对象类型，包括标量、向量、矩阵、数组、数据框和列表。它们在存储数据的类型、创建方式、结构复杂度以及用于定位和访问其中个别元素的标记等方面均有所不同。图 10.66 展示了各种数据结构的示意图。

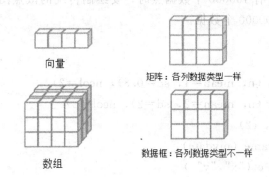

图 10.66　R 的主要数据结构

四、R 的几种应用

R 在统计中的应用非常广泛，结合本教材的前面理论讲授的内容并进行扩展，本节介绍几种统计方法在 R 中的实现。

（一）随机抽样

在统计推断中，获取总体信息一般是不可能或非常困难的，随机抽样是很常见的做法。在统计模型中，也可能需要选择两份随机样本，使用其中一份样本构建预测模型，使用另一份样本验证模型的有效性。sample（）函数能够从数据中集中（有放回或无放回）地抽取大小为 n 的一个随机样本。

比如：一个名为 x 的向量，它含有 1000 个数据，要从中随机抽取 500 个样本数据，结果保存在 s 的向量中，可以通过运行非常简单的代码来实现：

s＜-sample（x，500，1）

sample（）函数中的第 1 个参数是抽样对象，第 2 个参数是要抽取的样本数量，第 3 个参数表示无放回抽样，默认的是无放回。更加详细的用法可以调用使用手册 help（sample）来参考。

（二）使用 SQL 语句

随着大数据时代的到来，对数据处理的要求越来越高。应用型统计学作为主要以处理数据为内容的一门课程，开设数据库课程成为一种趋势。计算机二级证书已经成为大学生的"标配"，据统计，经济类专业的学生报考二级证书绝大多数是 ACCESS 数据库方向。在接触统计软件之前，都已经具有了数据库基础语言 SQL 基础，能够将 SQL 和 R 结合，既能扩充新技能，提升自己，又能强强联合，提高统计分析效率和能力。因此，我们简述一下如何在 R 中使用 SQL 语句。实现 R 与 SQL 的结合，是通过 sqldf 包来实现的。包的下载和调用前面已经有了简要介绍，在下载并安装好这个包以后［install packages（sqldf）］，可以使用 sqldf（）函数在 R 平台中使用 SQL 中的 SELECT 语句。

（三）高密度散点图

掌握散点图的绘制是统计分析最基本的本领。传统绘制的散点图基于的数据都比较少，而在大数据时代，我们面对的数据都是海量的。当数据非常多时绘制散点图，数据点重叠很严重，用传统的散点图来观察变量关系就显得"力不从心"了。

比如，当两个变量各有100000个数据点时，要绘制传统的散点图。以下代码产生两个变量 x 和 y，它们各有100000个数据。

```
set.seed (2345)
n<-100000
c1<-matrix (rnorm (n, mean=1, sd=0.8), ncol=2)
c2<-matrix (rnorm (n, mean=2, sd=2), ncol=2)
mydata<-rbind (c1, c2)
mydata<-as.data.frame (mydata)
names (mydata) <-c ("x","y")
with (mydata, plot (x, y, pch=19,), main="100000个观测值")
```

绘制二者的传统散点图，结果如图10.67所示。

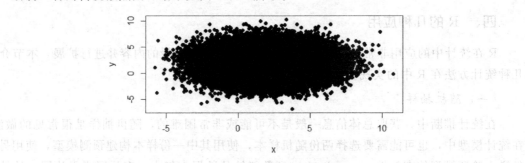

图10.67 10000对观测点的散点图

从图中看出，数据点的重叠导致识别 x 与 y 间的关系变得非常困难，散点图在这种情况下基本不能帮助我们得出有用结论。针对这种情况，R 提供了一些解决办法，比如使用封箱、颜色和透明度来指明图中任意点上的重叠程度。比如：使用 smoothScatter () 函数可利用核密度估计生成用颜色密度来表示点分布的散点图。

绘制 x 和 y 的高密度散点图，运行代码：with(mydata,smoothScatter(x,y))，结果如图10.68所示。

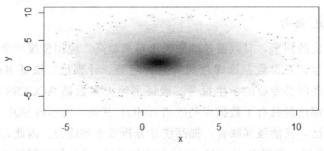

图10.68 R绘制的高密度散点图

从图中可以清晰地看出 x 和 y 在区域分布内的相关情况，从而为我们研判二者的关系和规律提供有益帮助。

（四）Bootstrap方法

Bootstrap方法也称作自助法，即从初始样本重复随机替换抽样，生成一个或一系列待检验统计量的经验分布。无需假设一个特定的理论分布，便可生成统计量的置信区间，并能检验统计假设。

Bootstrap 方法是统计计算中一种重要的工具，在 R 中很容易实现。当总体的分布未知，可以利用该方法以样本数据为基础进行重复抽样，计算估计的标准误、置信区间和假设检验。现实中多数情况下总体分布都是未知的，有些总体分布已知往往是假设条件，Bootstrap 方法在统计计算中得到越来越广泛的应用。一般 Bootstrap 方法的实施步骤是：

① 从一个已知给定的样本集合中进行有放回的重复抽样；
② 计算每个样本给定的统计量；
③ 得到该统计量分布的标准误。

举一个例子便可非常清楚地阐释自助法的思路。

【例 22】 想计算一个样本均值 95% 的置信区间，样本现有 10 个观测，均值为 40，标准差为 5。如果假设均值的样本分布为正态分布，那么 $(1-\alpha/2)\%$ 的置信区间计算如下：

$$\bar{X} - t\frac{s}{\sqrt{n}} < \mu < \bar{X} + t\frac{s}{\sqrt{n}}$$

其中，t 是自由度为 $n-1$ 的 t 分布的 $1-\alpha$ 上界值。对于 95% 的置信区间，可得 $40-2.262(5/3.163) < \mu < 40+2.262(5/3.162)$，即：$36.424 < \mu < 43.577$，以这种方式创建的 95% 置信区间将会包含真实的总体均值。

倘若假设均值的样本分布不是正态分布，该怎么办呢？可使用自助法。实施步骤如下：

① 从样本中随机选择 10 个观测，抽样后再放回。有些观测可能会被选择多次，有些可能一直都不会被选中。
② 计算并记录样本均值。
③ 重复步骤①和步骤②2000 次。
④ 将 2000 个样本均值从小到大排序。
⑤ 找出样本均值 2.5% 和 97.5% 的分位点，它们就限定了 95% 的置信区间。

本例中，样本均值很可能服从正态分布，自助法优势不太明显。但在其他许多案例中，自助法优势会十分明显。比如，想估计样本中位数的置信区间，或者两样本中位数之差，该怎么做呢？正态理论没有现成的简单公式可套用，而自助法此时却是不错的选择。即使潜在分布未知，也没有可供选择的参数方法，自助法将是生成置信区间和做假设检验的一个利器。有兴趣的读者或学生可以详细阅读本章后面的参考文献进行深入学习。

························ ★ **本章小结** ★ ························

本章主要介绍了 EXCEL、SPSS 和 R 三种统计学软件的简单应用。

EXCEL 软件中三个方面的应用：产生随机数、制作频数分布表和频数分布图以及数据分布特征的测定。SPSS 软件的六个方面的介绍：基本操作、绘图功能、综合指数编制、数据处理综合应用、相关关系分析和回归分析应用。R 软件是开源免费的统计学软件。R Studio 是一款应用广泛的基于 R 的用户图形界面软件，本章做了简单介绍和基本操作。R 软件之所以强大，一个重要原因是有众多开发者无私奉献的 R 包，目前互联网中可供免费试用的 R 包近 5000 个。R 的数据结构主要介绍了向量、矩阵、数组、数据框和列表。最后介绍了 R 的几种应用。

思考与练习

1. 利用 EXCEL 软件中的 RAND（ ）函数，产生 1000 个介于区间 [0，1] 服从均匀分布的随机数。

2. 利用 EXCEL 软件中的 RAND（ ）函数，产生 2000 个介于区间 [2，3] 服从均匀分布的随机数。

3. 利用 EXCEL 软件中的 NORMINV（ ）函数，产生 1000 个均值为 0、标准差为 10 的服从正态分布的随机数。

4. 利用 EXCEL 软件中的 NORMINV（ ）函数，产生 3000 个均值为 100、标准差为 20 的服从正态分布的随机数。

5. 利用 EXCEL 软件中的 FREQUENCY（ ）函数，制作第 1 题产生数据的频数分布表和频数分布图，要求等分 20 个小组。

6. 利用 EXCEL 软件中的 FREQUENCY（ ）函数，制作第 4 题产生数据的频数分布表和频数分布图，要求等分 30 个小组。

7. 计算第 2 题产生数据的样本均值、样本方差和样本标准差。

8. 计算第 3 题产生数据的样本均值、样本方差、样本标准差、偏度系数和峰度系数。

9. 利用 SPSS 软件绘制表中的四组数据的散点图。

X1	Y1	X2	Y2	X3	Y3	X4	Y4
10.00	8.04	10.00	9.14	10.00	7.46	8.00	6.58
8.00	6.95	8.00	8.14	8.00	6.77	8.00	5.76
13.00	7.58	13.00	8.74	13.00	12.74	8.00	7.71
9.00	8.81	9.00	8.77	9.00	7.11	8.00	8.84
11.00	8.33	11.00	9.26	11.00	7.81	8.00	8.47
14.00	9.96	14.00	8.10	14.00	8.84	8.00	7.04
6.00	7.24	6.00	6.13	6.00	6.08	8.00	5.25
4.00	4.26	4.00	3.10	4.00	5.39	19.00	12.50
12.00	10.80	12.00	9.13	12.00	8.15	8.00	5.56
7.00	4.82	7.00	7.26	7.00	6.42	8.00	7.91
5.00	5.68	5.00	4.74	5.00	5.73	8.00	6.89

10. 某物流公司的郑州和武汉两个配送中心，某年 10 个月的配送准时率数据，见下表：

郑州和武汉配送中心的 10 个月准时配送率数据　　　　　　　　单位：%

配送中心	1月准时率	2月准时率	3月准时率	4月准时率	5月准时率	6月准时率	7月准时率	8月准时率	9月准时率	10月准时率
郑州	84.91	95.59	98.86	91.71	97.99	95.61	97.74	88.92	89.47	94.38
武汉	99.07	96.43	99.70	90.37	82.37	92.22	96.56	95.44	96.29	97.79

利用 SPSS 软件绘制两个配送中心的箱线图，并分析两个配送中心哪个准时配送率总体

来看更高一些。

11. 利用 SPSS 软件绘制两次第 4 题产生的 3000 个服从正态分布随机数的直方图。一次组距为默认，一次组距设置为 10。

12. 某公司 12 个月的产品销售额和广告费用数据见下表，利用 SPSS 软件绘制二者的散点图，并利用简单相关关系分析方法，分析二者的相关关系。

某公司 12 个月产品销售额和广告费用表

月份	销售额/万元	广告费用/万元	月份	销售额/万元	广告费用/万元
1	75	2	7	278	28
2	90	5	8	318	30
3	148	6	9	256	22
4	183	7	10	200	18
5	242	22	11	140	10
6	263	25	12	164	12

13. 沿用第 12 题的数据，利用 SPSS 软件中回归分析方法找出广告和销售额之间的关系，试分析当广告投入额达 20 万时，预测该产品的销售额。

14. 为研究中国客运总量的影响因素，收集了全国客运总量（KY）、全国人口数（RK）、人均 GDP（RJ）、铁路运营里程（TL）、公路和水路运营里程（GS）的数据，如下表所示。试以全国客运总量（KY）为因变量，以全国人口数（RK）、人均 GDP（RJ）、铁路运营里程（TL）、公路和水路运营里程（GS）为自变量，利用 SPSS 多元线性回归分析方法研究它们之间的关系。

年份	KY/10 亿人次	RK/亿人	RJ/千元	TL/万千米	GS/万千米
2000	11.72	12.11	4.8	5.9	126
2001	12.45	12.23	5.5	6.4	129
2002	13.26	12.36	6.0	6.6	133
2003	13.73	12.47	6.3	6.6	138
2004	13.94	12.57	6.5	6.7	146
2005	14.78	12.67	7.0	6.8	152
2006	15.34	12.76	7.6	7.01	181
2007	16.08	12.84	8.2	7.1	188
2008	15.87	12.92	9.0	7.3	193
2009	15.55	12.99	9.2	7.8	199
2010	16.33	13.54	9.7	8	201
2011	16.78	13.66	10.1	8.2	223
2012	17.00	14.67	11	8.5	234
2013	17.44	14.98	11.3	8.7	244
2014	17.94	15.04	11.9	9.5	253
2015	18.05	16.00	12	9.9	260
2016	19.67	16.54	12.4	10	272
2017	21.56	17.91	12.8	10.3	279

15. 登录 R 官方网站 http://www.r-project.org 下载最新版本的 R 软件并安装，观察 R 的界面。

16. 下载并安装 R Studio 软件，运行观察界面。

17. 利用本章提供的代码，尝试运行 R 产生一个含有 1000 个数据的向量。

18. 利用本章提供的代码，尝试运行 R 产生一个含有 1000×1000 的矩阵。

19. 利用本章提供的代码，尝试运行 R 绘制高密度散点图。

附 录

标准正态分布概率度表

概率度 t	概率 $F(t)$	概率度 t	概率 $F(t)$	概率度 t	概率 $F(t)$	概率度 t	概率 $F(t)$
0.00	0.0000	0.33	0.2586	0.66	0.4907	0.99	0.6778
0.01	0.0080	0.34	0.2661	0.67	0.4971	1.00	0.6827
0.02	0.0160	0.35	0.2737	0.68	0.5035	1.01	0.6875
0.03	0.0239	0.36	0.2812	0.69	0.5098	1.02	0.6923
0.04	0.0319	0.37	0.2886	0.70	0.5161	1.03	0.6970
0.05	0.0399	0.38	0.2961	0.71	0.5223	1.04	0.7017
0.06	0.0478	0.39	0.3035	0.72	0.5285	1.05	0.7063
0.07	0.0558	0.40	0.3108	0.73	0.5346	1.06	0.7109
0.08	0.0638	0.41	0.3182	0.74	0.5407	1.07	0.7154
0.09	0.0717	0.42	0.3255	0.75	0.5467	1.08	0.7199
0.10	0.0797	0.43	0.3328	0.76	0.5527	1.09	0.7243
0.11	0.0876	0.44	0.3404	0.77	0.5587	1.10	0.7287
0.12	0.0955	0.45	0.3473	0.78	0.5646	1.11	0.7330
0.13	0.1034	0.46	0.3545	0.79	0.5705	1.12	0.7373
0.14	0.1113	0.47	0.3616	0.80	0.5763	1.13	0.7415
0.15	0.1192	0.48	0.3688	0.81	0.5821	1.14	0.7457
0.16	0.1271	0.49	0.3759	0.82	0.5878	1.15	0.7499
0.17	0.1350	0.50	0.3829	0.83	0.5935	1.16	0.7540
0.18	0.1428	0.51	0.3899	0.84	0.5991	1.17	0.7580
0.19	0.1507	0.52	0.3969	0.85	0.6047	1.18	0.7620
0.20	0.1585	0.53	0.4039	0.86	0.6102	1.19	0.7660
0.21	0.1663	0.54	0.4108	0.87	0.6157	1.20	0.7699
0.22	0.1741	0.55	0.4177	0.88	0.6211	1.21	0.7737
0.23	0.1819	0.56	0.4245	0.89	0.6265	1.22	0.7775
0.24	0.1897	0.57	0.4313	0.90	0.6319	1.23	0.7813
0.25	0.1974	0.58	0.4381	0.91	0.6372	1.24	0.7850
0.26	0.2051	0.59	0.4448	0.92	0.6424	1.25	0.7887
0.27	0.2128	0.60	0.4515	0.93	0.6476	1.26	0.7923
0.28	0.2205	0.61	0.4581	0.94	0.6528	1.27	0.7959
0.29	0.2282	0.62	0.4647	0.95	0.6579	1.28	0.7995
0.30	0.2358	0.63	0.4713	0.96	0.6629	1.29	0.8030
0.31	0.2434	0.64	0.4778	0.97	0.6680	1.30	0.8064
0.32	0.2510	0.65	0.4843	0.98	0.6729	1.31	0.8098

续表

概率度 t	概率 $F(t)$	概率度 t	概率 $F(t)$	概率度 t	概率 $F(t)$	概率度 t	概率 $F(t)$
1.32	0.8132	1.64	0.8990	1.96	0.9500	2.56	0.9895
1.33	0.8165	1.65	0.9011	1.97	0.9512	2.58	0.9901
1.34	0.8198	1.66	0.9031	1.98	0.9523	2.60	0.9907
1.35	0.8230	1.67	0.9051	1.99	0.9534	2.62	0.9912
1.36	0.8262	1.68	0.9070	2.00	0.9545	2.64	0.9917
1.37	0.8293	1.69	0.9900	2.02	0.9566	2.66	0.9922
1.38	0.8324	1.70	0.9109	2.04	0.9587	2.68	0.9926
1.39	0.8355	1.71	0.9127	2.06	0.9606	2.70	0.9931
1.40	0.8385	1.72	0.9146	2.08	0.9625	2.72	0.9935
1.41	0.8415	1.73	0.9164	2.10	0.9643	2.74	0.9939
1.42	0.8444	1.74	0.9181	2.12	0.9660	2.76	0.9942
1.43	0.8473	1.75	0.9199	2.14	0.9676	2.78	0.9946
1.44	0.8501	1.76	0.9216	2.16	0.9692	2.80	0.9949
1.45	0.8529	1.77	0.9233	2.18	0.9707	2.82	0.9952
1.46	0.8557	1.78	0.9249	2.20	0.9722	2.84	0.9955
1.47	0.8584	1.79	0.9265	2.22	0.9736	2.86	0.9958
1.48	0.8611	1.80	0.9281	2.24	0.9749	2.88	0.9960
1.49	0.8638	1.81	0.9297	2.26	0.9762	2.90	0.9962
1.50	0.8664	1.82	0.9312	2.28	0.9774	2.92	0.9965
1.51	0.8690	1.83	0.9328	2.30	0.9786	2.94	0.9967
1.52	0.8715	1.84	0.9342	2.32	0.9797	2.96	0.9969
1.53	0.8740	1.85	0.9357	2.34	0.9807	2.98	0.9971
1.54	0.8764	1.86	0.9371	2.36	0.9817	3.00	0.9973
1.55	0.8789	1.87	0.9385	2.38	0.9827	3.20	0.9986
1.56	0.8812	1.88	0.9399	2.40	0.9836	3.40	0.9993
1.57	0.8836	1.89	0.9412	2.42	0.9845	3.60	0.99968
1.58	0.8859	1.90	0.9426	2.44	0.9853	3.80	0.99986
1.59	0.8882	1.91	0.9439	2.46	0.9861	4.00	0.99994
1.60	0.8904	1.92	0.9451	2.48	0.9869	4.50	0.999993
1.61	0.8926	1.93	0.9464	2.50	0.9876	5.00	0.999999
1.62	0.8948	1.94	0.9476	2.52	0.9883		
1.63	0.8969	1.95	0.9488	2.54	0.9889		

参 考 文 献

[1] 王丽伟. 统计理论与实务. 北京：人民邮电出版社，2016.
[2] 王雪秋，董小刚. 统计理论与实务. 北京：北京大学出版社，2015.
[3] 杨桂玲，万佳丽. 统计理论与实务. 北京：人民邮电出版社，2013.
[4] 赵海荣，李青阳. 统计学基础. 北京：教育科学出版社，2013.
[5] 张宏. 统计学原理. 北京：中国铁道出版社，2012.
[6] 贾俊平. 统计学. 北京：中国人民大学出版社，2011.
[7] 李承霖，陈建. 统计学原理与实务. 南京：南京大学出版社，2010.
[8] 李洁明. 统计学原理. 上海：复旦大学出版社，2010.
[9] 张兴福. 统计学原理. 北京：北京大学出版社，2010.
[10] 孙静娟. 统计学. 北京：清华大学出版社，2010.
[11] 张杰. Excel 数据之美：科学图表与商业图表的绘制. 北京：机械工业出版社，2016.
[12] 杨维忠，张甜. SPSS 统计分析与行业应用案例详解. 北京：清华大学出版社，2012.
[13] 任坤. R 语言编程指南. 北京：人民邮电出版社，2017.